海洋
工程物流

主　编　佟士祺
副主编　刘忠波　李淑慧
主　审　郑红星

大连海事大学出版社
DALIAN MARITIME UNIVERSITY PRESS

图书在版编目（CIP）数据

海洋工程物流／佟士祺主编. — 大连：大连海事
大学出版社，2025.9. — ISBN 978-7-5632-4740-0

Ⅰ. F550.6

中国国家版本馆 CIP 数据核字第 20252WD520 号

大连海事大学出版社出版

地址:大连市黄浦路523号 邮编:116026 电话:0411-84729665(营销部) 84729480(总编室)

http://press.dlmu.edu.cn　E-mail:dmupress@dlmu.edu.cn

大连天骄彩色印刷有限公司印装　　　　　大连海事大学出版社发行

2025 年 9 月第 1 版　　　　　　　　　2025 年 9 月第 1 次印刷

幅面尺寸:184 mm×260 mm　　　　　　　　印张:10.5

字数:262 千　　　　　　　　　　　　印数:1~500 册

出版人:余锡荣

责任编辑:张　冰　　　　　　　　　　责任校对:张　华

封面设计:张爱妮　　　　　　　　　　版式设计:张爱妮

ISBN 978-7-5632-4740-0　　　定价:26.00 元

内容简介

　　"海洋工程物流"是交通物流类专业的基础课程,也是学生了解和掌握海洋工程项目中物流活动的重要入门课程。本教材依据海洋工程项目中涉及的物流环节,结合当前海洋工程装备、环境分析、信息技术等相关知识的现状和发展需求,针对交通运输、港口物流管理、海洋工程管理等交通类专业的教学需求进行编写。

　　本教材共分为七章。第一章是海洋工程概述,主要介绍海洋工程的基本概念、分类、历程以及当前面临的挑战等内容;第二章是海洋工程物流简介,介绍海洋工程物流的定义、特征以及主要物流活动;第三章是海洋环境要素,主要涵盖了对海洋工程物流活动安全产生影响的气象和海况要素;第四章是海洋工程装备,系统地介绍了主要的海洋工程装备;第五章是海洋工程物流运输,分析了运输系统、运输方式以及运输流程管理;第六章是海洋工程物流装卸搬运,重点介绍不同装卸方式的特征和作业流程;第七章是海洋工程物流信息,介绍海洋工程项目所需的环境信息以及获取这些信息的方式。

　　本教材紧密跟踪海洋工程技术的最新发展动态,全面且系统地介绍了海洋工程物流的主要环节,强调理论与实践相结合,图文并茂,表述简洁明了,突出高等教育教材的显著特色。同时,教材内容涵盖了气象学、物流学、工程技术等专业领域的核心知识,各章节内容紧密相连、环环相扣、层层递进,能够满足不同教学阶段对海洋工程物流知识体系的系统性要求。

　　本教材适合作为高等院校交通运输、物流管理、海洋工程管理等相关专业的教学用书,同时也能够为相关领域的专业技术人员提供参考。

前　言

　　海洋工程物流作为海洋工程项目实施的核心支撑要素，关系到海洋资源的有效开发、利用，以及海洋工程产业链的顺利运作。随着全球对海洋资源利用的重视程度不断提升，以及海洋工程技术的迅猛发展，海洋工程物流在现代交通运输体系中的作用日益凸显，已成为支撑海洋产业链可持续发展和提升国际竞争力的重要基础。与此同时，海洋环境日趋复杂，这给海洋工程物流带来了更多的挑战。

　　本教材从海洋工程项目的物流需求出发，全面梳理了海洋工程物流的主要构成环节和影响因素。内容涵盖了海洋环境要素分析、海洋工程装备概述、运输活动、装卸搬运活动以及信息技术等模块，旨在帮助学生系统掌握海洋工程物流的相关知识，培养他们解决复杂海洋工程物流问题的能力。本教材通过将理论与实践紧密结合，注重实操技能的训练，为学生提供了系统、翔实的学习内容，以及高效、可靠的实践指导。

　　在本教材的撰写过程中，编写团队广泛查阅并参考了国内外海洋工程、物流、气象学等领域的规范、著作和论文，引用了许多经典案例和图片资料，其出处已尽可能在参考文献中详细列举。在此，谨向相关作者和出版单位表示衷心的感谢！

　　本教材由大连海事大学佟士祺担任主编，其负责确定教材的主题、框架与定位，主导初稿的修改、资料的查找与核实，同时对书籍的整体质量进行严格把控；副主编刘忠波负责协助确定书籍框架，承担审稿和统稿工作；副主编李淑慧负责协助完成内容规划、初稿的部分修改以及定稿工作；硕士研究生刘燕霞、职泽铭参与了编写工作。

　　如本教材内容与现行最新规范存在不符之处，请以现行规范为准。由于本书所涉及的领域较多，书中难免存在不足之处，恳请各位同仁批评指正。

编者

2024 年 11 月

目 录

海洋工程概述

第一节 海洋工程的概念及分类

一、概念

根据中华人民共和国国家质量监督检验检疫总局和中国国家标准化管理委员会于2011年1月14日发布的《海洋学综合术语》(GB/T 15918—2010),海洋工程是指工程主体或者工程作业活动位于海岸线向海一侧,或者需要借助改变海洋环境条件实现工程功能,或者其产生的环境影响主要作用于海洋环境的新建、改建、扩建工程。

二、分类

(一)按海洋工程的内容分类

1.海洋资源开发

(1)海底矿产资源开发,包括:海底石油、天然气的钻探、开采和储运技术。

(2)海洋资源利用,包括:海水淡化、海水化学资源提炼,潮汐、波浪、温差等的能源开发,海洋生物养殖、捕捞等。

2.海洋装备与设施

(1)海洋探测装备,包括:海洋各种科学数据的采集、结果分析,以及救助、潜水装备与技术。

(2)海洋建设,包括:港口建设、海洋平台建设、围填海、海上堤坝建设工程,人工岛建设、海上和海底物资储藏设施建设、跨海桥梁建设、海底隧道建设工程,海底管道建设、海底电(光)缆建设工程。

(3)海洋运载器工程,包括:水面(各种船舶)、半潜(半潜平台)、水下(水下工作站、采油装置、军用设施等)设备等。

(二)按海洋工程所处地理位置分类

1.海岸工程

海岸工程通常是指沿海岸带开展的各项工程建设项目。例如:海岸防护工程、围海工程、海港工程、河口治理工程、海上疏浚工程、沿海渔业设施工程、环境保护设施工程、盐田建设工程、海水淡化工程、海上娱乐及运动开发工程、景观开发工程、海上堤坝工程、海上和海底物资储藏设施建设工程、跨海桥梁工程、海底隧道工程等。

2.近海工程

近海工程又称离岸工程,是指在近海水域(通常指大陆架范围以内)进行海洋资源开发和空间利用所采取的各种工程设施和技术措施。例如:

(1)大陆架较浅水域开展的海上平台、人工岛等建设工程,海底管道、海底电(光)缆工程,海洋矿产资源勘探开发及其附属工程。

(2)大陆架较深水域开展的自升式平台、浮式储油库、浮式炼油厂、浮式飞机场等项目建设工程,大型海水养殖场、人工鱼礁工程。

(3)海上风力、潮汐、波浪、温差发电系统等海洋能源开发利用工程。

3.深海工程

深海工程通常是指在水深 1 000 m 以上的海洋区域进行的海洋资源开发和利用所采取的各种工程设施和技术措施。例如:

(1)用于深海观测、探测与感知的物理/生化传感器、地震及其他灾害监测预警传感器、地质/地形/地貌探测仪器、单体载人潜水器、深海空间站、潜水器、锚系潜标装备、沉积物取样装置、温盐深测量仪、海底观测网等。

(2)用于深海施工作业的打桩施工装备、钻探装备、挖沟装备、沉箱整平装备、疏浚和清淤装备、管道及电缆维护检修作业装备、切割破拆装备、焊接装备、打捞装备等。

(3)用于深海矿产资源开发的钻井船、浮船式平台、半潜式平台、深海水下油气开发设备、海底水合物开发装备、大洋锰结核开发装置等。

第二节　海洋工程的发展历史及趋势

一、历史沿革

1.早期发展:海岸与近海工程的兴起

海洋工程的起步源于人类对海洋空间的探索和利用,最早的工程主要集中在海岸线附近,意在满足海上贸易、防御和交通需求。这些工程包括港口、码头和海岸防护等基础设施,通过人力和简单工具修建,帮助人们克服海上交通的自然障碍,开启了海洋工程的雏形。

根据《中国大百科全书》,地中海沿岸国家在公元前 1 000 年已开始航海和筑港,其中标志性的工程为腓尼基人在地中海沿岸建起海港,并砌石堤加以防护。中国亦早在公元前306—前200 年就在沿海一带建设港口,标志性的工程为在碣石、转附(今芝罘岛)和琅邪(今琅琊台)等地所建的海港;东汉(公元 25—220 年)时人们开始在东南沿海兴建海岸防护工程。此外,欧洲国家,如荷兰在中世纪初期开始建造海堤,并进行围垦海涂;时至今日,荷兰围海大堤仍是人类海洋工程的标志性建筑之一。

始于 15 世纪的地理大发现和大航海时代的到来,极大地推动了海岸工程建设的发展。这一时期,世界各地开始陆续在沿海地区大规模建设港口。例如,北海地区的伦敦(英国)、阿姆斯特丹(荷兰)、布鲁日(比利时)、南特(法国)、汉堡(德国);地中海地区的里斯本(葡萄牙)、瓦伦西亚(西班牙)、威尼斯(意大利)、雅典(希腊)、伊斯坦布尔(土耳其)、贝鲁特(黎巴嫩)、亚历山大(埃及);美洲地区的哈瓦那港(古巴)、圣多明各(多米尼加)、圣胡安(波多黎各)、圣迭戈(美国)等。这些港口不仅是大航海时代的重要贸易中心,也是探险家和航海家们探索新世界的出发点和目的地,对于当时的世界贸易乃至全球历史产生了深远的影响。

18 世纪中后期,源自欧洲的工业革命极大地促进了航海技术及船舶制造业的发展,同时也使得"海运"全面取代"陆运",成为国际货物运输的主流模式。当时,率先完成工业革命的西欧国家对原材料与工业产品运输的需求迅速增加。以英国为代表的西方工业强国开始通过海运的方式,大规模从加勒比海与北美进口工业原料,并将国内的工业产品运往其遍布的海外殖民地。这一过程使得大西洋成为当时国际海运的中心,而欧洲西部工业强国的主要港口逐渐成为当时的海运枢纽。与之相对应,以港口工程、堤防工程、围海造地等为代表的海岸工程与技术也得到了蓬勃发展。

在我国,近代海岸工程建设的大规模兴起源于 19 世纪。随着世界范围内资本主义的兴起,以英国为代表的列强以坚船利炮为前导,以庞大的海上商业船队为主要工具,对我国开始了长达百年的疯狂掠夺。自 1840 年第一次鸦片战争开始,中国几乎所有的海上运输活动均被帝国主义国家所垄断。为尽可能实现资源的大规模运输,列强们在我国海岸线的重要节点大举兴建港口和与之相关的海岸基础设施。自北向南主要包括:(1)东北地区的安东(今丹东)、大连、牛庄;(2)华北地区的天津、烟台、青岛;(3)华东地区的上海、宁波、温州;(4)华南地区的福州、厦门、汕头、广州、梧州、淡水、打狗(今高雄)、香港、澳门。以大连港为例,1898 年沙俄强迫清政府与其签订《旅大租地条约》,经过 4 年(1899—1903 年)左右的建设,沙俄完成包括 3 座码头、12 座仓库以及港内铁路、道路、防波堤、护岸和船坞等海岸工程建设计划。日俄战争后,日本取代沙俄占领了整个旅大地区(1905 年)。为进一步强化其在东北资源掠夺的能力,日本开始在大连湾内大举兴建港口基础设施。至 1935 年,完成了包括东港区的四个突堤码头(今东港商务区)、甘井子煤码头、寺儿沟油码头等一系列码头工程建设。

新中国成立后,海岸工程建设得到了长足的发展。特别是进入 21 世纪,伴随着中国世界上制造业中心的地位逐步确立,以港口建设、填海造地及跨海桥梁为代表的海岸工程建设在 21 世纪前十年迎来了发展高潮。以上海港为例,随着贸易的扩大,船舶的吨位不断增加,港口水深要求也随之提高。原有以外高桥港区为代表的河口港已经很难适应集装箱海运的发展需求。为此,上海市政府于 2002 年启动了洋山深水港(位于杭州湾口外的崎岖列岛,由小洋山岛域、东海大桥、洋山保税港区组成)工程建设。该工程以洋山岛为基础,在平均水深约 20 m 的各个岛屿之间,采用吹沙回填的方式建设港区。通过填海造陆,洋山港总共完成 4 期工程项目,形成了约 10 km² 的港区。为实现港区与大陆之间的连接,上海市投资约 70 亿元建设跨海通道(东海大桥)。东海大桥北起上海市芦潮港,向南经东海杭州湾东北部至洋山深水港,线路全长 32.5 km,主桥全长 25.3 km;桥面为双向六车道高速公路,设计速度 80 km/h。

2.近海工程的崛起：能源需求与石油开发的推动

在石油产品成为工业"血液"之前，海岸工程是海洋工程建设的核心内容。然而，当人类发明内燃机之后，石油产品快速进入世界工业生产的各个领域，极大地促进了近海工程建设与技术的快速发展。19世纪至20世纪初，随着技术的进步和对石油需求的增加，海洋石油钻探工程开始真正发展起来。据记载，1887年美国在加利福尼亚海岸从防波堤向海里搭建了一座762 m长的木质栈桥，并在栈桥上安装了钻机，在数米深的海域钻探了世界上第一口海上探井，从此拉开了海洋石油开采的序幕。随后，1920年委内瑞拉在马拉开波湖利用木制钻井平台发现了油田。1922年苏联在里海巴库油田附近也成功进行了海上钻探。1936年以后，美国又在墨西哥湾钻探了第一口深井，并于1938年建成了世界上最早的海上油田。这些早期的尝试为后来的近海工程建设及发展奠定了基础。

20世纪40至60年代，随着焊接技术和钢铁工业的发展，相继出现了钢质固定平台、坐底式平台、自升式平台等钻井装置。1947年，科麦吉石油工业公司在墨西哥湾安装了世界上第一个钢结构的海洋石油钻井平台，揭开了海底石油勘探与开采的新纪元。1954年，美国联邦政府颁布了第一部允许开发墨西哥湾的法律文件《外大陆架土地法》(Outer Continental Shelf Lands Act, OCSLA)，并提出简易自升式平台等新海洋平台理念；至1958年，墨西哥湾海域已经有36台钻井装置在运行。例如，由大陆(Conoco)、联合(Union Oil)、壳牌(Shell)、苏必利尔(Superior Oil Company)4家组成的CUSS集团研制的"CUSS-1"号浮式钻井船，在1955年投入使用；1962年，布鲁斯·科里普(Bruce C. Klepp)发明了半潜式平台"蓝水1号"，并于同年在墨西哥湾投入使用。1964年，恺撒公司为圣菲国际公司制造的"蓝水2号"投入使用，该平台设有4条桩腿(立柱)，工作水深可达900 ft(274.32 m)。

1965年，英国在北海开辟了海洋石油工业的第二战场。第一批进入北海作业的大体上都是自升式钻井平台。第一台是英国石油公司(British Petroleum, BP)的"海上宝石"号，该平台发现了北海第一个气田。然而，在搬迁到新的井位时，它不幸在风浪中沉没，导致13人遇难。这一悲剧激发了北海地区新技术的开发。为了适应北海海域的恶劣环境，工程师们相继建造了更大的半潜式钻井平台。北海油田促进了海洋工程新技术的发展，包括优化的半潜式平台、水泥自重平台、单点系泊技术以及浮式生产储油卸油装置(FPSO)等。到20世纪80年代初，半潜式平台经历了第二次发展高峰，混凝土平台、柔性立管和重型海上浮吊技术革新巩固了北海在海洋工程领域的重要地位。墨西哥湾、北海等地区的勘探活动推动了钻井装置的迅速发展，而钻井装置的进步又使人们能够向更深的海洋进军。到20世纪90年代，美洲墨西哥湾、非洲西海岸和南美洲东海岸的油气勘探水深都已突破了1 000 ft(约304.8 m)，甚至达到了3 280.84 ft(1 000 m)。

与国外相比，我国近海工程发展较晚。1957年，石油工作者在莺歌海海滨村进行了潜水调查，探测到了浅海区域的油气迹象，并获得了储油岩样本和气体样本。1960年，我国用驳船安装冲击钻，在莺歌海盐场水道口浅海钻探了两口油井，首次获得重质原油150 kg。1966年，我国在渤海建成了第一座钢质导管架桩基平台，并于1967年6月成功钻探了第一口具有工业油流的海上油井，井深2 441 m，试油结果为日产原油35.2 t、天然气1 941 m³，它的成功标志着中国海洋石油进入了工业发展的新阶段。1971年，我国在渤海发现了海四油田，先后建立了两座平台，年高峰产油量8.69万t，累计采油60万t。

我国海洋石油的对外合作开始于20世纪70年代末期。尽管当时我国的海洋石油工业已经有了一定的发展，但海洋工程设备老旧、专业技术落后等现实情况，导致单纯依靠自力更生不足以支持石油勘探与开采工作,严重制约了海洋石油工业的发展。为此,我国原石油工业部选择了一条对外开放之路,先后与法国、日本等国家签订协议,引进专业设备和技术,合作开发南海与渤海湾地区的石油资源。1979 年,我国与 13 个国家的 48 家石油公司签订了 8 个地球物理勘探协议,全面开启了我国海洋石油的勘探工作。世界先进技术的引入大大加快了海上找油的速度。1980 年,我国在多个有利的局部构造中发现了一批潜在油气资源,包括珠江口盆地的 169 个、莺−琼盆地的 47 个以及南黄海盆地的 74 个。随即,在渤海发现了 BZ28-1 油田和 BZ34-2 油田;在北部湾发现了 W10-3 油田;在琼东南发现了崖城 13-1 大气田。1984—1988 年,我国在珠江口陆续发现了惠州 21-1 油田、流花 11-1 大油田、惠州 26-1 油田、西江 30-2 油田;在渤海也相继发现了锦州 20-2 凝析气田、绥中 36-1 大油田等。1987 年,我国第一个对外合作油田−渤海埕北油田建成投产,年产原油 40 万 t。该油田共有 8 座平台,其中最大的是 24 腿导管架储油平台,甲板负荷达 13 000 t,能够经受 1.7 m 厚的冰的挤压。随后,南海东部和南海西部的合作油田也相继建成投产。尽管自此之后又经历了 20 余年的快速发展,但截至 21 世纪初,我国海洋油田的水深依旧保持在 300 m 左右,而同期的国际海上油田的水深已超过 2 000 m。

3.深海资源开发:技术与风险并存

近年来,海洋石油新增储量占比不断上升,深水及超深水领域已成为重点发展方向。从区域上看,海洋石油勘探开发形成了“三湾、两海、两湖(内海)”的格局。“三湾”即波斯湾、墨西哥湾和几内亚湾;“两海”即北海和南海;“两湖(内海)”即里海和马拉开波湖。波斯湾的沙特阿拉伯、卡塔尔和阿拉伯联合酋长国,墨西哥湾的美国、墨西哥,几内亚湾的尼日利亚,里海沿岸的哈萨克斯坦、阿塞拜疆和伊朗,北海沿岸的英国和挪威,以及巴西、委内瑞拉等,都是全球重要的海上油气勘探开发国。其中,巴西近海、墨西哥湾、安哥拉和尼日利亚近海是备受关注的世界四大深海油区,几乎集中了全球全部的深海探井和新发现储量。

近十年来,深水勘探开发持续升温。海域新发现的油气储量占全球总量的 60%,其中深水−超深水领域发现的油气储量占海域总发现量的 61.99%。深水勘探亦持续获得突破,尤其是环非洲、南美洲大西洋、黑海和南里海,成为全球油气增储的重点领域。截至 2023 年,全球共发现 1 372 个深水油气田,主要位于墨西哥湾、大西洋两岸、东非、北非、黑海、南里海、孟加拉湾、澳大利亚西北大陆架以及南海等地区。因此,深水领域的勘探在现阶段和未来都将占据全球风险勘探的主导地位。

然而,深水勘探亦面临着重大挑战。例如,墨西哥湾的“杰克 2 号”油田位于海平面以下 2 000 m 处,需要安装 8 000 m 长的管道以触及油层,且抽出石油需要的实施费用也十分昂贵。而巴西近海的卡里奥卡油田(潜在石油储量第三大的油田),位于水下 2 000 m,海床以下 6 700 m,在如此条件下建造油井存在着巨大的工程挑战。按照国外技术发展的路径,海洋钻井能力从 300 m 到 500 m,500 m 到 750 m 或 1 000 m,然后是 1 500 m、2 000 m、2 500 m、3 000 m,目前国外深水钻井能力已经达到 3 052 m。

我国自进入 21 世纪以来,着力发展深水海洋石油装备,在国际海上油气勘探项目中的地位逐步提升。通过持续引进先进技术并开展自主研发,我国深水钻井和勘探能力显著增强,已成为全球深水油气资源开发的重要参与者,具备了与国际领先水平相媲美的技术实力。

其中,具有里程碑意义的是 2008 年 4 月开工建造、2012 年 5 月正式投产的海洋石油

981 深水半潜式钻井平台(简称"海洋石油 981")。这座由中国海洋石油总公司投资建造的深水半潜式钻井平台,具备勘探、钻井、完井与修井等多种功能。其最大作业水深可达 3 050 m,钻井深度可达 10 000 m。该平台的甲板面积相当于一个标准足球场,自重超过 3×10^4 t,从船底到钻井架顶的高度为 136 m,相当于 45 层楼高,电缆总长度 650 km,相当于围绕北京四环路跑 10 圈。该平台总造价近 60 亿元,是当时我国自行建造的世界最先进的第六代 3 000 m 深水半潜式钻井平台。

自此之后,我国深水乃至超深水海洋工程装备呈现井喷式发展态势。随着海洋工程装备的高速发展,我国海洋石油工业也迅猛发展,勘探发现并建成投产多个亿吨级油田及千亿立方米级大气田,海洋油气逐渐成为我国能源生产的重要增长极。

据央视网报道,截至目前我国共有海上油气田 160 余个,生产设施超 360 座,已建成渤海 $3\ 000\times10^4$ t 级和南海东部 $2\ 000\times10^4$ t 级两个大型油气生产基地,海洋油气产量不断攀升,为保障国家能源安全提供了有力支撑。在过去的 5 年中,我国海域先后发现 6 个亿吨级油气田,累计国内新增石油探明地质储量超 14×10^8 t,新增天然气探明地质储量超 $6\ 500\times10^8$ m³。国家统计局发布的数据显示,2023 年国内原油产量达 2.08×10^8 t,其中海洋原油产量突破 6200×10^4 t,同比增产超 340×10^4 t,约占全国原油总增量的 70%,成为我国油气增产的主阵地。

表 1-1　不同时期的半潜式平台设计水深

	设计水深/m	时间
第一代	90~180	20 世纪 60 年代初
第二代	300	1969—1974 年
第三代	500	1975—1989 年
第四代	1 000	1990—1997 年
第五代	2 500	1998—2004 年
第六代	3 000	2005—2012 年
第七代	3 600	2012 年至今

海上油气勘探项目长期以来一直是海洋工程项目的主力军。在海上风电产业尚未兴起之时,海上油气勘探项目几乎占据了海洋工程项目的绝大部分,占比通常可达 80%~90%。然而近年来,随着可再生能源(如海上风电)的迅猛发展,这一占比逐渐下降。目前,海上油气勘探项目占海洋工程的 60%~70%,而可再生能源项目占 20%~30%。

海上风电产业的兴起大致可追溯至 20 世纪末期,当时欧洲国家(尤其是丹麦和英国)率先在沿海区域展开大规模建设。1991 年,丹麦建成全球首个商业化海上风电场——Vindeby 风电场,由此开启了该领域的发展历程。随着清洁能源政策的扶持、技术的提升以及设备成本的降低,欧洲在 21 世纪初步入海上风电的快速发展阶段。到 2010 年,安装和运维技术不断完善,促使海上风电在全球范围内得以大规模推广。欧洲至今仍是全球海上风电的领先地区,而迅速崛起的中国等国家,也已成为该领域的重要参与者。

此外,截至 2023 年,我国海上风电装机容量已超 30 GW,成为全球最大的海上风电市场。政府的政策支持、持续投资以及技术进步,使我国在风机容量和施工技术方面取得重大突破。同时,海上风电产业链逐步走向成熟,涵盖了风机制造、基础设施建设、安装与运维等各个环节,形成了较为完整的本土化产业体系,显著提升了市场竞争力。依据国家能源规划,到 2030 年,我国海上风电装机容量预计将进一步增长,持续为全球可再生能源转型及温室气体减排做出重要贡献。

二、发展趋势

目前,海洋工程已成为全球经济的重要助推器与增长动力。就海洋资源开发而言,据中国工程院院士、中海油总公司原副总工程师曾恒一介绍,海洋资源开发涵盖四大战略领域:第一是海洋石油的深水领域,全球海洋石油资源量的 44% 处于深水区域;第二是 LNG (液化天然气)领域,进入 21 世纪,世界油气 12 项重大发现中有 8 项在海洋,其中 7 项为天然气;第三是天然气水合物领域,这是一种新兴能源,由水和天然气(主要成分为甲烷)在低温高压条件下形成的固态化合物。据估算,全球天然气水合物资源量相当于煤、天然气、石油三种资源量总和的 5 倍;第四是海洋能领域,作为一种取之不尽的低碳能源,其开发潜力巨大。

其中,海洋油气勘探工程依旧是核心与主导方向,特别是在深水勘探领域。据统计,海洋蕴藏着全球超过 70% 的油气资源,其中全球深水区最终潜在石油储量高达 $1\ 000 \times 10^8$ 桶,是世界油气的重要接替区域。近十年来,新发现的探明储量在 1×10^8 t 以上的油气田中,有 70% 位于海上,其中超过一半处于深海。目前,国际石油界普遍认为,陆上油田中仍具潜力的仅有中东、中亚等地区。而在过去 30 年里,东、西半球两个最为重大的油田发现均来自海洋。依据各种权威机构的数据,海洋石油资源将是未来原油产量增长的重要来源,预计全球 50% 以上的油气产量和储量将来自海洋。随着发达国家海洋勘探开发技术与装备的日益成熟,海上油气产量将持续增加,开采作业的范围和水深也将不断拓展。墨西哥湾、安哥拉、尼日利亚、巴西等海域将继续引领全球海洋油气勘探开发的潮流。此外,根据天然气水合物的潜在储量,预计其在未来的能源结构中会占据重要地位,尤其是在深水海域。同时,海上风电项目也正逐步向深海布局,以获取更强的风能资源。基于此,海洋工程未来的发展趋势可总结如下:

1.勘探位置由海岸及近海工程向深海工程转移

传统的海洋工程开发主要服务于近海石油和天然气开发。近 20 年来,海底资源的勘查与开发已上升为世界各海洋强国的国家战略。在国际上,海底资源勘查与开发技术总体正朝着多样化、精确化、高效率、宽范围和大深度的目标发展。目前已初步具备深海固体矿产资源的开发能力,但开发过程中需要充分考虑采矿对环境产生的影响。此外,海洋生物资源的勘查开发正朝着精准化、数字化和信息系统一体化方向迈进。在海洋资源开发利用不断深入的同时,海洋生态环境安全和海洋空间权益保障技术也在加速发展。其中,生态系统内关键功能生物的综合修复,以及强调生境重现与全功能恢复的岛礁生态保护技术,已成为研究热点。

2.海洋工程装备向智能化和集成化迈进

世界各海洋国家在海洋装备的设计研发、生产建造以及管理运行等方面都投入了大量的人力和物力。尤其是近年来,信息技术、材料科学和能源领域发展迅猛,这些领域与传感器技术、通信技术、"互联网 +" 技术、先进材料技术及动力系统集成技术相互融合,正逐步推动新型海洋装备理念的形成。这些新理念对未来海洋工程的结构转型与产业发展产生了极为深远的影响。随着互联网、大数据、智能控制和人工智能技术的发展,海洋工程装备的智能化程度大幅提升,智能潜水器正逐渐成为海洋开发的重要工具。同时,国际知名企业积极开展海洋开发装备的系统集成技术研究,致力于为复杂的海洋作业环境提供整体解决方案。

3.海洋能高效综合利用技术与设施快速发展

潮汐能和近海风电目前已实现商业化应用。潮流能、波浪能、深远海风电也已开始尝试规模化应用;温差能、盐差能等正从实验室研究阶段走向海洋实况测试阶段。总体而言,海洋能开发和利用工程正从解决高效率、高可靠性、高稳定性、易维护和低成本等技术难题入手,逐步完善海洋能开发应用技术,以推动清洁能源的广泛利用。

4.实现海洋工程环境的立体综合观测、预报与信息智能服务

海洋环境立体观测网建设是未来海洋科技发展的关键技术之一。目前,在海洋监测领域,人们关注的热点和前沿问题包括:卫星遥感技术在海洋环境观测中的多参数、宽范围、实时化和立体化应用;传感器及探测装备的小型化、智能化、标准化和产业化发展;海洋组网观测的全球化、层次化、综合化与智慧化建设。同时,随着超级计算机技术的发展,利用海洋数值预报系统对多种类海洋监测数据进行实时获取、高效并行分析,从而实现长时间、高分辨率的海洋数值预报,也成为重点关注的问题。

三、发展前景

海洋工程被视作一个极具发展前景的领域,原因在于它涵盖了丰富的海洋资源开发、对产业与经济发展的有力助推,以及国家战略层面的重视与支持等多个重要方面。21世纪堪称海洋的世纪,随着全球经济持续发展,人类社会在海洋工程领域的认识、研究不断深入,开发利用能力不断提升,未来海洋工程的发展前景将更为广阔。

1.海洋资源开发

随着传统能源以及陆地资源逐渐走向枯竭,加之环境保护意识日益增强,海洋能源,诸如海水能、潮汐能、海洋温差能等,成为备受瞩目的新兴能源资源。深海油气资源、矿产资源、生物资源同样面临着迫切的开发需求。海洋资源不仅能为国家创造可观的经济收益,还能降低对传统能源以及进口能源的依赖程度。而海洋工程正是开发利用这些海洋能源资源的主要技术手段。

2.助推产业与经济发展

海洋资源开发能够带动相关产业蓬勃发展,进而促进经济增长。例如,海洋能源开发、海洋矿产资源开发、海水养殖等直接利用海洋资源的产业;海洋建筑工程、海底管道工程等海洋工程建设产业。在海洋工程实施过程中,通常需要各类物资(如建筑材料、风机桨叶、大型预制桥梁等)以及海洋工程装备,这使得海洋运输需求随之增加,从而推动了海洋工程物流的发展。海洋工程活动的顺利开展,对所需的海洋工程装备有着极高要求。而且,随着海洋工程不断发展,所需的海洋工程装备(如海洋工程船舶、各类钻井平台、FPSO等)数量也在增多,这促进了海洋工程装备产业的发展。

3.国家战略的重视与支持

在经济全球化、提升海洋资源开发能力、国际海洋资源竞争加剧、海洋生态环境需要保

护以及维护国家海洋权益等多重因素的共同作用下,党的十八大报告首次提出建设海洋强国。党的十九大、二十大强调加快建设海洋强国,我国通过制定和实施一系列涉及财政、海洋工程装备等方面的相关政策,大力支持海洋工程产业稳定、健康发展。与此同时,各国在海洋工程领域也开展了广泛的国际合作,涵盖科研项目合作、技术交流以及人才培训等,共同推动全球海洋工程技术的共享与交流。

第三节　海洋工程的重要意义

随着现代科技的进步,人类对资源的需求与日俱增,然而陆地资源不断消耗且逐渐枯竭,这促使人类将寻求资源的目光逐渐投向海洋。自 21 世纪以来,世界经济的持续发展以及人类日益增长的能源需求,使得各国政府与组织纷纷将未来能源争夺的战场锁定在海洋。作为开发利用海洋资源的主要方式,海洋工程事业愈发受到各国的高度重视,一些西方国家不惜投入巨额资金,以迅速提升其海洋工程技术发展水平,招揽海洋工程技术人才,进而占据海洋工程技术的制高点。

21 世纪,人类迈入了大规模开发和利用海洋的时代。在这一时期,海洋在国家经济发展格局以及对外开放进程中的作用愈发关键,在维护国家主权、安全和发展利益方面的地位愈发突出,在国家生态文明建设中扮演的角色愈发重要,在国际政治、经济、军事和科技竞争中的战略地位也显著提升。而海洋工程作为重要的现代综合性与战略性产业,不仅是人类开发利用海洋空间、资源和能源的核心支撑,更是国家实施海洋强国战略的基础与重要保障,对国家经济的可持续发展、海上国防安全等方面意义重大。发展海洋工程事业已然成为国际大趋势以及沿海国家的战略抉择。

国内外对海洋资源的开发与利用,催生了对海洋工程结构物的巨大需求。继墨西哥湾和欧洲北海之后,在巴西和非洲西部海域以及我国的南海地区,均发现了丰富的海上油气资源,而海洋油气的开发和利用离不开先进的海洋工程技术以及各类海洋工程结构物的有力支撑。此外,海洋工程装备具有高技术含量、高风险性和高附加值的特点,这既带来了严峻的挑战,同时又极具吸引力。

近年来,我国正逐步推进海洋强国战略的实施,并制定了一系列相关政策和发展规划。作为海洋事业的重要组成部分,海洋工程在海洋强国战略中发挥着极为重要的支撑作用。这不仅需要政府大力推动海洋工程装备的发展,相关企业、高校和科研院所也正有计划、有步骤地开展相关研究工作,逐步提升我国的海洋工程技术水平以及海洋工程结构物的建造能力,推动海洋工程产业的发展,为海洋资源的开发、利用、保护和修复做出新的贡献。综上所述,发展海洋工程具有以下重要意义:

1.增强国力,维护海洋权益

海洋工程是以开发、利用海洋资源为目的而开展的一系列海上工程活动,涵盖获取石油、天然气、矿产资源、风能、波浪能等丰富的资源能源。这不仅增强了我国的经济实力,还显著提升了我国的资源能源实力,使我国在能源供给方面更趋自给自足,有效降低了对外依赖程度,极大地增强了国家的能源安全保障能力。

在开发利用海洋资源的进程中,海洋工程始终致力于技术创新与进步。通信技术、无人机技术、潜水装置技术等被广泛应用于其中,助力实现海洋工程更高的效率和更强的安全性。通过持续强化海洋工程装备、高技术船舶等高端装备的自主研制能力,我国在海洋工程领域的国际竞争力得到大幅提升,有力地加快了建设海洋强国的步伐。

2.推动经济增长,创造就业机会

海洋工程广泛应用于海洋能源资源的开发与利用,涉及深海油气资源、深海矿产资源、生物资源、风能、潮汐能、温差能以及海水养殖等多个方面。这些活动为人类社会提供了重要的资源能源供应,有效减少了对传统化石燃料等能源的依赖。

海洋工程的蓬勃发展不仅有力地带动了经济增长,还创造了大量的工作岗位,极大地促进了海洋工程建设、海洋工程装备等相关行业的发展。此外,海洋工程对于全球海上交通和物流起着关键的支撑作用。港口建设、航道维护(包括疏浚工程、海岸线防护等)、工程船舶、跨海桥梁等海洋工程项目,为海上交通和物流提供了坚实的基础设施和有力保障,这对于加强国际贸易联系、推动全球经济的稳定增长具有至关重要的意义。

3.保护海洋生态环境,促进可持续发展

海洋工程在保护海洋环境方面发挥着重要作用。通过设计建造海洋环境监测设施,如海洋气象观测站、海洋污染监测站等,能够对海洋的水位变化、生物多样性状况、污染程度等进行实时监测,以便及时发现并妥善应对海洋环境问题。

同时,海洋工程还通过建造人工礁、保护珊瑚礁、清理海洋垃圾等举措,切实保护海洋生态系统,维护生态平衡。此外,海洋工程实施有效的海岸线防护工程,包括沿海堤防建设、人工滩涂营造、植被恢复等措施,能够有效减缓海岸侵蚀,改善沿海生态系统,有力地促进了海洋环境的可持续发展。

第四节　海洋工程面临的挑战

海洋工程作为开发利用海洋资源的主要方式,正面临着一系列严峻挑战:

1.复杂的海洋环境

海洋环境因素包含海浪、潮汐、海流、风暴,以及海底地质、海水深度等。这些因素复杂且多变,不仅增加了海洋工程设计、建设和运营的难度,还对海洋工程装备、工程材料提出了更为严格的要求。

2.深海工程技术难题

日益增长的资源与能源需求,推动着人类对深海资源的勘探和开发。然而,深海的高压、低温、无光等特殊环境条件,对建筑材料、开采设备以及施工人员等均提出了极高要求。此外,深海工程的建设和维护成本高昂,需要克服技术和经济两方面的障碍。

3.海上物流挑战

在运输一些重大件货物,如钻井平台、浮式生产储卸油装置(FPSO)、船体上层建筑等时,在运输工具的选择、运输路线的规划以及装卸操作等方面,均面临一定困难。

4.生态保护压力

海洋工程的发展往往会对海洋生态环境产生影响,例如油气开采可能引发海洋污染,海底管道建设可能破坏海底生物栖息地。因此,海洋工程需高度重视生态环境保护,采取有效措施,降低对海洋生态系统的负面影响。

5.国际合作与治理需求

海洋工程项目常常涉及跨国界合作,需要各国共同协调。同时,海洋工程还涉及海域使用权、资源分配、环境保护等诸多问题,亟待建立国际合作机制和有效的海洋治理体系。

海洋工程物流简介

第一节 海洋工程物流的定义及特征

一、海洋工程物流的定义

我国国家标准《物流术语》(GB/T 18354—2021)将物流定义为:根据实际需要,将运输、储存、装卸、搬运、包装、流通加工、配送、信息处理等基本功能实施有机结合,使物品从供应地向接收地进行实体流动的过程。对于海洋工程物流,目前并没有明确统一的定义。本书认为,海洋工程物流是指根据海洋工程项目建设的实际需求,将运输、储存、装卸、搬运、包装、流通加工、配送、信息处理等基本功能实施有机结合,实现装备、物资等从供应地到工程现场流动的过程。

二、海洋工程物流的对象

(1)海洋工程物流的对象通常是海洋工程项目中涉及的重大件货物,具体包括:

①跨海桥梁、海底隧道工程、海底管道等工程项目建设过程中所用到的各种材料,如高强度混凝土、钢材、海管、托管架等。

②专用机械设备,例如海底测量设备、海底钻机、ROV 水下机器人、载人深潜器等。

③驳船以及多数不具备自航能力的工程船舶,像起重船、绞吸式或链斗式挖泥船、打桩船等,还有失去动力或发生海损、待拆解的船舶等。

④一些特殊的运输对象,诸如钻井平台、FPSO、船体上层建筑或船体分段、风机桨叶等重大件货物。

(2)海洋工程物流的对象在从制造到退役拆解的整个生命周期中,都涉及大量物流活动,可划分为以下四个阶段:

①制造与集成阶段:该阶段主要涉及工程装备和材料的生产、集成以及运输。各类零部件通常由全球各地的供应商提供,并且需要运送至造船厂或组装厂进行最终集成。运输方式多采用集装箱运输、超大件货物陆运或海运。例如,一艘深海钻井船的动力系统、控制系统、船体结构等核心部件,可能由来自不同国家的多个供应商提供。这些部件需历经多轮运输、仓储、装配和测试,最终才能形成完整装备。

②安装与部署阶段:此阶段涉及将制造完成的装备、船舶或组件,从造船厂或制造基地

通过半潜船、重载驳船或拖船牵引等方式,运输至海上作业点,并完成安装调试。例如,海上风电项目的风机叶片、塔架和发电机组通常由不同工厂制造,之后通过半潜驳船或大型安装船运输至风场,并使用浮吊船完成吊装。

③运行与维护阶段:在装备进入运营期后,仍然需要持续的物流支持,包括物资补给、备件更换、人员调度等。例如,海上油气平台的运行依赖定期物资补给,其中包含燃料、食品、淡水、机械备件等,通常由平台供应船(PSV)、直升机或快艇按周期运输到平台。

④退役与拆解阶段:当装备服役期满或因技术淘汰而退役时,需要制定拆解与回收方案。例如,退役的钻井平台可能被拖航至专门的拆解场,或者被改造为人工鱼礁。FPSO 等大型装备可能部分拆解,部分回收再利用。运输方式可通过拖航运输至拆解厂,或者通过浮托法装载至拆解基地。

三、海洋工程物流的作业流程、作业计划

(一)作业流程

海洋工程物流作业流程通常涵盖需求分析、方案设计、作业实施、动态监控与优化这四个阶段,以下将针对作业流程的四个阶段进行详细说明。

1.需求分析

(1)装备特性评估:首先要对装备的物理参数,如尺寸、重量、强度、可分割性等进行评估,同时考量其环境敏感性,例如耐盐雾腐蚀性。

(2)物流需求识别:依据海洋水文气象信息以及地理条件,识别潜在风险区域。对港口设施,如起重机,运输工具,像特种船舶和拖船,以及人力资源的匹配程度进行评估。此外,需考虑潮汐变化对作业时机的影响,筛选合适的时间窗口开展作业,通过优化成本配置来降低运输费用。

2.方案设计

(1)运输航线选择:挑选适宜的航线,以保障拖航作业能够顺利推进,重点关注风浪、海流等环境因素对运输过程产生的影响。

(2)装卸工艺设计:根据装备特性,设计恰当的装卸方式,如吊装、滑装、浮装等,并制定应急预案,以应对可能出现的突发状况。

(3)资源调配计划:对各类运输工具,如半潜船、拖船,以及港口设施进行统筹安排,合理调度特种作业人员,同时建立资源冲突预警机制,防止作业延误。

3.作业实施

(1)分段执行与协同控制:把物流活动细分为多个子任务,例如陆路运输、码头中转、海上拖航等,借助项目管理软件实现各环节的联动与协同控制。

(2)环境适应性调整:实时响应海洋环境的变化,动态调节拖航速度,避免恶劣天气和航道拥堵等问题。

4.动态监控与优化

(1)实时数据采集:通过船舶自动识别系统(AIS)和船舶交通管理系统(VTS)收集实时海洋水文气象数据,监控船舶位置以及交通流动状况,强化信息沟通和安全保障。

(2)风险预警与处置:构建基于大数据的风险评估模型,实时预测潜在风险,如恶劣海

况、设备松动等,并启动应急响应机制加以处置。

（3）效能评估与迭代优化：将实际作业情况与计划目标进行对比,评估时间、成本偏差,分析原因并对后续作业方案进行优化。

（二）作业计划

（1）目标与任务：清晰界定作业的具体目标,诸如完成海洋装备的运输、实现设备的安装等任务内容。

（2）时间安排：为各项任务制定详尽的时间表,确保作业能够按时推进并顺利完成,时间节点的设定需综合考虑任务难度、资源可用性等因素。

（3）资源调配：妥善安排作业所需的各类人员,如专业技术人员、操作人员等,以及设备和物资。运输船只、起重设备等关键资源需提前规划调配,保障资源充足且匹配任务需求。

（4）运输与路径选择：谨慎选择合适的运输路线,通过对海洋环境数据的分析以及过往经验,规避潜在风险区域,例如受大风或浪潮影响较大的海域,以保障运输过程的安全与高效。

（5）风险管理：系统识别潜在风险,恶劣天气、设备故障等常见风险均需纳入考量范围,并据此制定完备的应急预案,确保在风险发生时有应对之策,将损失和延误降至最低。

（6）监控与反馈：对作业进度和环境变化进行实时监控,借助先进的监测技术和设备,及时掌握作业动态。一旦发现实际情况与计划存在偏差,或者环境变化对作业产生影响,能够迅速调整作业计划,保障作业顺利进行。

（7）成本控制：通过优化资源配置,合理规划人力、物力和财力的投入,在作业过程中严格控制预算和费用支出,避免浪费,以最小的成本实现作业目标。

四、海洋工程物流活动主要特征

1.需要利用陆海联运完成物流活动

海洋工程的建设地点通常位于海上。然而,远离大陆的海洋区域往往不具备工程所需物资及装备的生产制造能力。因此,与工程相关的物资开采或生产,以及装备的设计、研发、生产、装配和测试等活动,通常需要在陆地完成。这一现实状况决定了海洋工程物流（尤其是近海工程和深海工程）一般需要借助陆海联运（如公路-海运或铁路-海运等）的方式来完成。陆路运输与海上运输之间的转换,通常要在专业化海运码头进行。

2.需要针对每一个海洋工程项目进行专门的物流方案设计

一般而言,海洋工程物流的核心任务是大型装备的运输与安装,比如海上风电设备、海底采矿设备、采油平台等海洋资源开发装备,或者大型驳船、起重船、海上施工平台等海洋工程施工装备。这些装备具有超大、超高、超重且形状不规则的特点。常规的海运模式（如集装箱、散货、杂货等）往往无法直接适用。而且,这些设备在强度、配载及稳性等方面通常有特殊要求。因此,通常需要对运输及装卸设备、保管场地、运输线路、装卸位置等进行专门设计。有时还需要为工程专门建设道路、码头等基础设施,或者为运输设计专用的船舶或装卸设备。更有甚者,可能需要根据现有物流方案的能力限制,调整工程所需装备（如采油平台等）的设计和建造方案。

3.海洋气象及海况条件直接决定物流安全

与陆上物流不同,海洋工程物流首要考虑的目标是保障运输与安装过程的安全。尤其在海上,一旦发生事故,很可能造成装备灭失(沉入海底),给海洋工程建设带来无法挽回的损失。由于大型海洋工程装备具有超大、超高、超重且形状不规则的特点,其运输及安装过程对气象及海况条件的要求非常高。为确保安全,首先要选择抗风浪能力更强、安全水平更高的运输模式及运输装备。其次,需要对航行线路或装卸节点的风、浪、海流情况等进行专门分析,并通过线路及节点的比较筛选,确定最安全的物流通道。此外,由于各个海区在不同季节的自然条件差异显著,通过对气象及海况历史数据进行统计分析,选择最佳运输及装卸时机,也是保障安全的重要手段。最后,还需要在既定航线的基础上合理选择避风点,以便在突发不利海况时能及时进入避风点,提高运输过程中的安全水平。

4.物流进度与海洋工程项目的建设进度相互影响

作为一类伴生的附属性任务,物流活动的进度目标通常要满足生产制造或工程项目建设的进度要求,如工程项目进度时间窗。然而,在海洋工程建设项目中,考虑到大型起重船、半潜运输船和专业化大件码头等物流装备和基础设施的稀缺性,或者为了保障大型装备的海上运输安全,海洋工程物流活动本身往往处于整个项目的关键线路上。也就是说,物流自身的时间窗可能反过来直接决定海洋工程项目的整体时间进度。在这种情况下,海洋工程项目的其他任务(如装备制造、安装等工程)的工程进度通常需要参考物流进度;很多时候,甚至需要以物流进度为基础,调整其他工程建设任务的时间进度。

5.利润主要来源于运输、装卸、搬运等基本物流活动

当前,随着物流自动化、智能化水平的大幅提高,常规物流活动的利润来源已从传统的运输、装卸、搬运等活动,转移到流通加工、配送等增值服务环节。然而,在海洋工程领域,由于运输对象的特殊性,运输、装卸、搬运及仓储等基本物流活动本身往往具有高技术、强创新等特点。围绕这些物流活动产生的各类设计、研发、生产、装配和测试等劳动附加值,往往远高于普通的物流活动。因此,运输、装卸、搬运等基本物流活动往往是海洋工程物流活动的核心利润来源。

6.海洋工程物流的发展是推动海洋强国建设的重要方面

海洋强国建设涵盖多个方面,包括科技创新、海洋经济发展、海洋科技教育、海洋生态保护等。海洋工程物流作为海洋经济的重要组成部分,对推动海洋强国建设具有不可替代的作用。首先,海洋工程物流的发展能够带动船舶制造、港口建设、航运服务等相关产业的发展,形成完整的海洋经济产业链。其次,海洋工程物流的发展也是海洋科技创新的重要支撑。通过推进学科建设、提升海洋科技创新能力,可以助力海洋科技腾飞,为海洋强国建设提供强大的科技支撑。科技创新是提升海洋实力的战略支撑,是海洋强国建设的核心任务。此外,海洋工程物流的发展还能促进海洋教育、科技教育的发展,夯实海洋强国的硬实力。加强海洋教育,提高海洋人才自主培养质量,对推动海洋强国事业的长远发展具有重要意义。

7.海洋工程物流体系是维护国家海洋权益的重要力量

强大的海洋工程物流体系能够有效保障国家在海洋资源开发、海洋科学研究、海上交通安全等方面的主导权,进而维护国家的海洋权益。首先,强大的海洋工程物流体系能够提高国家对海洋资源的开发和利用效率。通过高效的物流体系,国家可以更便捷地获取海洋资源,如石油,这对国家的经济、能源及国防安全至关重要。其次,强大的海洋工程物流体系能够增强国家在海上交通安全方面的控制力。通过优化海上运输和物流服务,可以减

少海上事故的发生,保障海上通道的安全,从而维护国家的海洋权益。最后,强大的海洋工程物流体系还能促进海洋科学研究的发展。通过提供必要的物流支持,可以加快海洋科学研究的进程,加深对海洋环境的理解和保护,进一步巩固国家的海洋主权。

第二节　海洋工程中的主要物流活动

与陆地物流不同,海洋工程中的主要物流活动涵盖运输、装卸搬运、包装、海上系固以及信息利用等核心环节。这些环节相互依存、相互影响,共同构成一个完整的物流链条。通过精心组织与高效实施这些物流活动,海洋工程项目所需的各类物资得以在复杂多变的海洋环境中安全、高效地流转,从而确保项目顺利推进。

一、运输

1.海洋工程物流运输的定义

我国国家标准《物流术语》(GB/T 18354—2021)对运输的定义为:利用载运工具、设施设备及人力等运力资源,使货物在较大空间上产生位置移动的活动。换言之,运输就是借助于汽车、铁路机车、船舶、飞机等运输装备,通过公路、铁路、水运、航空等运输网络,实现货物在较大范围内的空间位置移动。在海洋工程领域,无论是新建、改建还是扩建工程,总会涉及建筑材料、工程船舶、大型机械设备以及海洋平台等物资的流转,而这都离不开运输活动。与陆地运输相比,海洋工程物流运输的对象通常为重大件货物,如钻井平台、预制大型桥梁构件等。由于运输速度较慢,这些货物在海面上的漂浮时间较长,容易受到海洋水文环境的影响,这使得海洋工程中的运输活动变得更为复杂且危险。

2.海洋工程物流运输设备与运输方式

运输工具是指在运输过程中使用的设备或载具。通常,海洋工程物流运输活动所使用的运输工具有:

(1)拖船:又称为拖轮,是用于拖曳没有自航能力的船舶、协助大型船舶进出港口、靠离码头,或救助海洋中遇难船只的船只。拖船没有装载货物的货舱,船身不大,但装有大功率的推进主机和拖曳设备,具有"个子小、力气大"的特点。

(2)驳船:通常指本身无推进动力,依靠其他船只带动,主要担负运输任务,也有用于水上工程作业的肥型、平底船。其船型肥宽,吃水浅,线型平直,外形类似长方形箱子,船上一般不设起货设备(起货设备:船舶进行装卸货物时所用装置和机械的总称)。

(3)半潜船:半潜船由水上主船体和水下浮体两部分组成,其上部船体支承在水下浮体上呈半潜状态航行,是专门从事运输大型海上石油钻井平台、大型舰船、潜艇、龙门吊、预制桥梁构件等超长超重,但又无法分割吊运的超大型设备的特种海运船舶。它融合了叉装船、浮船、近海供应船的特点,并具备自航能力。

在大型海洋工程结构物的运输中存在多种运输方式。通常,根据所使用的运输工具,运输方式可分为湿拖、干拖和混合拖三种。

(1)湿拖:指拖船牵引能够依赖自身浮力保持漂浮状态的工程装备(如FPSO)航行。

（2）干拖：指将海洋工程结构物等置于驳船的装货甲板上，由拖船牵引驳船，驮载航行到指定地点。使用带动力的半潜船直接驮载结构物的运输方式通常也被归类为干拖范畴；有时也被归为单独的一类，称为干运输。

（3）混合拖：指在运输过程中结合了干拖和湿拖两种运输方式。例如，在使用半潜船运输浮式钻井平台时，首先需使用拖船将平台湿拖至半潜船的指定位置（该位置通常预先选定）；随后，通过浮装方式将结构物装载到半潜船上。在卸载过程中，同样需要借助拖船将结构物从半潜船上卸下并拖至目的工作地点。正是由于半潜船运输在装载和卸载时几乎不可避免地会借助拖船，因此，半潜船运输和拖船-驳船组合的干拖运输、湿拖运输统称为拖航运输。

在选择适合的运输设备和运输方式时，需要综合考虑货物特性（如尺寸、重量、易损性等）、运输距离、海洋水文环境、运输时间等因素。其中，货物特性是选择运输工具的首要考虑因素之一。对于建筑材料、部分机械设备和一些工程船舶而言，可以使用海上运输船（杂货船、滚装船、驳船等）；对于钻井平台、浮式储卸油装置、风机桨叶等这类重大件货物而言，无法使用普通的船舶进行运输，只能使用半潜船、拖船、驳船等作为运输或辅助运输工具。通过综合分析这些因素，选择最合适的运输方式，确保物资在运输过程中安全、高效地到达目的地，为海洋工程项目的顺利进行提供支持。

3.海洋工程物流运输与普通物流运输的不同

（1）运输方式的特殊性。海洋工程物流涉及的三种运输方式常常需使用专用的运输工具，如半潜船、拖船和驳船等，以适应大型和重型货物的运输需求。这些特殊的运输方式旨在保证重型设备和结构物在海洋环境中安全有效地移动。相比之下，普通物流主要使用卡车、货船、铁路等常规运输工具，运输方式较为简单，且无须考虑海洋环境带来的特殊挑战。

（2）运输计划的复杂性。海洋工程物流的运输计划需要综合考虑多种因素，如货物特性、海洋环境、作业时间窗、气象变化等，制定出精确且灵活的运输方案。由于海洋工程项目通常涉及多方协调（如船舶、起重设备和作业团队），运输计划的复杂性和不确定性相对较高。相对而言，普通物流的运输计划通常较为简单，主要考虑运输路线、时间和成本等因素，复杂性相对较低。

（3）安全要求的不同。海洋工程物流对运输活动的安全要求显著高于普通物流。这是因为海洋工程涉及高价值设备和大型结构物，任何意外情况都可能导致巨大的经济损失和环境影响。因此，海洋工程物流必须遵循更严格的安全标准和法规，以确保运输过程中的安全性和可控性。而普通物流的安全要求则相对宽松，主要集中在运输工具和人员的安全。

（4）对环境的敏感性不同。海洋工程物流运输活动对环境的敏感性更高，需考虑到海洋的自然条件，如潮汐、波浪、风力和水流等。这些环境因素直接影响运输的安全性和效率，运输计划需要灵活应对各种环境变化。与此相比，普通物流在陆地上运输时，环境因素对运输活动的影响相对较小，操作过程更为稳定和可控，因此对环境的敏感性要求较低。

二、装卸搬运

1.海洋工程物流装卸搬运的定义

我国国家标准《物流术语》（GB/T 18354—2021）中对装卸的定义为：在运输工具间或运输工具与存放场地（仓库）间，以人力或机械方式对物品进行载上载入或卸下卸出的作业过程;搬运的定义为:在同一场所内,以人力或机械方式对物品进行空间移动的作业过程。装卸搬运活动渗透到物流各个领域,成为物流顺利进行的关键。由于海洋工程物流的对象通常是重大件货物,无法依靠人力移动,所以在海洋工程物流中,装卸搬运的定义可理解为:在海洋工程项目的各个环节里,借助专用的设备与工具,以机械方式对海洋装备和物资进行装载和卸载的综合作业过程。与普通货物的装卸搬运活动不同,海洋工程物流对象的特性致使其装卸搬运活动更为复杂,且更易受到海洋环境的影响。也正因如此,除了一些传统的机械化搬运方式外,还专门衍生出了一种新的装卸方式——浮装浮卸。

2.海洋工程物流装卸搬运方式

在海洋工程物流中,装卸搬运方式是保障工程材料和设备安全、高效流转的关键环节。有别于传统货物的装卸,这些方式既要考量大型、重型及形状复杂的工程结构物的特性,又要应对海洋环境带来的挑战。以下介绍几种主要的装卸搬运方式,分别是吊装吊卸、滑装滑卸和浮装浮卸。

(1)吊装吊卸:指借助码头起重机或者海上大型浮吊将货物吊起,以此完成码头与船舶之间的装卸作业,常用于工程建筑材料、机械设备、部分工程船舶等货物的装卸。

(2)滑装滑卸:指大型结构物在绞车等牵引设备的作用下,沿滑靴与滑道间的接触面滑动,从而将重大件货物由码头滑道滑移到驳船装载位置的装卸方式。

(3)浮装浮卸:通常是在专用半潜船上,将浮动结构物通过水上作业浮载到船上。在此过程中,结构物利用自身浮力进入半潜船的水槽,待水位合适时,船只上浮,安全装载结构物。

综上所述,吊装吊卸、滑装滑卸和浮装浮卸等装卸搬运方式在海洋工程物流中发挥着极为重要的作用。它们各自针对不同类型的货物和作业环境,运用专业的技术和设备,确保在复杂的海洋条件下顺利完成装卸任务。这些方式不仅提升了物流效率,也为大型海洋工程的顺利推进提供了必要保障。

3.海洋工程物流装卸搬运与普通物流装卸搬运的不同

(1)设备技术的不同。海洋工程物流中的装卸搬运往往依赖专用的设备和技术,如大型浮吊、绞车和半潜船等,以满足重大件货物的特殊需求。这些设备能够有效处理复杂的装卸任务,并应对海洋环境的挑战。而普通物流主要使用常见的起重机和叉车等通用设备,适用于相对简单的货物装卸,技术要求相对较低。

(2)操作流程的复杂性。在海洋工程物流中,装卸搬运流程通常较为复杂,需要综合考虑货物的重量、形状以及海洋环境的影响。例如,在浮装浮卸过程中,必须精准控制浮力和水位,以确保货物安全装载。与之相比,普通物流的操作流程较为直接、简单,通常只需在稳定的环境下进行。

(3)安全要求的不同。海洋工程物流中,对装卸搬运的安全性要求更高。由于涉及大型结构物和高价值设备,必须遵循严格的安全标准,以防止在装卸过程中出现损坏,或对人员和环境造成威胁。而普通物流的安全要求相对宽松,主要关注运输过程中的货物保护和事故预防。

(4)对环境的敏感性不同。海洋工程物流的装卸搬运对海洋环境的敏感性远高于普通装卸搬运活动。因此,其作业执行过程对环境限制条件的要求极高,通常需严格依照相关规范给出的作业环境标准执行。相比之下,普通物流通常在相对稳定的环境中进行,对环境的限制要求较低。

三、包装

1.海洋工程物流包装的定义

我国国家标准《物流术语》(GB/T 18354—2021)中对包装的定义为:为在流通过程中保护产品、方便储运、促进销售,按一定技术方法而采用的容器、材料及辅助物等的总体名称。按照包装在流通领域的作用划分,可以分为运输包装和商业包装两大类。在海洋工程领域,主要应用的是运输包装。运输包装以满足运输、仓储要求为主要目的,致力于尽可能降低运输流通过程中对货物造成的损坏,保障货物安全,方便储卸搬运,节省交接和点验的时间。运输包装在设计时通常有以下要求:具备防水、防潮、防腐蚀等能力,拥有足够的强度、刚度与稳定性等。

海洋工程中的物流活动涵盖多个复杂环节,其中包装作为保障物资安全的关键一环,在海洋工程领域广泛存在。在海洋工程项目中,通常会涉及众多海洋工程结构物(诸如海洋平台模块、大型船体上层建筑、钻井头、风机桨叶等)、建筑材料和其他物资。这些物品在运输、存储等过程中,往往面临恶劣的环境条件,如海风、海浪、海水腐蚀以及盐雾侵蚀(盐雾侵蚀是指金属在盐雾环境下发生的腐蚀现象)等。因此,对这些物品进行恰当包装至关重要。

2.海洋工程物流包装材料和包装方式

在海洋工程物流中,包装材料和方式对于确保物品在运输和储存过程中的安全极为关键。通过合理包装,能够有效防止物品受潮、腐蚀、振动和碰撞等。依据包装目的,海洋工程物流中的包装材料可分为以下三类:

(1)防潮包装材料:主要用于防范水分对货物的侵害,常见材料有防潮木箱、防水塑料膜等。这些材料能有效隔绝湿气,保护内部货物,特别是在潮湿环境下。

(2)防腐包装材料:针对易腐蚀物品,通常采用特殊涂层或添加防腐剂的材料,例如对金属框架进行防腐处理、涂覆防腐剂等,旨在延长货物使用寿命,确保运输过程安全。

(3)防碰撞包装材料:通过使用加固材料和结构性固定设备(如支撑框架),确保货物在运输过程中的稳定性,防止因碰撞导致损坏。

通常,按照货物的结构特征和运输需求,海洋工程物流活动涉及的包装方式可分为:

(1)模块化包装:针对大型结构物(如海上风机)采用模块化设计,将大件设备拆分成若干个模块进行包装。例如,海上风电平台的各个组件可分模块包装,便于装卸和运输。

(2)结构性固定包装:适用于整体运输的大型结构物(如整个平台),重点通过支撑、加固和固定措施,将结构物稳固地固定在运输工具上,以应对海上环境的剧烈晃动。

(3)特定部件包装:为应对海洋环境的侵蚀,可能在特定部件(如电子设备、管线接口等)上加设防水、防腐蚀保护层,或在易损部位加装缓冲装置,以减缓冲击。

3.海洋工程物流包装与普通物流包装的不同

(1)包装材料差异。海洋工程物流使用的包装材料往往需具备防水、防腐蚀和防振等特性,如防潮木箱、金属框架和防水塑料膜等,这主要是因为海洋工程结构物在物流过程中可能直接接触海水。而普通物流通常在船舱内进行,使用纸箱、塑料袋、木箱等常见材料即可,主要关注防护、便捷和经济性。

(2)包装方式不同。海洋工程物流的包装方式注重适应复杂的海洋环境,采用模块化和结构性固定方式,以满足大型结构物整体运输和分段装卸的需求,同时为特定部件提供防水、防腐和缓冲保护。相比传统包装,其包装方式更为复杂,强调结构加固与环境适应性,以确保在剧烈晃动和恶劣海况下运输的安全性与稳定性。而普通物流的包装方式较为简单,更倾向于满足一般的防护需求,通常只需兼顾便捷性和经济性。

(3)安全要求不同。在海洋工程物流中,包装的安全性要求相对更高。由于涉及大型结构物和高价值设备,包装不仅要满足运输需求,还需符合严格的安全标准,以防止货物在运输过程中损坏或对环境造成影响。普通物流的包装则更多侧重于降低运输成本和提高效率,安全性要求相对宽松。

(4)环境适应性不同。海洋工程物流的包装材料和方式必须适应恶劣的海洋环境,包括高湿度、高盐度和强风浪等因素。这意味着在选择包装材料时,必须考虑其耐候性(材料如涂料、建筑用塑料、橡胶制品等,应用于室外经受气候的考验,如光照、冷热、风雨、细菌等造成的综合破坏,其耐受能力称为耐候性)和适应性。普通物流通常在相对稳定的环境中操作,因此对包装材料的环境适应性要求相对较低。

四、海上系固

1.海上系固的定义

海上系固是指运用专业设备,例如绳索、链条、钢丝绳和扣件等,将大型结构物或重型设备稳固地固定在运输工具上,确保其在海洋环境下的运输、装卸和存储过程中维持稳定状态,避免出现位移或倾覆现象。海上系固尽管并不属于物流的八大传统要素(运输、储存、装卸、搬运、包装、流通加工、配送、信息处理),但在海洋工程物流中却是关键环节。海洋工程物流所涉及的货物通常具有大型、重型、结构复杂的特点,像海上钻井平台、风力发电机组件和船舶等,这些货物对运输稳定性和安全性的要求极高。系固设计需要综合考量货物特性、运输工具结构以及航线条件,一般会采用绳索、链条等进行捆绑与固定,以此防止货物在海况变化时发生晃动或碰撞。倘若系固不当,可能会致使货物损坏、运输延误,甚至引发严重事故。

2.海上系固设备和方式

海上系固设备在保障货物于恶劣海况下安全运输方面发挥着关键作用。鉴于海洋环境的特殊性,系固设备的设计和选择必须充分考虑货物的重量、形状、运输工具的结构特征,以及海上运输过程中可能出现的振动和冲击。以下是几种主要的海上系固设备:

(1)绳索和缆绳:通常采用高强度、耐腐蚀材料制成,适用于捆绑较轻设备或起到辅助固定的作用。选用弹性较好的材料,能够适应船舶的轻微运动。

(2)链条和钢丝绳:链条常用于固定重量较大的设备,而钢丝绳应用广泛,具有高抗拉强度和耐磨损性。

(3)系固带扣和紧固件:带扣和紧固件,如D形环和张紧器等,可确保系固装置在运输过程中始终保持紧固状态,有效防止货物晃动。

(4)摩擦垫和缓冲材料:用于增大货物与甲板之间的摩擦力,减少滑动,同时缓冲材料还能吸收振动和冲击力。

同样,系固方式也是确保货物在运输、装卸及存储过程中安全稳定的关键因素。在选择系固方式时,同样需要考虑货物的特性、运输工具的结构、海洋环境条件以及具体操作需

求等。以下是几种常见的海上系固方式:

(1)直接固定法:将货物直接固定在运输工具的结构上,这种方式常用于装卸频率较低的设备或整个平台,以防止位移。

(2)捆绑与缠绕法:把绳索、链条等缠绕在货物的多个点上,适用于形状不规则的设备,能够适应不同方向的外力。

(3)结构性支撑法:通过焊接或设置支架等方式增加额外支撑,适用于特大型或高价值设备,可提供额外的稳定性。

(4)模块化系固法:对于分段运输的货物,采用模块化方式将每个模块单独固定,便于装卸和后续集成。

五、信息利用

1.海洋工程物流中的信息的定义

我国国家标准《物流术语》(GB/T 18354—2021)中对物流信息技术的定义为:以计算机和现代通信技术为主要手段实现对物流各环节中信息的获取、处理、传递和利用等功能的技术总称。通俗来讲,物流信息是在物流活动开展过程中产生及使用的必要信息,它反映了物流活动的内容、形式、过程以及发展变化情况,是由物流活动引发且能体现物流活动实际状况和特征,可被人们接收和理解的各种信息、情报、文书、资料、数据等的统称。从狭义角度而言,物流信息是指与运输、储存、装卸搬运、包装、流通加工等物流活动相关的信息。

在海洋工程物流中,海洋工程物流信息是指与海洋工程项目相关的所有物流活动信息。这涵盖了海上运输、材料供应、设备装卸、现场作业、气象条件、航行安全及环境监测等方面的信息。这类信息不仅反映了海洋工程物流的具体过程与特征,还对决策制定、协调工作以及资源管理起到支持作用,确保海洋工程项目在复杂的海洋环境中得以顺利推进。海洋工程物流信息的准确性、实时性和综合性,对于提高工程效率、降低风险以及优化资源配置具有重要意义。

2.海洋工程物流中的信息分类

(1)海洋气象水文信息,其包含风速、波高、潮汐、流速等数据。这些信息对于海上运输的安全性和效率起着关键作用。及时、准确的气象水文信息能够协助工程师在运输前及运输过程中做出合理决策,以便规避恶劣海况或者调整作业计划。

(2)海洋地理信息,其涉及水域的水深、航道、碍航物等地理特征。这些信息为运输路线的选择提供了基础数据,确保运输船只在航行过程中能够安全通行,并有效避免碰撞和搁浅等风险。

(3)船舶航行信息,其包括船舶的位置、速度、航向以及设备运行状态等。这类信息通过智能化系统进行实时收集和分析,有助于监控船舶的运行状况,并及时调整航线和操作,以应对突发情况。

在海洋工程物流中,这些信息对各项物流活动的顺利开展至关重要。例如,在规划运输路线前,首先须详细了解水文气象信息,确保运输船只能够避开恶劣海况,并做好应对突发状况的准备。其次,了解航线中的水深和碍航物等地理特征同样十分关键。此外,还需借助智能化系统和设备,实时收集和分析海况、气象数据以及船舶运行状态,以此保障海洋工程物流活动的顺利进行。

第三章

海洋环境要素

第一节　海洋环境与海洋工程物流

　　海洋环境主要涵盖大气、海洋和海底地貌等要素,其中大气和海洋与海洋活动关系极为密切。在蒸汽机发明之前,天气状况对海上活动有着决定性甚至不可抗拒的影响。随着科学技术的进步,船舶和海洋工程结构物抵御恶劣海洋环境的能力显著提升。然而,实际操作显示,无论船舶或海洋工程结构的吨位多大、自动化程度多高,恶劣的海洋环境仍可能造成严重损失。所以,在现代海洋工程的设计与实施过程中,海洋环境要素的影响仍是海洋工程物流安全管理中不可忽视的关键因素。

　　海洋工程,特别是深海工程,常常处于大风、大浪、急流、海冰、低能见度等恶劣的海洋环境中,这些动态环境因素对海洋工程物流安全构成直接威胁。此外,泥沙淤积和海水腐蚀等因素还会影响工程结构的稳定性和耐久性。这些复杂且相互关联的海洋环境要素持续作用于海洋工程物流活动,对其安全性产生影响。通常,海洋环境要素主要包括海水温度、盐度、密度、波浪、海流、海冰、风暴潮和海啸、潮汐、海岸泥沙、风、雾、能见度、气温、气压及湿度等。这些海洋环境因素从物理、化学等多个方面影响着海洋工程物流的安全。在实际作业中,由于对相关海域的水文环境资料收集和分析不足,或者天气预报不准确,在海洋工程物流活动或其他海上作业(如勘探、钻井、安装等)过程中,常常会遭遇大风、大浪、海冰、浓雾等恶劣情况,进而导致事故发生。

▌案例一

　　"渤海2号"是一艘1973年从日本进口的二手船,原名为"富士号"钻井船,后改称为"渤海2号",是一艘专门用于海洋石油钻井作业的大型特殊性非机动船。1979年11月,该平台在完成钻井作业后,准备从原井位迁移至航距117 n mile的新井位。

　　为安排"渤海2号"的迁移拖航任务,1979年11月22日上午,石油工业部海洋石油勘探局总调度室的负责人主持召开了拖航会议。会前,"渤海2号"曾从海上发来电报,告知平台上的3号潜水泵落水,要求派潜水员打捞。11月25日,"渤海2号"在进行降船操作时,渤海海面上刮起了7~8级大风。考虑到"渤海2号"是从日本进口的,预计其抗风能力应当比国产的钻井平台强,加之当时船上并未收到任何气象台发布的大风警报,并且在渤海湾阵风时起时落是常有的情况。因此,现场拖航领导小组决定仍指派8 000 hp的"滨海

282"拖船带上缆绳,继续实施拖航作业。不料,风越刮越猛烈,到了晚间,阵风达到 11 ~ 12 级。"渤海 2 号"在风浪中剧烈颠簸,几道巨浪扑上甲板,猛地掀开了两只通风筒盖,海水瞬间从通风筒口涌入舱内。霎时间,底舱被灌进了大量海水。意识到眼前的危险,拖航指挥者立即决定让"滨海 282"拖船调转航向,试图利用钻井平台高大的生活楼来阻挡甲板上的巨浪。然而,事与愿违,在扭身拐弯的过程中,"渤海 2 号"被狂风巨浪掀翻,沉入海底。在该平台上工作的 74 名海洋石油早期勘探者中,72 人不幸遇难,仅有 2 人幸存。此次事故造成的直接经济损失达 3 700 多万元。

案例二

1983 年 10 月 20 日,南海第 16 号台风在中沙群岛东北形成,并迅速向西偏北方向发展,形成了最强台风中心。该中心恰好位于阿科公司"爪哇海号"钻井船的作业区。中央气象台于当日 20 时发布了台风紧急警报。广东南海石油联合服务气象公司根据中央气象台发布的天气预报进行综合分析评估,从 21 日 5 时至 26 日 14 时,连续向阿科公司及"爪哇海号"发出台风警报 41 次,还有附加电文 3 次、紧急电话 1 次;南海西部石油公司气象台也向阿科公司预警 16 号台风将过境,提示密切关注台风动向。然而,平台管理人员凭借经验判断,认为这只是强风过境,不会对"爪哇海号"钻井船造成致命打击,执意让"爪哇海"号于原地固锚硬抗,而不选择移港避险。尽管在 10 月 21 日至 25 日,"爪哇海号"有 4 天的时间可以转移,但阿科公司却没有表现出任何撤离的意图。

随着 16 号台风的强度不断升级,到 10 月 25 日夜间,台风眼抵达南海莺歌海海域以西 60 km 处,当台风登陆"爪哇海号"钻井船时,风力已超过 12 级,台风中心的风力瞬间扑向了未做任何准备的"爪哇海号"钻井船。当中国"南海 205"号船于 11 时 10 分(1983 年 10 月 26 日)实施紧急救援赶到"爪哇海号"作业区时,大海已恢复平静,"爪哇海号"连同船上的 81 名船员已不见踪影。遇难船员包括来自多个国家的工作人员,此次事故的直接经济损失高达 3.5 亿元。

第二节 风

一、概述

在地球的上空,大气循环流动,风无处不在,并随着四季更迭、不同时日以及所处高度等因素,呈现显著变化,具有复杂的变化规律。人类很早就懂得借助风力,比如利用风帆开展海上航行,运用风力进行发电等。然而,大风和风暴等也常常给人类带来灾害,其蕴含的巨大能量具有极强的破坏力。像 FPSO、海洋平台、海上油罐、钻井船等海洋工程结构物,以及专门用于运输这些结构物的工程船舶,当直接处于风力作用下时,可能会遭遇结构损坏、设备失灵,甚至发生倾覆、沉没等严重事故。

作为一种关键的天气因素,海面风场对海水运动有着巨大影响,主要与表层海流的变化、海浪的发展和传播,以及风暴引起的水位涨落程度等密切相关。风是大气释放能量的一种形式,风速越大,其作用力越强。一场强大的风暴及其引发的巨浪,往往是导致海洋建筑物破损的主要原因。对于海洋工程结构物而言,风的作用会使其产生横摇与纵倾,过大的风倾力矩会致使其失去稳性进而翻沉。一些细长结构(例如海上风机)在强风的直接作用下,会发生较大变形和大幅度振动,甚至出现失稳断裂的情况。

与风相关的计算,已成为海洋工程物流设计中不可或缺的条件。例如在工程船舶、采油平台等海洋工程结构物的拖航过程中,都会受到风阻影响。风阻的影响体现在多个方面,包括导致速度减慢、油耗增加、操纵难度加大,以及对稳定性与安全性构成威胁等。风载荷是海洋工程结构物的重要设计控制载荷,对结构物进行抗风设计是确保结构安全的重要举措。此外,海洋在风的作用下还会产生海浪和海流,海浪是造成海洋工程结构破坏的主要载荷,恒定的海流也是海洋工程结构设计中必须考量的环境载荷因素。

二、我国近海区域的几种主要风系

(一)季风

在同一季节,海洋与陆地温度的升降程度不同,导致冬季海洋比陆地温暖、夏季海洋比陆地凉爽的现象。这种热力差异使得近地面和近海面的气温与气压有所不同,进而形成了季风。冬季风从陆地吹向海洋,夏季风则从海洋吹向陆地,冬夏风向交替是季风的显著特点。我国自10月起至次年3月盛行偏北季风,6月之后盛行偏南季风,4、5月与8、9月为季风的转换季节。季风的强弱与进退,主要受四个大气活动中心相互间的牵制与影响。这四个大气活动中心分别是冬季亚洲大陆上的西伯利亚高压、冬季北太平洋上的阿留申低压、夏季北太平洋上的太平洋高压以及夏季亚洲大陆上的印度低压,而这些大气活动中心又受到地球大气环流的影响。季风的形成与影响虽具有全球性,但在表现上通常呈现地区性特征。

我国冬季季风较强且多大风,在北部黄、渤海海域,冬季季风出现最早,由北向南吹送,其风向有顺时针偏转的趋势。所以,黄、渤海区多西北风与北风,东海多东北偏北风,南海多东北风与东北偏东风。夏季季风由南向北吹送,6月开始影响南海和东海,7月可达黄海北部与渤海。以黄、渤海区为例,大风具有明显的地区特征:渤海海峡和成山角附近海域是有名的大风地带,在同一天气系统影响下,风力比其他地区大1~2级;当冷空气从内蒙古进入东北平原后,受长白山影响,冷空气沿长白山西侧向西南经辽东半岛进入渤海和黄海北部,风力为6~7级,风向为东北大风;强度大时可抵达山东半岛北部沿岸。这种地方性大风在冬季较为常见;当气压场配置合理,等压线与岸线大致平行时,山东半岛南岸20~30 n mile范围内常会出现东北大风现象。

(二)寒潮

寒潮实际上是冷空气活动强烈爆发的具体体现。我国国家气象中心对寒潮有明确的标准界定:凡冷空气爆发影响某一地区,使该地区的温度在冷空气到达、停留和撤离的整个过程中下降超过10 ℃,且10天平均温度比同期常年平均低6 ℃时,定义为强寒潮;温度下降在8 ℃至10℃且负距平为4 ℃时,则定义为寒潮。

亚洲大陆的冷空气活动形成原理主要是由于海陆温差。在北冰洋和亚欧大陆的高纬度地区,终年气候寒冷,冬季尤为严寒。例如西伯利亚东部,冬季气温可降至-60 ℃,是北半球最冷的地区。这一区域形成了强大的高气压中心,主要位于蒙古和西伯利亚,被称为蒙古高压或西伯利亚高压。高气压中心上空的空气下沉,积聚形成一个达数千千米、规模巨大的干燥冷气团。同时,位于亚洲东西太平洋暖洋面上的气压相对较低,南面的印度洋气压也较低。在这种海陆温差和气压差的分布下,当冷高压变得足够强大时,就会向南推进,影响蒙古和中国新疆地区,形成冷空气或寒潮。

由于中国海域辽阔,影响各个海区的冷空气并非沿同一路径南下,主要路径可分为四条:路径一是冷空气主力经蒙古东部进入我国华北、东北一带,然后由渤海入海,做顺时针方向移动,横扫整个渤海、黄海和东海海域,甚至可通过巴士海峡进入南海海域,引发这些海域的大风。路径二是冷空气从蒙古移入我国华北,从华东沿海及渤海、黄海、东海西中部南下,通过台湾海峡转入南海。该路径影响渤海、黄海、东海西部和南海东北部海域。路径三是冷空气从蒙古经由我国河套地区南下,有时可越过南岭在珠江口一带进入南海。珠江口以西海域可出现大风,大风持续时间在一天左右,最长可达三天。路径四是冷空气主力经新疆,沿青藏高原东侧南下,最后侵入北部湾、琼州海峡一带,冷空气势力很强时,也可影响到珠江口海面。在这四条路径中,以第一、第二条较为常见,而且从这两条路径南下的冷空气势力也较强。

黄、渤海海域的寒潮一般发生在 11 月至次年 3 月,主要集中在 11 月至次年 2 月,有 6~7 次,平均每月 1~2 次,3、4 月份影响减弱。强烈的寒潮可产生 10 级以上的大风,若在低压系统配合下,大风可持续数月之久。影响东南沿海的冷空气,一般出现在 9 月至次年 5 月,盛行于 10 月至次年 4 月;东海海域冬半年受寒潮影响的次数有 6~7 次,主要集中在 11 月至次年 2 月,平均每月 1~2 次。

(三)台风

台风是热带海洋上空的强烈低压涡旋,由热带气旋在特定条件下迅速发展而成,它所造成的严重自然灾害主要包括暴雨、强风、海浪以及风暴潮等,是地球上最具破坏力的自然现象之一。我国在进行台风预报和警报时,按照国际通用分类,根据热带气旋的强度(通常以气旋中心附近的最大风速来表示)赋予不同名称,具体如下:

(1)热带低压:最大风速为 10.8 ~ 17.1 m/s(风力 6 ~ 7 级);

(2)热带风暴:最大风速为 17.2 ~ 24.4 m/s(风力 8 ~ 9 级);

(3)强热带风暴:最大风速为 24.5 ~ 32.6 m/s(风力 10 ~ 11 级);

(4)台风:最大风速大于 32.7 m/s(风力 12 级以上)。

台风主要由大面积的湿热洋面形成的低压中心引发,其中心气压极低,如强台风多为 900 ~ 950 hPa(注:1 hPa = 100 Pa),有时甚至可低至 877 hPa 以下。此时,台风中心与周围空气在水平方向上形成了显著的压力差。以中心气压为 920 hPa、半径为 400 km 的强台风为例,其边缘气压为 1 000 hPa,从台风中心到边缘每 100 km 的平均气压差达 20 hPa,在台风中心 100~200 km 处压差更大,而一般天气系统的 100 km 气压差仅为 1~2 hPa,相当于台风的 1/20 ~ 1/30。因此,外围空气急速向台风中心流动,并在地转偏向力的作用下,形成逆时针高速旋转的气流(在北半球)。台风中心气压越低,外围风速越大。台风的移动方向主要由其上空的大气流场引导决定。

中国东部邻接的西北太平洋,是全球台风发生最频繁的海域之一,台风数量约占全球总数的 1/3。该地区的台风多为强台风,平均每 3 个台风中有 2 个是强台风。而中国,是世界上受台风影响最严重的国家之一,平均每年在中国登陆的台风约有 8 个。此外,还有不少台风虽未在中国沿海登陆,但其经过中国近海时仍对沿海地区产生了显著影响。若将此类台风计入,每年影响中国的台风数量将远超 8 个。特别是东海、南部海域,由于其没有明显的陆地遮挡,完全面向西太平洋敞开,非常有利于从西太平洋侵入的台风发展,因此是全球热带气旋强度最大的区域之一。

历史数据显示,东海的台风具有明显的季节性特征,台风季一般始于6月初,并逐步增强;6月中旬进入台风峰季,一直持续到10月中旬;10月中旬以后,台风的频率和强度迅速降低;从11月至次年5月,几乎没有台风发生。除此之外,中国沿海其他地区5至10月均有台风登陆,平均持续时间之长也居世界首位。综合统计台风各月在中国登陆的个数可知,台风登陆的高峰期是7至9月份,平均每月约有2个。就各沿海省区而言,强台风登陆率差异较大,其中广东和海南的台风登陆数量最多,约占全国的一半,年均达5.1次,其次为台湾和福建,而广西和江苏以北各省强台风登陆的记录较少。台风在中国沿海地区登陆后,平均深入内陆500 km,最长可达1 500 km,因而有时影响范围甚至波及湖北、山西、陕西等内陆地区。

三、风资料

风资料能够清晰呈现特定海域的风向和风速特征,这对物流活动的规划而言至关重要。比如,在海洋平台、风机桨叶等大件货物的运输和装卸过程中,通常需要考虑风向和风速的影响,以此来选择适宜的航线和出发时机,进而保障运输安全。在海洋工程物流中,应尽量采用当地实测的风数据,以便准确反映该海域的风速、风向及其分布变化规律。一般来说,风资料的统计分析方法包含风玫瑰图以及多年风速分布和统计资料。对于缺乏实测数据的海域,可依据海平面气压场的等压线分布估算高空地转风速,经修正后得到海面风速。

1.风向

风向指的是风的来向,通常有方位法和圆周法两种描述方式。

(1)方位法:方位法将风向看作是从观测点出发的方向,一般把圆周划分为16个等分(见图3-1),以此分别表示不同的风向。每个方位代表一种特定的风向,像正北、东北、东南等。该方法适合描述风向的整体分布和变化特征,16方位与度数换算见表3-1。举例来讲,正北风(N)意味着风从北方吹来,东北风(NE)表示风从东北方向吹来,依此类推。方位法的优势在于直观易懂,便于对风向进行分类和分析。

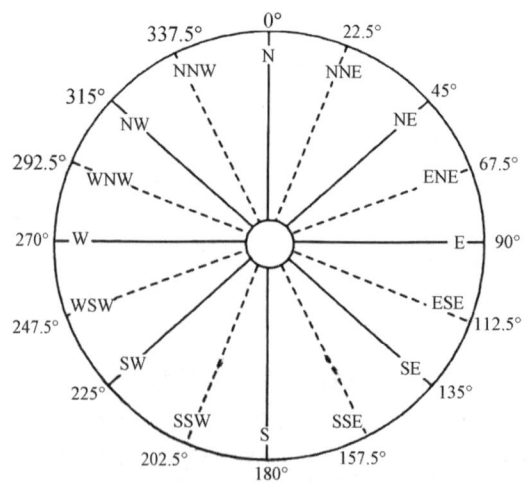

图3-1　16等分示意图

（2）圆周法：圆周法用度数来表示风向，以观测点为中心，从正北方向 0°起，按顺时针方向划分为 360°。在这种方法里，正东是 90°，正南是 180°，正西是 270°。该方法能够提供更为精确的风向信息，适用于需要详细量化风向的情形。例如，若一阵风从正东方向吹来，其风向就会被表示为 90°；要是风从西南方向吹来，对应的度数可能是 225°。

表 3-1 16 方位与度数换算表

方位	N(北)	NNE (北东北)	NE(东北)	ENE (东东北)	E(东)	ESE (东东南)	SE(东南)	SSE (南东南)
度数	348.9°~ 11.3°	11.4°~ 33.8°	33.9°~ 56.3°	56.4°~ 78.8°	78.9°~ 101.3°	101.4°~ 123.8°	123.9°~ 146.3°	146.4°~ 168.8°
方位	S(南)	SSW (南西南)	SW(西南)	WSW (西西南)	W(西)	WNW (西西北)	NW(西北)	NNW (北西北)
度数	168.9°~ 191.3°	191.4°~ 213.8°	213.9°~ 236.3°	236.4°~ 258.8°	258.9°~ 281.3°	281.4°~ 303.8°	303.9°~ 326.3°	326.4°~ 348.8°

2.风速

单位时间内空气在水平方向上移动的距离，称为风速。常用单位：米/秒（m/s）、节（kn）和公里/小时（km/h）表示，其换算关系如下：

$1 \text{ m/s} = 3.6 \text{ km/h}; 1 \text{ kn} = 1.852 \text{ km/h}; 1 \text{ km/h} = 0.28 \text{ m/s}; 1 \text{ kn} \approx 0.5 \text{ m/s}$。

3.风玫瑰图

风玫瑰图是一种用于展示特定地区风向和风速特征的图形工具。它通过对多年气象数据进行统计，将各个风向的频率及相应风速呈现出来，以可视化方式展现风的变化规律。通常，风玫瑰图由多个方位构成，常见的有 8 个或 16 个方位。以 16 方位为例，将圆周上 360°的方位按照每 22.5°一格划分为 16 格，把实时采集到的各个风向统计归入这 16 个方向。每个方位线段的长度代表该方向上风的频率或平均风速。图中的方向代表风的来向，也就是风从外部吹向中心点的方向。

风玫瑰图分为风向玫瑰图和风速玫瑰图两种。

（1）风向玫瑰图：主要用于表示不同风向的频率。风向频率是指在一定时间内各种风向（例如统计 16 个风向）出现的次数占所有观察次数的百分比。依据各方向风的出现频率，以相应比例长度（即在以圆心为原点的极坐标系中的半径）来表示，按照风向从外向中心吹的规则，描绘在用 8 个或 16 个方位所表示的极坐标图上；接着将各相邻方向的端点用直线连接起来，绘制成一个形似玫瑰的闭合折线，这便是风向玫瑰图，见图 3-2 中的虚线封闭曲线所示。

（2）风速玫瑰图：也就是平均风速玫瑰图，用于展示各个风向的平均风速。通过统计某一时期内各风向的多次风速观测值，计算出每个风向的累计平均风速，并按一定比例绘制在风向方位图上，所形成的封闭折线即为平均风速玫瑰图，见图 3-2 中的实线封闭曲线。为确保数据的可靠性，一般需要查阅 20~30 年的测风资料，尤其要重视那些曾出现过但可能漏测的大风情况。

风玫瑰图有助于识别常风向（即风速出现频率最高的风向）与强风向（即最大风速对应的方向）。在虚线封闭曲线上，距离中心最远的点所指方向为风频最大方向，也就是当地主导风向，如图 3-2 中虚线曲线所示的 NNW 方向；距离中心最小点所在方向为风频最小方向,如图 3-2 中虚线曲线所示的 ESE 方向。从图 3-2 还能看出,主要盛行风向为 NW-NE,其中 NNE 风频率最高;次盛行风向为 SSW、ENE、WNW,其中 ENE 风频率最高。如果当地主导风向相反,那么就是季风风向,即在虚线封闭曲线上,若与 NNW 方向相反的 SSE 方向也为主导风向,此时即为季风风向。图 3-2 中实线曲线所示的 NNE 方向为强风向,最大风速可达 28 m/s。

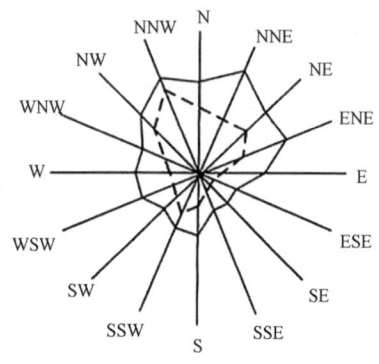

图 3-2　风向风速玫瑰图

4.风级

风速资料通常由测风站测量获取。在陆地上,测风站一般会设置在不受建筑物影响的空旷之处。目前,我国的风况观测大多采用自动记录的风向风速仪,该仪器由感应器、指示器、记录器三部分组成。为弥补沿海观测台站的不足,国家海洋局要求在沿海航行的我国船只,每日四次定时将所处海域的水文气象资料向岸上台站报告。倘若没有风速仪,通常借助海面特征对风速进行目测,并使用罗盘测定风向。目测的风速采用蒲福风级表示(见表 3-2)。

表 3-2　蒲福风级表

风级	风名	相当风速			海面状况	海面浪高(m)		海面征象
		kn	m/s	中数(m/s)		一般	最高	
0	无风	小于1	小于1	0～0.2	平如镜	——	——	海面像镜子一样平静
1	软风	1～3	0.3～1.5	0.9	微波	0.1	0.1	海面有波纹,但没有白色波顶
2	轻风	4～6	1.6～3.3	2.5	小波	0.2	0.3	波浪纹虽小,但已明显,波顶透明像玻璃,但不碎
3	微风	7～10	3.4～5.4	4.4		0.6	1	波较大,波顶开始分裂,泡沫有光,间或见到白色波浪
4	和风	11～16	5.5～7.9	6.7	轻浪	1	1.5	小浪,波长较大,往前卷的白碎浪较多,有间断呼啸
5	清风	17～21	8.0～10.7	9.4	中浪	2	2.5	中浪,波浪相当大,白碎浪很多,呼啸声不断,间有浪花溅起

续表

风级	风名	相当风速			海面状况	海面浪高(m)		海面征象
		kn	m/s	中数(m/s)		一般	最高	
6	强风	22~27	10.8~13.8	12.3	大浪	3	4	开始成大浪,波浪泡沫飞布海面,呼啸声大作(可能有少数浪花溅起)
7	疾风	28~33	13.9~17.1	15.5	巨浪	4	5.5	海面由波浪堆积而成,碎浪的白泡沫开始呈纤维状,随风吹散,飞过几个波顶
8	大风	34~40	17.2~20.7	19	狂浪	5.5	7.5	中高浪,波长更大,随风吹起纤维状浪更明显,啸声更大
9	烈风	41~47	20.8~24.4	22.6	狂涛	7	10	高浪,泡沫纤维更加浓密,海浪翻卷,泡沫可能影响能见度
10	狂风	48~55	24.5~28.4	26.5		9	12.5	大高浪,纤维状泡沫更加浓厚,并呈片状,海浪颠簸好像槌击,浪花飞起带白色,能见度受影响
11	暴风	56~63	28.5~32.6	30.6	非凡现象	11.5	16	特高浪,中小型船有时被浪所蔽,波顶边缘被风吹成泡沫,能见度大减
12	飓风	64~71	32.7~36.9	34.8		14	——	空中充满浪花白沫,海面因浪花飞起成白色状,能见度剧烈降低
13		72~80	37.0~41.4	39.2				
14		81~89	41.5~46.1	43.8				
15		90~99	46.2~50.9	48.6				
16		100~108	51.0~56.0	53.5				
17		109~118	56.1~61.2	58.7				

第三节　波浪

一、概述

海洋中存在着各种形式的波动,这些波动既可能发生在海洋的表面,也可能发生在海洋内部不同密度层之间,具有不同的波动尺度、机理和特性,各种波动现象较为复杂。海洋波动是海水运动的主要形式之一,也是影响船舶航行的主要海洋环境因素。在大风浪中航行,会导致船舶严重失速,甚至停滞不前;螺旋桨可能会周期性露出水面空转,致使主机负荷剧变而受损;船舶的剧烈颠簸会引起舵效降低,使其难以保持航向;在狂涛巨浪中,船舶会出现"中垂"或"中拱"现象,从而导致船舶结构变形,严重时甚至会造成船体断裂;当船舶摇摆周期与波浪周期相同时,会发生共振,进而导致船舶倾覆;在浅水区航行时,海浪可能会造成船舶搁浅或触底。

1.波浪要素

波浪的基本特征是具有周期性,也就是说,经过一定的时间间隔,其运动将会重复进行。波浪特征通常用正弦波的周期、波长、波速、波高、振幅等要素来描述。如图 3-3 所示,波面的最高点称为波峰,最低点称为波谷。相邻的波峰或波谷间的水平距离为波长(λ)。相邻波峰与波谷之间的垂直距离为波高(H)。波形的传播速度为波速(或相速c)。两相邻的波峰(或波谷)通过一固定点所需的时间为周期(T)。波高与波长之比为波陡(δ)。沿垂直于波浪传播方向通过波峰的线为波峰线。垂直于波峰线的线为波向线,波向指的是波的来向。根据波长、波速和周期的定义,可直接得出三者的关系:

$$\lambda = c \times T \tag{3-1}$$

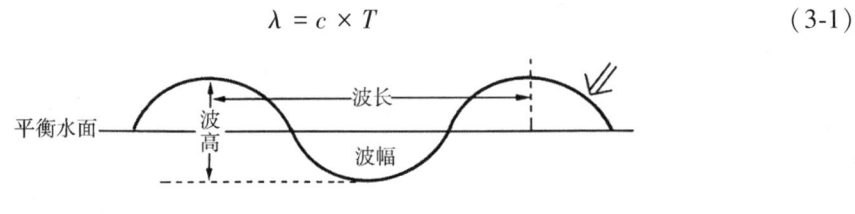

图 3-3　波浪要素

海面波高极不规则,连续观测一系列波,按波高大小依次排列,取其最大一部分波高的平均值,表示波浪的显著部分或特别显著部分的状态。对于最高的 1/100、1/10 和 1/3 的波,其平均波高分别以符号 $H_{1/100}$、$H_{1/10}$、$H_{1/3}$ 表示,例如共观测 1 000 个波,它们分别代表最高的 10、100 和 333 个波的平均波高,其中前 1/3 较大波的平均波高即 $H_{1/3}$ 称为有效波高。

研究表明,一个有经验的观测者目测到的显著波高与有效波高基本一致,因此,$H_{1/3}$ 为最常用的一种统计波高方式。此外,还可以定义出 $\bar{H}$、$H_{1/10}$、$H_{1/100}$、$H_{1/1\,000}$ 等统计波高,它们与 $H_{1/3}$ 的关系如下:

$$\frac{\bar{H}}{H_{1/3}} = 0.63; \frac{H_{1/10}}{H_{1/3}} = 1.27; \frac{H_{1/100}}{H_{1/3}} = 1.61; \frac{H_{1/1\,000}}{H_{1/3}} = 1.94$$

由此可知,$H_{1/3}$ 大于平均波高 $\bar{H}$;在 100 个连续波中有一个大波的波高超过 $H_{1/3}$ 的 1.5 倍稍多些;在 1 000 个连续波中有一个大波的波高接近 $H_{1/3}$ 的 2 倍。

在实践中,根据浪高大小将海浪分为 10 个等级,各海浪名称和对应的浪高见表 3-3。

表 3-3　海浪等级

浪级	海浪名称	浪高范围(m)	
0	无浪	0	0
1	微浪	$H_{1/3} < 0.1$	$H_{1/10} < 0.1$
2	小浪	$0.1 \leq H_{1/3} < 0.5$	$0.1 \leq H_{1/10} < 0.5$
3	轻浪	$0.5 \leq H_{1/3} < 1.25$	$0.5 \leq H_{1/10} < 1.5$

续表

浪级	海浪名称	浪高范围(m)	
4	中浪	$1.25 \leqslant H_{1/3} < 2.5$	$1.5 \leqslant H_{1/10} < 3$
5	大浪	$2.5 \leqslant H_{1/3} < 4$	$3 \leqslant H_{1/10} < 5$
6	巨浪	$4 \leqslant H_{1/3} < 6$	$5 \leqslant H_{1/10} < 7.5$
7	狂浪	$6 \leqslant H_{1/3} < 9$	$7.5 \leqslant H_{1/10} < 11.5$
8	狂涛	$9 \leqslant H_{1/3} < 14$	$11.5 \leqslant H_{1/10} < 18$
9	怒涛	$14 \leqslant H_{1/3}$	$18 \leqslant H_{1/10}$

海洋表面常被形容为时而波涛汹涌,时而涟漪荡漾,呈现出一种复杂的波动现象。引起海水表面波动的自然因素有很多,如海洋表面受到风与气压的作用、天体的引潮力及海底地震与火山的作用等,它们引起的波动现象具有不同的尺度,导致各种波动的周期、波高、波长等特性不同,各自具有不同的能量范围,对海洋工程结构的作用影响也不同。

周期最小的毛细波是由水的表面张力控制下的波动,其波高一般小于等于 1~2 mm,波长最大约 1.7 cm,相对能量很小,在海洋工程结构物的设计与运动分析中可不考虑。对海洋工程结构物影响最大的波动是海面重力波,重力波可区分为风浪和涌浪,它受海面风的作用而引起,然后在重力这个恢复力的作用下做垂直振荡,具有巨大的能量。根据观测记录,波动周期在 1~30 s 的海浪占到海面观测海浪中的大部分。并且这部分海浪的波动能量极大,是船舶、平台等海洋工程结构物结构受损与变形破坏的主要因素。

海浪的破坏力是惊人的。海洋工程结构,例如海洋平台、大型预制桥梁构件、船体上层建筑等货物,在运输和装卸的过程中随时都可能受到海浪的威胁。巨浪冲击经常会掀起十几米,甚至几十米高的水墙,可以轻而易举地掀翻采油平台及工程船舶。由于海浪有明显的周期性,虽然有时波高不大,但当波浪周期与钻井平台、FPSO、半潜工程船等的固有周期相近时,会因共振作用产生损毁。因此,为了保证海洋工程结构物的安全,必须专门分析研究海浪对物流过程的影响。

2.海浪的分类

海浪可以按照不同的标准进行分类,主要有以下几种常用的分类方法:

(1)风浪和涌浪。风浪是指受到海面风的直接作用而产生的波浪,其传播方向基本与风向相同。风浪的形成及其浪高、周期等大小与风的状态、风区范围以及作用时长直接相关。这些因素之间存在着复杂的非线性关系,构成了海浪研究和海浪预报的主要内容。此外,风浪的产生还与作用海域的水深、地形等因素有关。风浪的波形外观较为杂乱,背风面比迎风面更陡峭,波峰线较短,在时间和空间上都表现为不规则的随机变化,具有明显的三维特性。涌浪是指风停止、转向或离开风区后传播至无风水域的波浪。由于能量传播具有一定的时效性,在风停止或离开作用海域后,风浪往往不会立刻消失,而是在惯性作用下继续向前传播并形成涌浪。涌浪的传播速度通常比风速快,有时会因台风而先行抵达海岸边,此时称之为先行涌。其波长、波速及周期在传播过程中会逐渐增大。另外,在海洋中若风浪与涌浪同时存在并叠加,就会形成混合浪。

(2)深水波与浅水波。海浪的运动形态会因所处水深的不同而有所差异,一般以波长的一半作为划分深水波与浅水波的水深分界线。当水深大于半波长时,波浪在深水区内传播,海底摩擦的影响可以忽略不计,其波浪形态基本保持不变。而在水深小于半波长区域内的波浪则属于浅水波,此时存在海底摩擦的影响,水分子做椭圆运动。波浪在浅水区域会受到海岸地形以及海洋工程的影响,在传播过程中会发生波浪折射、绕射、反射及破碎等现象,导致浅水区内波浪的传播形态及尺度等发生变化。其传播特性与传播现象比深水波更为复杂。

(3)规则波与不规则波。海面上接踵而来的各个波浪的波浪要素是不断变化的,呈现出一种不规则的随机现象,这样的波浪被称为不规则波。为了便于研究,人们将实际的不规则海浪系列用一个理想的、各个波的波浪要素均相等的波浪系列来代替,这种波浪系列被称为规则波。海上的涌浪接近于规则波。

(4)长峰波和短峰波。在海面上,如果能清楚地看到一个个接踵而来的波峰和波谷,且波峰线很长,几乎互相平行,这种波浪就被称为长峰波。涌浪就是一种长峰波。在大风的作用下,波峰线难以区分,波峰和波谷如同棋盘般交替出现,这种波浪被称为短峰波。风浪通常属于短峰波。

(5)前进波和驻波。海面上形成的波峰线向前或向岸传播的波浪被称为前进波。当前进波遇到海岸陡崖或直立式建筑物时,波峰和波谷在原地做周期性升降的波浪被称为驻波(或立波)。

3.海浪警报

海浪预警级别分为Ⅰ、Ⅱ、Ⅲ、Ⅳ四级警报,分别代表特别严重、严重、较重、一般,颜色依次为红色、橙色、黄色和蓝色。

(1)海浪Ⅰ级(红色)警报。预计未来受影响沿岸海域出现达到或超过国际波级表7级狂浪(有效波高6.0~8.9 m)时,或者130°E以西海区出现达到或超过国际波级表9级怒涛(有效波高大于14 m)时,至少提前12 h发布海浪Ⅰ级(红色)警报。

(2)海浪Ⅱ级(橙色)警报。预计未来受影响沿岸海域出现达到或超过国际波级表6级巨浪(有效波高4.0~5.9 m)时,或者130°E以西海区出现达到或超过国际波级表8级狂涛(有效波高9.0~13.9 m)时,至少提前12 h发布海浪Ⅱ级(橙色)警报。

(3)海浪Ⅲ级(黄色)警报。预计未来受影响沿岸海域出现达到或超过国际波级表5级大浪(有效波高2.5~3.9 m)时,或者130°E以西海区出现达到或超过国际波级表7级狂浪(有效波高6.0~8.9 m)时,至少提前12 h发布海浪Ⅲ级(黄色)警报。

(4)海浪Ⅳ级(蓝色)预报。参照世界气象组织(WMO)规定,无论预报海区有无大浪出现,每天都要按时发布24 h、48 h、72 h海浪预报。预计中国沿岸海域将出现大浪过程时,应在发布海浪橙色以上警报前24 h发布海浪消息。

受第13号台风"贝碧嘉"的影响,国家海洋预报台根据《海洋灾害应急预案》发布海浪Ⅰ级(红色)警报。该警报预计:2024年9月15日夜间到16日白天,东海将出现6~9 m的狂浪到狂涛,近岸海域海浪预警级别为橙色;上海、浙江北部近岸海域将出现4~6 m的巨浪到狂浪,该近岸海域海浪预警级别为红色;江苏南部近岸海域将出现3~4.4 m的大浪到巨浪,该近岸海域海浪预警级别为黄色;浙江南部近岸海域将出现2~3 m的中浪到大浪,该近岸海域海浪预警级别为蓝色。请在上述海域作业的船只注意安全,沿海各有关单位提前采取防浪避浪措施。

二、我国近海海浪的特性及分布规律

受中国大陆季节性气候的影响,中国近海海浪亦表现出较强的季节性。因为浪向受制于风向,冬季盛行偏北风时就产生自北向南推进的偏北浪。渤海、黄海主要盛行北向浪和西北向浪;东海除盛行北向浪外,还有些海域如东海南部西侧的东北向浪占优;台湾海域亦以东北向浪的出现频率为最高;南海主要为东北向浪,具有浪向沿顺时针方向偏转的趋势。夏季盛行偏南风时就产生自南向北推进的偏南浪。南海以南向和西南向占优;东海以南向和东向居多;黄海以东向和东南向浪为主;渤海多东南向浪。而在春、秋季则为其过渡季节,盛行风向不稳定,多数地区的浪向分布较混乱。而各海区的涌浪浪向分布特点与以上风浪浪向分布大多相同。

冬、春季多出现寒潮和温带气旋,夏、秋季则多出现台风和热带风暴等。这就造成中国近海海浪以寒潮浪、气旋浪及台风浪的影响最为显著,形成灾害性海浪,尤其是台风作用下产生的台风浪危害最严重。例如,2006年第8号超强台风"桑美"在台湾以东洋面、东海和台湾海峡造成7~12 m的台风浪,由东海18号浮标(27.5°N,122.53°E)实测得到的最大波高为8.6 m。

中国近海的浪高分布呈现显著的季节性和区域性变化。冬季风速较大,导致浪高和风浪周期明显高于夏季,且冬季盛行偏北涌,夏季则普遍盛行偏南涌。冬季的大涌数量多且传播范围广,而4、5月的大涌数量最少。北方海区的平均波高较小,南方海区较大。冬季,北方海区受寒潮影响,波高较大;而夏季,南方海区因热带风暴影响,波高较大,东海记录的热带气旋产生的最大波高为17.8 m,南海为14 m。风浪波高最大的海区包括台湾海峡、巴士海峡、台湾以东海域以及南海东北部海域,而渤海和黄海北部的波浪最小。根据统计,南海出现大浪、巨浪和狂浪的次数最多,其次是东海和黄海,渤海则最少。具体而言,1997年数据显示,渤海最大波高为5 m,黄海为7 m,东海为10 m,南海为8 m。冬季,偏北浪主导,渤海海峡地区的最大波高可达8 m,山东半岛东部为6.4 m,台湾沿岸可达7.515 m;夏季,台风频繁,渤海南岸偏南浪的最大波高一般小于3.5 m,而广东沿岸和西沙群岛附近波高较低,最高可达9.5 m。南沙群岛附近的波高可达7.5 m。

在波浪周期方面的特征体现如下。冬季,由山东半岛南部至浙闽一带的平均波浪周期为4~7 s,最高为11.4 s;南海平均周期仅3~4 s,最高为10 s。夏季,辽东湾至长江口一线平均周期低于5 s,最高为13.7 s;浙闽沿海平均周期高于5 s,最高为19.8 s;粤沿海平均周期为5 s,最高为11.5 s;海南岛、北部湾北部、西沙沿海平均周期为4 s,最高为10.9 s。春、秋两季,渤海湾平均周期低于4 s,最高为8.3 s;山东半岛北部沿海与渤海海峡平均周期5 s,最高为13 s;山东半岛南部至浙闽一带平均周期低于5 s,最高为11 s;南部沿海平均周期高于5 s,最高为12.8 s。

三、海浪观测

1.海浪观测

波浪传来的方向表示波向。由于风浪主要由风产生,因此风浪波向的分布变化和风向的分布变化基本一致。只要确定了风向,便可得出风浪的方向。海浪观测主要利用海洋观测站、浮标、观测船、海洋卫星等进行,观测的主要内容有波高、波长、周期、波速、波型、波向、海况,采用目测和仪测两种观测方式。目测只在白天进行,仪测可测得波高、波向和周期。海浪观测有一定的规范要求,如对于海上连续观测站,观测时间为0200、0500、0800、1100、1400、1700、2000、2300,每3 h要求观测一次,每次仪测记录的时间为10~20 min,一般取17~20 min,连续记录的单波个数不得少于100个。另外,在观测海浪时,还应同时观测风速、风向和水深。

原始波浪观测数据填入日报表后,经分析填入月报表,再经统计分析集成年报表。海上工程常常查阅的是月报表。为了便于工程使用,常绘制波浪玫瑰图。波浪玫瑰图是表示某地各个不同方向各级波浪出现频率的统计图,其中波向用16个方位来表示,符号为N、NNE、NE、ENE、E、ESE、SE、SSE、S、SSW、SW、WSW、W、WNW、NW、NNW,与气象上表示风向方位的符号有相同的意义(见图3-4)。为得到较为可靠的玫瑰图,一般需要对1~3年的连续资料做统计。

2.波浪玫瑰图的绘制

为了绘制波浪玫瑰图,应对当地多年的观测资料进行统计整理。先将波高或周期按需要分级,一般波高可每间隔0.5 m为一级,周期每间隔1 s为一级,然后从月报表中统计各向各级波浪的出现次数,除以统计期间的总观测次数即为相应方向不同级别波浪的统计频率。用极坐标的径向长度表示频率,垂直于径向的横向长度表示波高或波浪周期的大小,所在方位表示波浪方向。通过观察不同方向上的径向长度和横向长度,可以了解不同方向上波浪的频率和强度。例如,如果某个方向的径向长度较长,说明该方向的波浪频率较高;如果横向长度较长,说明该方向的波浪强度较大。波浪玫瑰图也可按月或按季绘制。图3-4中的棒状线宽度表示波高大小,长度表示该波高的出现频率,图中心圆内的数字表示无浪的频率。该海区常浪向为SSE及S,常浪向也是强浪向,其他方位也有大浪出现,只是频率较小而已。

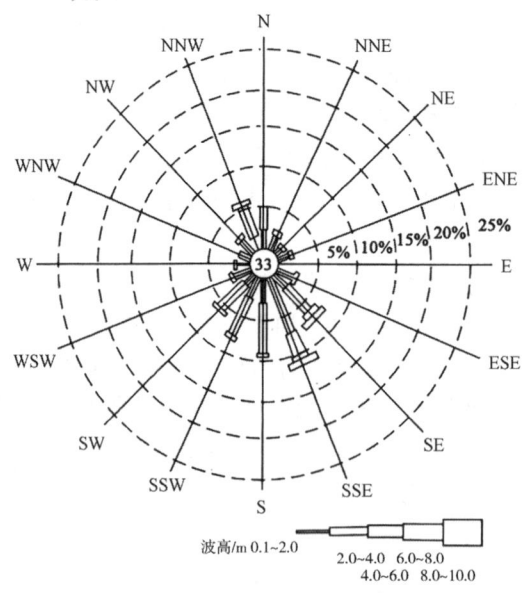

图 3-4 波浪玫瑰图

第四节 潮汐

一、概述

潮汐现象是指海水在天体(主要是月球和太阳)引潮力作用下所产生的周期性运动。习惯上,把海面垂直方向涨落称为潮汐,而将海水在水平方向的流动称为潮流。潮汐要素用于描述潮汐涨落的运动特征。

图 3-5 所示为潮位(即海面相对于某一基准面的铅直高度)涨落的过程曲线,图中纵坐标是潮位高度,横坐标是时间。其中一个潮汐周期内潮位的上升过程为涨潮,在潮汐的一个涨落周期内达到的最高潮位称高潮。在达到高潮以后的一段时间内,海面在潮位短时间内不涨也不退,进入暂时平衡状态,时间可从几分钟到几十分钟不等,这称为平潮。平潮的中间时刻称为高潮时。高潮过后潮位出现下降的过程,称为落潮,在潮汐涨落的一个周期内潮位降到最低点就称为低潮。在低潮的一段时间内,与平潮情况类似,海面也发生暂时不涨不落的现象,称为停潮。停潮的中间时刻称为低潮时。停潮过后潮位又开始上涨,如此周而复始地运动着。其中,从低潮时到高潮时的时间间隔称为涨潮时,从高潮时到低潮时的时间间隔称为落潮时,这两者之和就是一个潮汐循环的周期。相邻的高潮与低潮的潮位高度差称为潮差。

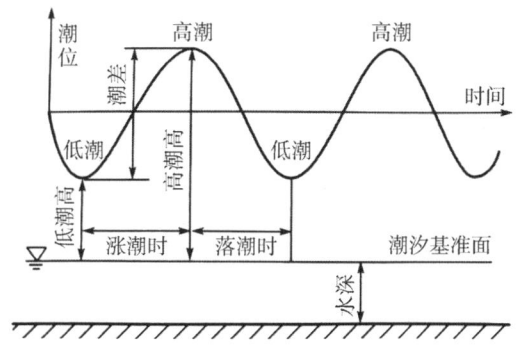

图 3-5 潮位涨落过程曲线

潮汐现象非常复杂。仅以海水涨落的高低来说,世界各地就大不相同。有的地方潮水几乎察觉不出,有的地方却高达几米。在我国台湾省基隆,涨潮时和落潮时的海面只差 0.5 m,而杭州湾的潮差竟达 8.93 m。在一个潮汐周期里(一个太阴日,指月亮接连两次过同一子午圈所需时间,平均为 24 h 50 min 47 s),各地潮水涨落的次数、时刻、持续时间也均不相同。尽管潮汐现象很复杂,但大致可分为三种基本类型。

(1)半日潮

半日潮是指一个太阴日内出现两次高潮和两次低潮,前一次高潮与低潮的潮差与后一次高潮和低潮的潮差大致相同,涨潮过程和落潮过程的时间也几乎相等(约 6 h 12 min 30 s)。我国渤海、东海、黄海的多数地点为半日潮型,如大沽、青岛、厦门等(见图 3-6)。

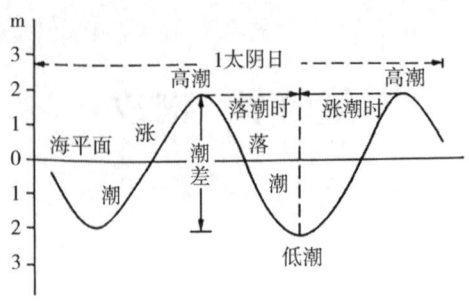

图 3-6　半日潮

（2）混合潮

混合潮是潮汐的一种周期，是正规半日潮和全日潮之间的过渡潮型（见图 3-7），一般又分为"不正规半日潮"和"不正规全日潮"。不正规半日潮，顾名思义，它基本上具有半日潮的特性，但在一个太阴日内两相邻的高潮或低潮的潮位相差很大，而且涨潮时和落潮时也显著不等。不正规全日潮，它在 1 个月内的大多数日子里为不正规半日潮，但有时也发生一天一次高潮和低潮的日潮现象。涨潮和落潮不等现象更严重，以至于 1 个太阴日有时只发生一次高潮和低潮的全日潮型涨落，但半个月内发生全日潮的天数不超过 7 天。简单来说，混合潮是指一个月内有些日子出现两次高潮和两次低潮，但两次高潮和低潮的潮差相差较大，涨潮过程和落潮过程的时间也不等；而另一些日子则出现一次高潮和一次低潮。我国南海多数地点属混合潮型，如榆林港，全日潮有 15 天，其余日子为不规则半日潮，潮差较大。

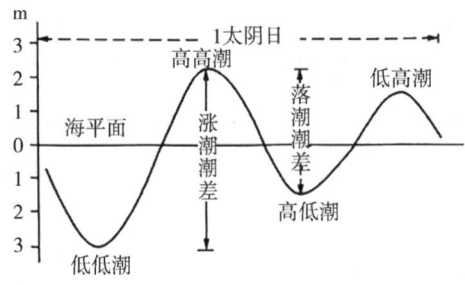

图 3-7　混合潮

（3）全日潮

全日潮是指一个太阴日内只有一次高潮和一次低潮，发生地如南海汕头、渤海秦皇岛等（见图 3-8）。南海的北部湾是世界上典型的全日潮海区。

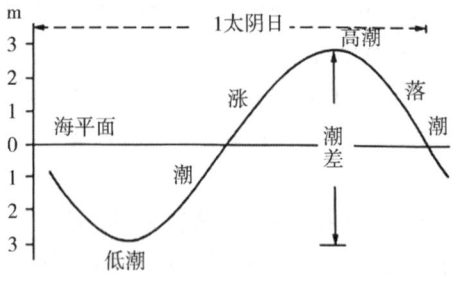

图 3-8　全日潮

潮汐主要影响海洋工程物流中的装卸作业,尤其是浮装浮卸作业。浮装浮卸,特别是对于钻井平台、大型船壳、船坞等大型物体的装卸,需要在水面上进行精确的定位和操作。

潮汐的涨落会直接影响水位的高低,进而对浮装浮卸作业中的定位和稳定性产生影响。在涨潮时,水位上升,可能导致原本已定位好的物体发生位移或倾斜;而在落潮时,水位下降,又可能使物体与周围环境产生摩擦或碰撞。

因此,在进行浮装浮卸作业时,必须充分考量潮汐的影响,合理安排作业时间,以确保作业安全、顺利地进行。

二、我国近海的潮汐与潮流

我国沿岸的潮汐主要由太平洋潮波向我国沿岸传播引起的潮振动及天体引力在我国沿岸直接引起的独立潮两部分组成。由于我国四海区总体积远比太平洋小,独立潮相对较小,因此近海潮汐主要由太平洋传入的潮波所引起。太平洋潮波经日本九州与我国台湾之间的水道进入东海后,小部分进入台湾海峡,绝大部分向西北方向传播,从而形成了渤海、黄海、东海的潮振动。南海的潮振动主要由巴士海峡传入的潮波所引起。

潮波在运动过程中,因受到地转偏向力和复杂地形(包括曲折岸线)的影响,致使我国沿岸潮汐复杂,潮差显著变化。潮波进入河口后,在河床变形和摩擦效应以及上游下泻径流的影响下,形成了复杂的河口潮汐现象。水位除周期性变化外,还有因气象因素(风、气压、降水等)作用引起的非周期性水位变化,故实际水位是周期和非周期性水位之和。

渤海的秦皇岛和黄河口附近为正规全日潮,其外围环状区域为不规则全日潮,此外大部分海区均为不正规半日潮,最大可能潮差为 2~3 m,渤海海峡为 2 m 左右。渤海的潮流以半日潮为主,流速一般为 0.5~1.0 m/s,最强的潮流出现在老铁山水道附近,达 1.5~2.0 m/s。

黄海除了成山角以东、海州湾和济州岛附近为不规则半日潮外,大部分海区均为正规半日潮,最大可能潮差一般是中部小而近岸大,东岸比西岸大。朝鲜半岛西侧潮差一般为 4~8 m,我国大陆沿岸潮差一般为 2~4 m。黄海的潮流大部分为正规半日潮,流速一般是东部大于西部,在朝鲜半岛西岸曾观测到 4.8 m/s 的强流,而成山角附近强流达 1.5 m/s。

濒临东海的九州至琉球西侧一带、舟山群岛附近以及台湾海峡南部为不正规半日潮,其余大部分为正规半日潮。潮差西侧大、东侧小,西侧的最大可能潮差大都在 4~5 m 以上,杭州湾的海宁可达 9 m,而东侧除了个别海湾可达 5 m,其余大都仅为 2 m。东海西部大多为正规半日潮流,东部则主要为不正规半日潮流,台湾海峡和对马海峡分别为正规和不正规半日潮流。潮流流速近岸大、远岸小。福建、浙江沿岸潮流流速可达 1.5 m/s,而长江口、杭州湾、舟山群岛附近为我国沿岸潮流最强区,可高于 3.5 m/s。

南海绝大部分海域为不正规全日潮;正规全日潮分布于北部湾、吕宋岛西岸中北部、加里曼丹岛的米里沿岸、卡里马塔海峡至苏门答腊岛海域以及泰国湾北部;不正规半日潮区主要出现在巴士海峡、广东近岸、越南中部和南部近岸、马来半岛东南端及加里曼丹岛西北近岸。南海最大潮差出现在北部湾,最大可达 7 m。南海潮流较弱,大部分海域潮流流速不到 0.5 m/s。

第四章 海洋工程装备

第一节　概述

一、海洋工程装备的定义

海洋工程装备是开发利用海洋资源的关键物质基础,对国民经济有着强大的带动作用。海洋工程装备作为海洋资源开发以及相关产业发展的必要基础设施,属于高投入、高产出、高风险、高附加值的技术导向型产业,其产业关联效应显著,尤其是对钢铁、机械、有色、造船、石化、轻纺等工业的带动作用极为突出。简而言之,海洋工程装备是海洋经济及产业发展的前提和基础,在提升国家的海洋开发能力、推动海洋技术装备的发展、保障国家能源安全等方面,具有不可替代的重要作用。

关于海洋工程装备,目前存在多种定义。例如,依据国家发展改革委、科技部、工业和信息化部、国家能源局组织编制的《海洋工程装备产业创新发展战略(2011—2020)》的定义,海洋工程装备是指用于海洋资源(特别是海洋油气资源)勘探、开采、加工、储运、管理、后勤服务等方面的大型工程装备和辅助装备。再如,工业和信息化部会同国家发展改革委、科技部、国资委、国家海洋局在 2012 年发布的《海洋工程装备制造业中长期发展规划》中,将海洋工程装备界定为人类在开发、利用和保护海洋活动中所使用的各类装备的总称。

二、海洋工程装备的分类

国际上,海洋工程装备分为三大类,分别是海洋油气资源开发装备、其他海洋资源开发装备、海洋浮体结构物。《中国海洋工程年鉴(2016 版)》将海洋工程装备分为以下类别:

1. 勘探与开发装备

勘探与开发装备是在海洋油气资源勘察和钻井过程中使用的装备,主要包括:深水物探船、海洋调查船、自升式钻修井/作业平台、坐底式钻井平台、半潜式钻井平台、半潜式自航工程船、钻井船、起重铺管船、铺缆船等。其中,钻井装备是主要类型,数量多且价值量大;钻井系统是钻井装备的核心设备,价格昂贵,通常在几千万甚至上亿美元不等。

2. 生产与加工装备

生产与加工装备用于海洋油气资源的生产阶段,可分为固定式生产平台和浮式生产平台。固定式生产平台主要包括:导管架平台、重力式平台等。浮式生产装备主要包括:浮式生产储卸油装置(FPSO)、浮式液化天然气生产储卸装置(LNG-FPSO 或 FLNG)、浮式液化石油气生产储卸装置(LPG-FPSO)、浮式钻井生产储卸装置(FDPSO)、半潜式生产平台(Semi-FPS)、张力腿式平台(TLP)、深吃水立柱式平台(SPAR)等。浮式生产储卸油装置(FPSO)的尺度、处理能力和成本等变化很大。小型 FPSO 日处理原油 3 万~5 万桶,超大型 FPSO 可日处理原油 20 万桶以上。FPSO 具有很强的储油能力,主要用于没有输油管道或铺设管道成本高昂的油田,基本不受工作水深的限制,也能适应各种海况;其甲板面积大,上部油气处理设施的布置相对容易,可经油船改装,也可重新改装、布置。

3.储存与运输装备

储存与运输装备是海洋油气开发过程中用于油气储存和运输的装备,主要为储运船舶和管道,包括浮式储卸油装置、穿梭油船、穿梭 LNG 船、浮式液化天然气储存及再气化装置(LNG-FSRU)、海底管道等。

4.作业与辅助服务装备

作业与辅助服务装备是在海洋油气资源开发的各个阶段用于工程作业和辅助服务的各类船舶,主要有:起重船/浮吊、三用拖船和多用途工作船、重吊船、平台供应船、压裂船、潜水作业支持船、半潜运载船(驳)、生活支持平台(船)、修井平台(船)、平台守护船、打桩船、环保/救援船、ROV 支持船、多功能动力定位船等。

5.水下系统和作业装备

水下系统和作业装备是指海洋油气开发中处于水面以下的作业系统和装备,主要有:水下基盘、水下管汇和井口头、水下采油树、水下防喷器、管道铺设张紧器、海底电缆、水下设施应急维修设备、应急减灾和消防设备、ROV/AUV 和多功能水下机械手、载人深潜器、海底管线切割/焊接设备、海底挖沟机、海底管线检测和维修设备等。

6.配套设备和系统

配套设备和系统是海洋工程装备不可或缺的部分,通常总装企业不能制造,由专业供应商提供,主要有:地震勘探系统、锚泊系统、动力定位系统、海洋平台甲板机械、海洋平台控制系统、海洋平台电站、海上发电用内燃机/双燃料燃气轮机/天然气压缩机、分油机、压载泵、钻机、自升式平台钻井系统、钻井/生产隔水管、自升式平台升降系统/锁紧系统/滑移系统、FPSO 单点系泊系统、海上钻井/修井/固井/井下作业系统、油气加工处理系统、水下铺管系统、海洋物探专业设备等。配套系统和设备技术含量、复杂性、价值量也比较大。例如,一套包括井口、采油树、BOP、管汇在内的水下系统的价格通常在 1 亿美元以上。

三、本章将介绍的海洋工程装备

参考上述定义和分类,本章将介绍四类海洋工程装备,具体内容如下:

1.勘探装备

勘探装备主要是指在海洋地质调查、海洋资源调查及海底矿产资源勘探等活动中所使用的装备。例如,海洋调查船、海洋地震勘探船、深水物探船、钻探船等。这些装备的主要任务包括:

(1)探寻海洋资源;

(2)为海洋资源开发以及海洋工程建设提供技术和数据支持;

(3)借助勘测手段揭示海洋的奥秘;

(4)为海洋资源的可持续利用以及海洋权益的维护提供科学和法理依据。

2.生产装备

生产装备主要是指用于开采、加工、储运、管理海洋资源的装备。例如,固定式生产平台、浮式生产平台、FPSO、穿梭油船、海底管道、海洋观测监测装备以及海洋环境保障装备等。这些装备的主要任务包括:

(1)开采海洋或海底地层中的能源或矿产资源;

(2)对开采出来的能源(例如原油)、矿产资源进行加工,制成产品;

(3)存储及运输开采出的资源或生产的产品;

(4)监控海洋资源的开发和生产过程,保护海洋环境。

3.物流装备

本书中的物流装备主要是指用于运输、装卸及存储海洋工程建设过程中所需设备及物资的装备。例如,拖船、半潜运输船、驳船、起重船/浮吊、自行式平板动力车组、生活支持平台等。这些装备的主要任务包括:

(1)将勘探或生产装备从生产地/驻地转移至施工位置;

(2)将装备由码头换装至船舶,或从船舶卸下并放置在指定的施工位置;

(3)临时存储海洋工程施工所需的装备和物资。

需要说明的是,尽管生产装备中也包含了大量物流装备(例如 FPSO、穿梭油船、海底管道等),但这些装备主要从事海洋工程建设完成后的产品物流活动;其主要作用是运输、存储、装卸海洋工程建设完成后所生产出来的各类海洋资源产品,以及生产这些产品所需要的各类物资,而并非海洋工程建设过程中所需的装备和物资。

4.作业与辅助服务装备

在本书中,作业与辅助服务装备是指兼具海洋工程施工功能及物流功能的装备。例如,铺管船、布缆船、挖泥船、潜水器母船、破冰船、风车安装船等。这些装备的主要任务包括:

(1)实施与海洋工程建设有关的各类海上施工任务;

(2)运输及临时存储海洋工程施工所需物资。

以我国南海地区的填海造岛为例,由于距离陆地较远(约 2 000 km),造岛所需土石方通常采用就地取材的方式,即利用挖泥船将泥土从附近海床挖出,然后运抵工程所在位置进行填充。在这一过程中,挖泥船不仅需要完成挖泥与填充等施工任务,还需要充当土石方的运输、装卸及临时存储设备。

在上述装备中,前两类装备通常是海洋工程物流的服务对象,即"货物";而后两类装备通常是完成海洋工程物流活动所需要的各类工具,即"物流装备"。接下来,将分别对以上四类装备进行进一步的介绍。

第二节 勘探装备

一、海洋调查船

海洋调查船是对海洋进行调查研究的专用船舶。虽然现在已有多种调查和观测海洋的手段,如卫星和飞机的遥感遥测、海洋浮标监测等,但最基本和最经济有效的手段仍然是海洋调查船。

同常规的客、货运船舶相比,海洋调查船的主要特点是:

(1)装备有执行考察任务所需要的专用仪器装置、起吊设备、工作甲板、研究实验室与能满足全船人员长期工作和生活需要的设施,有与任务相适应的续航力和自持能力。

(2)船体坚固,有良好的稳定性和耐波性。性能较好的海洋调查船还装有减摇鳍和减摇水舱。

(3)具有良好的操纵性和稳定的慢推进性能。海洋调查船一般最大航速为 15 kn ,常用航速为 11~12 kn,但常需使用主机额定低速以下的慢速进行测量和拖曳作业。

(4)有准确可靠的导航定位系统。现代海洋调查船多装有以卫星定位为中心的组合导航定位系统。

(5)船上的电站要能满足工作生活的电气化设备、精密仪器、计算机等所需要的电力和不同规格的稳压电源。仪器用电需与动力、生活用电分开,统一采取稳压措施。水声专业调查船,尚需另设无干扰电源。

海洋调查船(见图4-1)按调查学科分有单学科的专业海洋调查船(如水文调查船、气象调查船等),多学科的综合性海洋调查船和为执行某项任务而专门建造的特种海洋调查船;按使命任务分有科研船、监测船和执法船;按船型分有单体、双体和特殊船型;按吨位分有5 000 t 以上的大型调查船、3 000~5 000 t 的中型调查船、1 000~3 000 t 的中小型调查船和1 000 t 以下的小型调查船;按航行海域分有无限航区的远洋调查船,距岸不超过 200 n mile 范围的近海调查船,距岸不超过 20 n mile 范围的沿海调查船和港湾以内遮蔽水域的海湾调查船,以及去南、北极地区执行科学考察任务的极地科学考察破冰船。下面按调查学科分类为例,详细介绍海洋调查船的类型。

1.专业海洋调查船

专业海洋调查船仅承担海洋学某一分支学科的调查任务。与综合性海洋调查船相比,它具有任务单一、重点突出、工作深入等优势,且船体相对较小。较为常见的专业海洋调查船包括:

(1)海洋测量船,主要负责海道测量和海图测绘工作,通常隶属于各国海军和政府部门。其特点是排水量和续航力处于中等水平,吃水深度较浅,配备有性能良好的导航、定位和测深设备,部分还配备有近岸测量艇,一些较为先进的测量船甚至配备了电子计算机系统。

(2)开发研究船,是直接服务于海洋开发利用的船舶。例如地球物理勘探船、地质调查船、渔业调查船、气象观测船(见图4-2)、水声考察船等,它们均以特定的海洋开发利用为目

图 4-1　海洋调查船

标,开展专门的调查研究,因而不同种类的船只在特征、性能方面存在差异,仪器设备的配置也各有侧重。

图 4-2　专业调查船——气象观测船

2.综合性海洋调查船

综合性海洋调查船主要从事海洋基础科学考察实验的综合调查,学术性较强,多为各国海洋科学研究部门和高校所拥有。船上除了配备有用于系统观测和采集海洋水文、气象、物理、化学、生物和地质的基本资料及样品所需的仪器设备外,还需具备整理分析资料、鉴定处理标本样品以及开展初步综合研究工作所需的条件和手段。这类调查船素有"海洋研究船"的称谓,能够同时开展多种学科的综合考察研究。此类船只排水量大,性能优良,仪器设备先进且齐全,船舶的续航力强,自持力久,又被称为海洋浮动实验室,堪称各国海洋调查船中的佼佼者。

3.特种海洋调查船

特种海洋调查船是为解决某项特定任务,专门建造的构造特殊的海洋调查船,目前主要包括以下几种类型:

(1)宇宙调查船,主要任务是对高层大气进行考察,接收卫星或宇宙飞船等太空装置发送来的信号,并向其发出指令,以解决与宇宙装置飞行相关的多方面问题。

(2)极地调查船,是为考察两极地区而建造的调查船,具有船体坚固、破冰能力强、防寒性能良好等特点(见图4-3)。

图 4-3　特种海洋调查船——极地调查船

(3)深海采矿钻探船,此类船是为试验开采洋底锰结核矿而建造的。美国在 1974 年建成了排水量为 35 000 t 的"格洛玛·勘探者号",该船具备海底采矿、打捞、铺设海底管线以及海洋调查等多种功能,目前主要用于深海锰结核矿的试采和深海钻探工作。

二、海洋地震勘探船

海洋地震勘探船又称海洋石油勘探船(见图4-4)。该船利用地震勘探法,对近海海床的石油蕴藏情况做快速勘探。其工作原理是,在船上通过人工激发出地震波(弹性波)引起海水质点运动,传到海底岩层深处,在不同岩层的分界面上产生不同的反射与折射波,并由船上的检波器、地貌仪等仪器予以收录、放大,自动摄取数据后,绘成地层剖面图,据之可分析获得海底岩层的地质结构与油、气的分布(见图4-5)。海洋勘探船采用这种物理勘探法进行探测,速度快、面积广,在海洋石油勘探中广为应用。

地震勘探法具有快速、高效、安全、经济等优点。在进行作业时,要使船舶定位精确,应按预定航线以等速航行。船尾拖一根长 2 000~3 000 m 的电缆,电缆的沉深保持在 7 m 左右,电缆上每隔一定间距放置一只检波器。该船要求具有较好的直线稳定性与耐波性,并能低速航行。船上的主机多为双排柴油机,配以可调螺距的双螺旋桨;艏部设有侧向推力器与减摇水舱,航速为 10~15 kn。船上设有计算机、数据自动处理系统、卫星导航系统等。地震勘探法适用于地质条件简单、岩层起伏不大的地层。

图 4-4　海洋地震勘探船

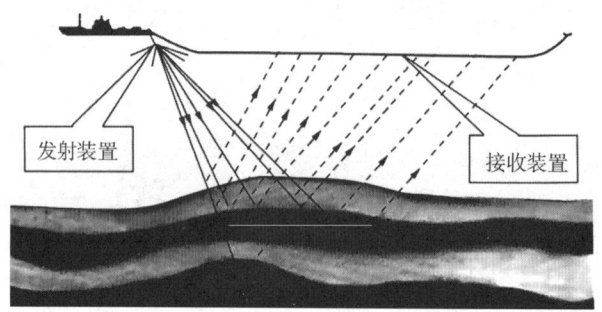

图 4-5　海洋地震勘探船工作原理

三、深水物探船

深水物探船是一种伴随着地球物理勘探技术诞生的新型船舶,其工作原理是利用气枪阵列产生声波穿过海水和地层,船后拖着接收反射信号的传感器缆阵列,通过分析处理收集的信号,对海底地质构造进行描绘,以此作为判断海底是否有油气等资源的分析依据。根据具体工作用途,物探船可分为若干种船型,目前发展最快的为电磁勘探船。深水物探船具有卓越的灵活性以及针对资源开采的方便性,因此可以满足海上各种环境下物探的需求,也极大地刺激了与海洋资源相关的各生产行业的发展。

"海洋石油720"是中海油田服务股份有限公司投资建造的我国国内第一艘大型深水物探船,是亚洲最大的十二缆深水物探船。该船总长 107.4 m,垂线间长 96.6 m,型宽 24 m,型深 9.6 m,船舶自持力为 75 d,设计航速为 16 kn,载员 75 人,入级中国船级社,配备了新一代的地震数据采集系统、综合导航系统、电缆横向控制系统及全套物探机械设备遥控操作系统,提高了工作效率,大大降低了劳动强度。"海洋石油720"配备先进的柴电推进系统,可有效降低船舶燃油消耗及船舶的振动和噪声,在提高地震数据采集质量的同时也提高了船员工作和生活环境舒适度。

四、钻探船

海洋地震勘探船能够提供海底地质构造及油气的可能分布,而要确定是否有开采价值,还得通过钻井勘探。钻探船是专门从事钻探水底地质结构的船,船上主要设有井架、钻机等装置(见图 4-6)。钻探船分地质取芯船与钻井船两种。

图 4-6 钻探船

1.地质取芯船

地质取芯船又称地质调查船,是专门用来钻取海底岩芯、土样以及进行地质调查的船。船的外形与海洋石油钻探船相似,排水量为 200~6 000 t,在中部甲板上设有钻塔、钻机及钻井装置,钻深为 100~300 m。艏、艉部各设两锚进行定位;船上设有精密导航、定位系统,在甲板舱室里设有海底物理调查设备、海底调查勘探设备抛锚定位恒张力装置、海底矿物、水、泥的采集装置、试验室、钻探机械贮藏舱等。地质取芯船在进行深水作业时,往往采用动力定位系统来维持其钻探作业过程中的稳定定位,该类船适用于对大陆架的资源开发、海底地质调查、钻探取芯、海底地壳结构调查、海底物理调查、地芯泥质的分析、锰结核的开采等。

2.钻井船

钻井船即浮船式钻井平台,是一种海上石油勘探开发的先进钻井工具,通常在机动船或驳船上布置钻井设备,能够在浅滩、湖泊、深海进行独立钻井作业(见图 4-7)。钻井船依靠锚泊或动力定位系统定位,钻井时漂浮水上,适用于深水作业。

钻井船的排水量从几千吨到几万吨不等,它既有普通船舶的船型和自航能力,又可漂浮在海面上进行石油钻井。简单来说,钻井船就是安装有钻井设备、运输和作业时都处于漂浮状态的一种海洋平台,由上部结构、立柱、下壳体(或浮垫)与钻井设备组成。钻井时,大部分浮体潜入水面以下,依靠立柱的小水线面保持漂浮稳定,在波浪环境中具有良好的运动性能,完井后再移至别处进行钻井作业。它是近 30 年来发展最迅速的一种移动式钻井装置。

钻井船相对于其他海上钻井装备而言,具有移动灵活、适应水深大、造价低、易于维护、自持能力强等优点,当然,其受风浪影响大、稳定性差等特点也对其作业环境提出了一定要求。

钻井船是目前制造最为普遍的浮船式钻井装置船,它身浮于海面,易受波浪影响,但是它可以用现有船只进行改装,因而能以最快的速度投入使用。钻井船早期的形式多为钻井驳船,在应用方面只适用于浅海风浪较小的海域,并且大多都是用旧船改装而成。随着现代技术的发展,现代的钻井船多为专门设计,全部钻井设施和生活设施都在船上,具有自航能力强的特点。同时,钻井船也有向大型化发展的趋势。钻井船船体研发的重要核心是掌握其关键技术,这也是合理选择生产技术环境的关键因素。目前,钻井船的设计和建造的关键技术主要有上层建筑技术分析、船体运动分析、锚泊系统设计分析、动力定位设计分析、船体静水力分析以及船体工艺设计分析等。

钻井船可简单分成三大基本部分:钻井模块、动力模块和生活模块。钻井模块集中在钻井船中部,主要是因为受动力定位系统和船舶稳性的影响,水下设备和钻杆通过船中的开口(月池)下放入水。动力模块集中在艉部,推进器分布在艏、艉部,为钻井船航行及钻井模块设备提供足够的能量。生活模块集中在艏部,大型的钻井船生活区域的可居住容纳人数可达 200 人以上,配备直升机平台。

为减少营运费用及加强安全,现阶段新式钻井船主要采取紧凑型设计、双井架;采用长度 90 ft 隔水管,浮体直径 58 in;配备双 7 mm 水下防喷器;可变甲板载荷可达 15 000 t;工作水深达 12 000 ft。

依据不同分类方式,钻井船可分为多种类型:按其推进能力,可分为自航式和非自航式;按照钻井船的船型及钻井设备设置的位置,可分为端部钻井式、舷侧钻井式、船中钻井式和双体船钻井式;按定位方式,可分为一般的锚泊式、中央转盘锚泊式和动力定位式。

图 4-7 钻井船

第三节 生产装备

海洋平台是为在海上进行钻井、采油、集运、观测、导航、施工等活动提供生产和生活设施的构筑物。按其结构特性和工作状态,海洋平台主要分为固定式平台、移动式平台和顺应式平台三大类,用于海洋油气资源的钻探和生产。按照平台结构形式的差异,又可进一步分类,其中:固定式平台包括导管架式平台、重力式平台;移动式平台包括坐底式平台、自升式平台、半潜式平台、深吃水立柱式平台;顺应式平台包括张力腿式平台、牵索塔式平台(张力腿式平台、牵索塔式平台是靠钢索将平台固定于海底进行采油生产的,完成采油作业后,可以拆移,因此,也有人将它们归于移动式平台)。

一、固定式平台(Fixed Platform)

固定式平台是指用桩将结构固定于海底或依靠自身的重量坐落于海底的平台。这类平台大都建在浅海区域,通过导管架固定在海底,平台离开海面一定高度,上面铺有甲板,用于设置钻井设备。固定式平台的缺点是一旦安装就位后就不能移动,重复使用和机动性能差,经济性不高;安装和拆卸通常需要较大的工程量和时间,例如,固定式升降平台可能需要挖掘地坑进行安装,这不仅增加了安装成本,还可能在后期改造或拆卸时带来不便;固定式平台的稳定性可能受到极端天气条件或地质环境的影响;固定式平台由于需要固定在特定的位置,因此必须确保有足够的空间进行安装和使用等。

(一)导管架式平台(Jacket Platform)

导管架式平台又称桩基式平台,是由打入海底的桩柱来支撑整个平台,能经受风、浪、流等外力作用,可分为群桩式、桩基式和腿柱式(见图4-8)。这是一种在软土地基上应用较多的桩基平台。它由上部结构(即平台甲板)和基础结构组成,上部结构一般由上、下平台甲板和层间桁架或立柱构成。甲板上布置成套钻采装置及辅助工具、动力装置、泥浆循环净化装置、人员工作和生活设施以及直升机升降台等。基础结构包括导管架和桩,导管架由导管和导管间的水平杆和斜杆焊接组成(见图4-9)。钢桩沿导管打入海底,打完桩后,在两者的环形空隙内用水泥等胶结材料固结,使桩与导管架形成一个整体,以承受巨大的竖向和水平荷载。

图 4-8　导管架式平台

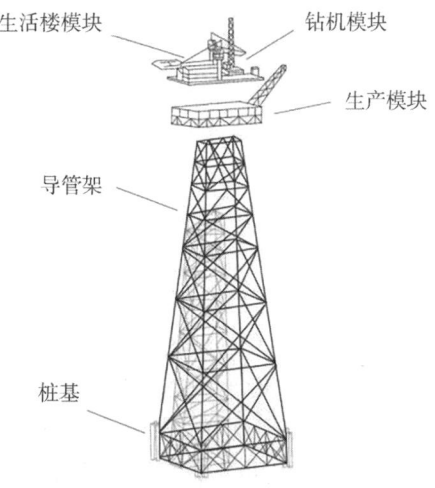

图 4-9　导管架式平台的组成

通常,导管架平台可分为如下几类:

(1)群桩式平台。即先在海上打好群桩,然后在桩上拼装平台甲板与设备的平台。此平台由于在海上的工作量大,施工期长,受海上环境的限制严重,已很少采用。

(2)桩基式平台。桩基式平台用钢桩固定于海底。钢桩穿过导管打入海底,并由若干根导管组合成导管架。

(3)腿柱式平台。它由多个垂直的腿柱(浮筒/弦杆)支撑主平台,弦杆的直径一般为5~6 m,相较于桩基式,其特点是弦杆的数量少。

(二)重力式平台(Gravity Platform)

重力式平台,作为一种重要的海洋工程结构物,主要由钢筋混凝土或钢筋混凝土与钢结构混合而成,依靠自身重量及压载来抵御滑移和倾覆,从而确保自身的稳定性,如图4-10所示。该平台的下部通常是一个庞大的钢筋混凝土基础(沉箱),并通过三到四个空心的钢筋混凝土立柱来支撑甲板结构。在平台下部的巨大基础内,被分隔成众多圆筒形的储油舱和压载舱。其整体重量可达数十万吨,凭借自身的巨大重量直接坐落在海底,具备钻井、采油、储油等多种功能,在海洋资源开发中发挥着重要作用。

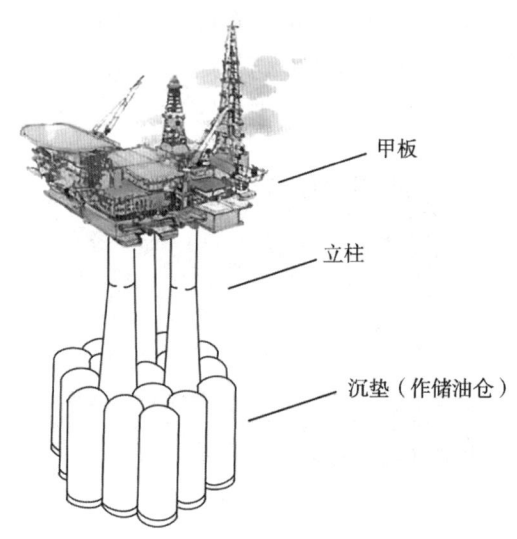

甲板

立柱

沉垫(作储油仓)

图 4-10 重力式平台

从结构组成来看,重力式平台主要由上部结构、腿柱和基础底座这三部分构成。其中,基础可分为整体式和分离式两种类型。整体式基础一般是由若干圆筒形舱室组合而成的大沉垫,这种大沉垫也可采用平板分舱的蜂窝式结构,其侧表面能够设计成多波形或平板型。而分离式基础则是利用若干分离的舱室作为基础,这种基础形式对地基的适应性较强,受力情况清晰明了,并且具备良好的抗动力性能。根据建造材料的差异,重力式平台又可细分为混凝土重力式平台和钢重力式平台这两大类。

在建造安装方面,重力式平台有着一套严谨的流程。首先,在岸边船坞或者岸边临时挖掘的基坑内进行浇筑作业;接着,将其拉至有遮蔽的水域中进行接高处理;随后,以半潜状态将其拖运至安装地点,通过海水压载的方式,在较短时间内完成安装工作,使其坐落在预先平整或处理好的海底基础之上;最后,再进行甲板上设施和设备的组装。

重力式平台具有诸多显著优点。海上安装耗时短,大大缩短了工程周期;维修费用较低,降低了运营成本;甲板面积大且负荷能力强,能够满足多种设备的安装和作业需求;抗风暴和抗风浪袭击的性能出色,可在恶劣的海洋环境中保持稳定。此外,它还能够采用传统的土木工程方法进行施工,技术难度相对较低。不仅如此,钢筋混凝土材料本身还具备耐火性和耐久性的特点,其良好的刚度能够有效吸收钻探、能源等设备运行时所产生的振动,进一步保障了平台的稳定性和安全性。然而,深水重力式平台也存在一定的局限性,它需要有合适的深水港湾来满足施工要求,并且整个拖运航道都必须具备足够的水深条件,这在一定程度上限制了其应用范围。

二、移动式平台(Mobile Platform)

移动式平台是指浮于水中或支承于海底,能从一井移至另一井的海洋油气钻探或生产装置,较好地解决了平台的移动性和深海钻井问题,是目前海洋油气勘探、开发的主要平台。移动式平台能重复实现就位、起浮、移航等操作以改变作业地点,是船舶制造工程在海洋环境中的发展;坐底式、自升式、半潜式等多种具有显著特色的移动式平台即为充分利用物体在海水中浮升与漂移的特点和优势,结合海洋环境与海洋开发的需要,创造性研制/建造成果。除了钻井平台以外,生产储油平台、修井作业平台、生活动力平台等也可以采用移动的形式。移动式平台是海洋工程的重要设施,是海洋工程学科的重要内容。由于适合水深范围大和能迁移的特点,移动式平台的发展比导管架平台更为迅速。但移动式平台整体稳定性较差,对地基和环境条件有一定要求。

(一)坐底式平台(Bottom-supported Platform)

坐底式平台又叫钻驳或插桩钻驳,亦称"沉浮式钻井平台",具有构造较简单、投资较少、建造周期较短等优点。其钻井时坐落于海底,移位时浮到海面上,适合在河流和海湾等30 m以下的、海床平坦的浅水区进行油气勘探开发作业。图4-11为"胜利二号"极浅海步行坐底式钻井平台外形图。

坐底式钻井平台有两个船体,上船体又叫工作甲板,在甲板上布置钻井深度可达9 000 m的钻探设备、生活间、工艺组块、能源设施、仓库和直升机坪等,通过艉部开口借助悬臂结构钻井;下部是沉垫,其主要功能是压载以及海底支撑作用,用作钻井的基础。两个船体间由支撑结构相连。该种钻井装置在到达作业地点后往沉垫内注水,使其坐底。作业完毕后,将浮箱中的水抽出,平台靠自身浮力上升,再拖运到下一个作业点。因此从稳性和结构方面看,作业水深不但有限,而且也受到海底基础(平坦及坚实程度)的制约,所以该平台发展缓慢。但是中国渤海沿岸的胜利油田、大港油田和辽河油田等向海中延伸的浅海海域,由于潮差大而海底坡度小,对于开发此类浅海区域的石油资源,坐底式钻井平台仍有较大的发展前途。

坐底式钻井平台从接地形式、沉浮稳性和立柱功能等方面可分成以下类型:

(1)驳船坐底式,即坐底式驳船,驳船本身起着上部平台和下部浮体的作用,只可用于极浅的水域。之后的坐底式钻井平台就是从驳船坐底式演变而成的,早期的钻井驳船多采用该种形式,工作水深一般在5 m以内。

(2)沉垫坐底式,适用于较平坦的海底和地基承载力较差的海床条件,其按立柱的粗细和作用又可分为:①稳定立柱沉垫坐底式,是粗立柱坐底式钻井平台,立柱除支承上部平台外,在沉、浮过程中可保持平台稳性,平台可平稳下沉和起浮,适用于较大工作水深,一般在10 m以上。②细立柱沉垫坐底式,立柱只起支承上部平台并连接下部沉垫的作用;当平台

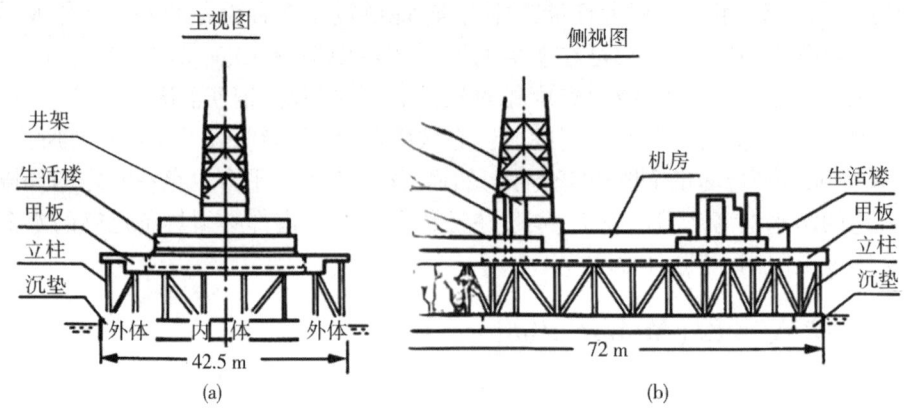

图4-11 "胜利二号"极浅海步行坐底式钻井平台外形图

下沉时,一旦水深超过沉垫的型深时,水线面突变,平台的下沉稳性不能保证,适用水深较小,只有在沉垫型深的水深范围内,平台可平稳沉浮;当超过时,应采取一头先下沉(或起浮)或采取其他措施沉浮,多用于 10 m 水深以内。

(3)格管坐底式,其立柱都是大型稳定立柱,常做成钢瓶式变载面,在波浪作用压下变成细瓶口状,钢瓶立柱,既起支承作用,又起浮体作用,设有压载水舱。平台底部结构不用沉垫,而是用格管连接各立柱,形成整体结构,格管有纵、横格管,卧在海底,适用水深较大,一般在 10 m 以上,可达 25~30 m,且地基承载力较好的海床。

(二)自升式平台(Jack-up Platform)

自升式平台起源于 1950 年,其关键特点是具有能够垂直升降的桩腿。在钻井时,桩腿插入海底,平台通过升降系统(液压缸、齿条、齿轮箱)调整高度,井口控制系统则控制钻头钻入海底进行开采,泥浆系统用于冷却钻头并带走岩石碎屑。在平台移位时,桩腿升起,平台降至水面,类似驳船,通过拖船移至新位置。为了保持平台的稳定性,压载系统用于控制浮态。

自升式平台在适宜的水深环境下工作稳定,并且造价较低。自升式钻井平台占移动式钻井装置总数的约一半。尽管具备多个优势,平台在转移和安装过程中仍面临一些问题,如在移位时桩腿升高导致重心升高、抗风能力差,或在风浪较大时平台摇荡,可能导致桩腿损坏。此外,恶劣海况下,平台可能面临拔腿困难或桩腿滑动失去支撑力的风险。

自升式平台可按用途分为钻井、修井、风电安装及多功能平台等。最常见的是自升式钻井平台,通常不具备自航能力,需通过拖航完成长距离移动。虽然大多数自升式平台无法自航,但美国墨西哥湾沿岸的救生艇具有自航能力,也可归为自升式多功能平台。近年来,还出现了用于海洋资源调查、渔业辅助养殖和海上观光旅游的自升式平台。

根据平台主体形状、桩腿数量和类型、升降装置等,平台有多种结构形式。自升式平台一般分为独立腿自升式平台和沉垫型自升式平台。

(1)独立腿自升式平台

独立腿自升式平台由平台和独立的桩腿组成,各桩腿相互独立,分别支撑平台。桩腿底部通常设有桩靴,桩靴形状有圆形、方形或多边形。该平台适用于硬土区、珊瑚区或不平整的海底,桩腿数量可为 1~8 根,通常为 3~5 根。桩腿形状可为圆筒形或桁架形,桁架形可分为三角形和四角形。不同桩腿形状适用于不同水深:圆筒形桩腿适用于 50 m 水深,三角形桁架适用于 30~90 m 水深,四角形桁架适用于 60~100 m 水深。桩腿底部形状根据海底土质选择,以适应不同海底情况(见图 4-12)。

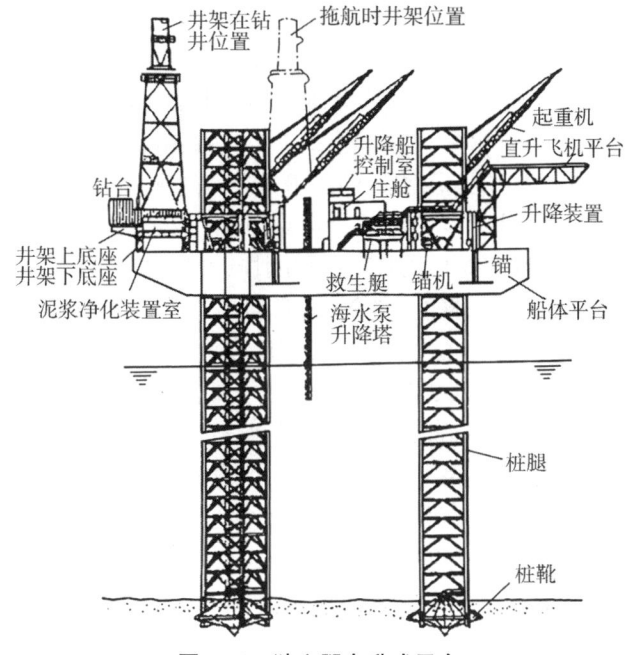

图 4-12 独立腿自升式平台

(2)沉垫型自升式平台

沉垫型自升式平台由平台、桩腿和沉垫组成(见图 4-13)。沉垫连接各桩腿,增加平台的支承面积,减小支承压力。沉垫通常用于泥土剪切值低的海域,桩腿插入海底的深度较浅,约为 1.5~1.8 m。沉垫式平台适用于海底较平、海流较弱的区域,且不适合用于珊瑚层或小块岩层地区。沉垫周围一般设有裙板,防止海流冲刷影响平台稳定性。

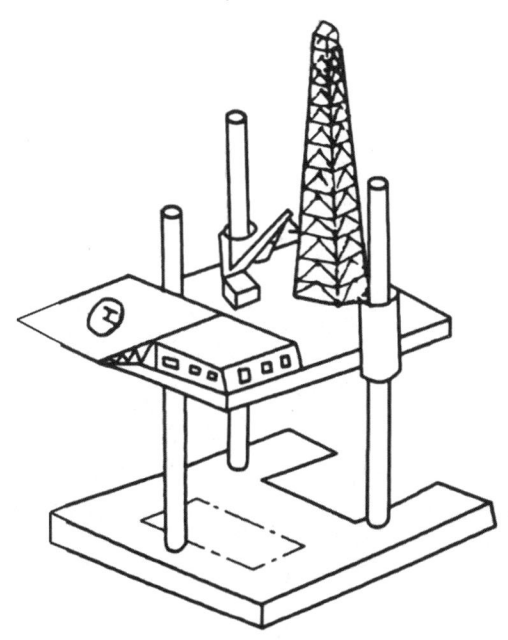

图 4-13 沉垫型自升式平台

一般而论,自升式平台(见图4-14)由平台主体、桩腿和升降装置组成。

(1)平台主体。自升式平台主体是一个类似箱形的结构,常见的平面形状有三角形、长方形和五边形,形状差异主要取决于桩腿数量。平台主体不仅是作业和生活的场所,还提供浮力,确保在拖航时的稳定性。其功能区通常分为生活区、工程设备区和生产作业区。甲板上布置了钻井设备、起重机械、锚泊系统、救生艇、生活舱室及直升机平台等,下方则是主机房、配电间、锅炉房等工作舱室,以及液舱,如燃油舱、滑油舱、淡水舱等,用于支持平台运行。平台主体结构由板架组成,采用船用钢(B级钢)为主,钻井区则使用高强度结构钢。平台的强度设计需特别关注桩腿穿过的开口区域,通常通过主桁连接各开口,构成强力框架结构。平台内设有纵横舱壁,提高强度和抗扭刚性,并划分为不同的舱室。

(2)桩腿。桩腿是自升式平台的关键部件,负责支撑平台的自重以及平台在不同工况下的载荷。自升式平台一般使用3~4条桩腿,随着作业水深的增加,桩腿的长度和尺寸也会增大,导致成本上升,且稳性因外载荷增加而变差。目前,大多数自升式平台的作业水深局限于大陆架120 m以内。桩腿结构有壳体式和桁架式两种。壳体式桩腿适用于较浅水域(60 m以下),由钢质封闭结构制成,制造较简单;而桁架式桩腿适用于较深水域,结构较复杂,但能更好应对波浪载荷。桩腿的下端与海底接触,结构形式根据海底条件不同可采用箱型、插桩型或沉垫型。最常用的箱型下端,通过增大支撑面积,降低拔桩难度。

(3)升降装置。升降装置是平台主体与桩腿之间的关键系统,确保平台能够升降。常见的升降方式有电动齿轮齿条式和液压插销式两种(见图4-15)。

①电动齿轮齿条式升降装置:通过电动机驱动齿轮带动齿条,实现在桩腿上的升降。该装置具有连续升降和较快速度的优点,适用于深水平台,但结构复杂,成本较高。

②液压插销式升降装置:通过液压千斤顶控制插销的插入和脱出,带动平台与桩腿上下升降。该装置升降速度较慢,但结构简单、经济性好,适合水深较浅的作业平台。

自升式平台升降时,桩腿会支撑在海底,平台随之上升,脱离水面一定高度,以避免波浪冲击。平台移位时,桩腿会升出海底,减少水阻力,通常无法自航,需借助拖船完成。

(a)

(b)

图4-14　自升式钻井平台

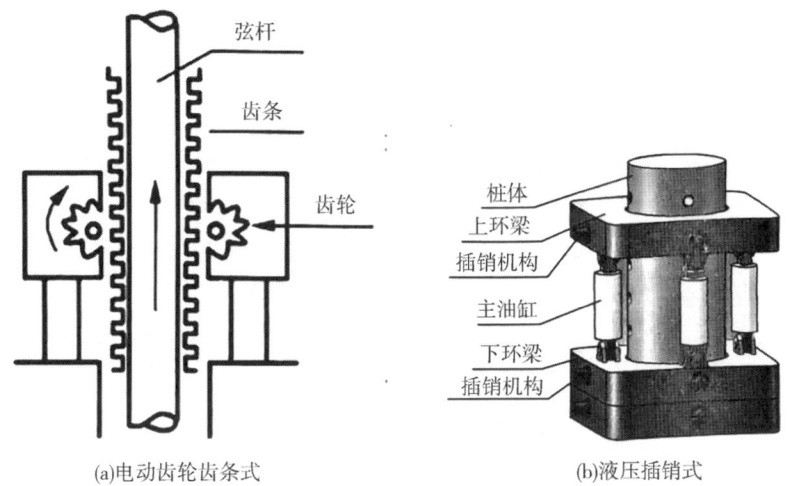

(a)电动齿轮齿条式　　　　　　(b)液压插销式

图 4-15　自升式平台的升降装置

(三)半潜式平台(Semi-submersible Platform)

半潜式平台,又称立柱稳定式钻井平台,是一种具有小水线面(水线面,即水平面与船体的截交面;小水线面则是指船体与水面接触面积很小的设计特征)的移动式钻井平台,其大部分浮体浸没于水面之下,由坐底式钻井平台演变而来(见图 4-16)。

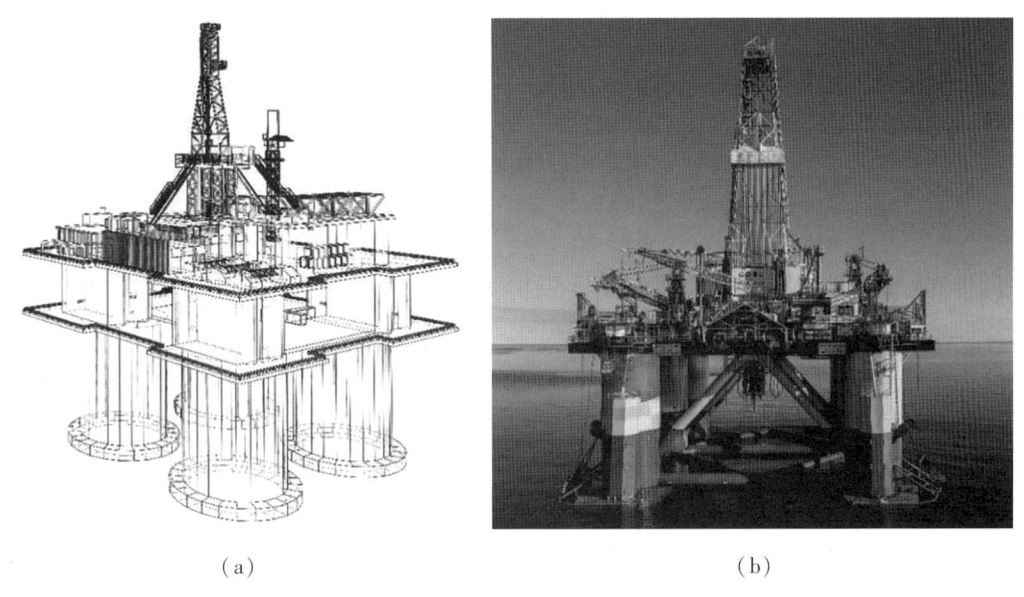

（a）　　　　　　　　　　　　　（b）

图 4-16　半潜式钻井平台

从外形上看,半潜式钻井平台与坐底式平台颇为相似,均由下浮体、平台主体以及中间的立柱或桁架组成。但半潜式钻井平台的下层浮体具备升降功能,却不会坐底。下浮体结构可采用浮箱或船体形式,其中船体更适宜航行,故而新建造的平台大多采用双船体设计。拖航时,下浮体吃水较浅,即使在浅水区域也能顺利航行。早期建造的半潜式平台在浅海区域还兼具坐底功能,能够在浅水处坐落于海底进行作业。当作业位置处于深水区域时,向浮体内部注水,使其下沉至水下一定深度,此时平台由半潜浮体支撑。下沉后平台的重心降低,这极大地有利于平台的稳定,并且其中间结构的水线面积显著小于钻井船,受风浪作用的影响较小,进一步增强了平台的稳定性。作业结束后,排出浮体中的压舱水,浮体便会上升至拖航吃水线高度。若平台采用锚缆定位,收起锚缆后即可进行移动。

除了半潜式钻井平台外,半潜式生产平台也是海洋石油开采领域的重要设施。半潜式生产平台是一种浮式生产系统,专门用于海上石油、天然气等资源的开采、处理、储藏、监控、测量等生产性作业。1957 年,世界上首座半潜式生产平台"Deep Sea Pioneer 号"成功建成。在浮式生产装置发展的初期阶段,大部分半潜式生产平台是由钻井平台改装而来的,并且在当时备受欢迎。然而,到了 20 世纪 90 年代,可用于改装的钻井平台数量大幅减少,半潜式生产平台的吸引力也随之下降,不如浮式生产储卸装置。但近年来,随着世界对深海和边际油田开采需求的增加,半潜式生产平台又重新受到了石油开采公司的青睐。目前,世界上的半潜式生产平台所在的油气田主要分布在巴西、挪威、美国、英国等国家。

半潜式平台主要由平台主体、立柱、下浮体这三个基本构造单元组成,三者之间通过撑杆进行加固连接,以此确保平台具备整体强度和结构稳定性。平台在工作时漂浮于海面,在浅海区域,它如同普通船舶一般依靠锚泊实现定位;而在深海区域,则主要采用动力定位方式,即先借助水下声呐系统和卫星定位系统测定平台的实际位置,随后自动控制安装在下浮体上的若干个侧向推进器,从而使平台尽可能精准地保持在指定位置。平台的设计水线位于立柱部位,其水线面面积较小,下浮体深埋于水面之下,不易受到波浪扰动力的影响,同时平台主体与水面保持一定安全高度,所受波浪冲击作用微乎其微。因此,半潜式平台具备强大的抵抗风浪能力,漂浮稳定性良好,适宜在深海水域开展作业。

(1)平台主体。平台主体采用混合骨架式的箱型结构,由两至三层甲板、围壁以及内部若干纵横舱壁共同构成。围壁内侧布置垂直骨材和水平桁材,内壁通过扶强材来保障结构刚性。整个平台主体采用分舱水密设计,严格满足完整稳性和破舱稳性的规范要求,拥有充足的储备浮力。即便立柱和下浮体因破损而全部进水被淹,平台主体依然能够像普通船舶一样漂浮于水面,不会沉没。钻台和钻井架设置在主甲板中心的月亮池上方,生活舱室布置在主甲板前端的一侧,工作舱室位于另一侧,两台大型起重机分别列于主甲板两侧的中间位置。这些设施和舱室安装位置的底部均进行了结构加强处理。

(2)立柱。立柱数量通常为两根、四根或六根,呈两边对称分布,其作用是连接平台主体与下浮体,并能提供部分浮力。立柱外形既存在等剖面的圆立柱,也有采用方立柱的情况。立柱内部设置有两至三层水平平台,且上面开设开口,从平台主体通往下浮体的垂直通道贯穿其中。垂直通道带有水密围壁,与立柱外壳和平台共同围成若干水密舱室。立柱底部一般设有锚链舱,导链器的安装位置需要进行局部结构加强。立柱上部与平台主体的连接区以及下部与下浮体的连接区属于应力集中区域,在设计阶段需进行适当的结构加强,在建造过程中也需采用专门的施工工艺。

(3)下浮体。平台的大部分浮力由下浮体提供。老式半潜平台的下浮体采用浮箱式结构,每个浮箱连接一根立柱;而新建的下浮体通常为两个平行布置的长浮体,其中间部分为等横截面的圆柱或矩形柱,首尾端为收缩状的简单几何体,部分还呈流线型,这一设计能够减小平台移航时的阻力。下浮体多采用纵骨架式结构,内部设有若干横舱壁和至少一道水密纵舱壁,与外壳板架共同构成水密结构,以确保总体强度。下浮体内分隔出多种用途的舱室,包括装载燃油、淡水、压载水的液舱,以及推进机舱和泵舱等。平台通过向压载水舱注水或排水来调整沉浮状态。

由于在深水环境下,半潜式平台具有稳定性佳、作业安全且效率高的优势,其发展颇为迅速,在移动式平台中数量占比超过 1/5,位居第二。然而,半潜式平台整体结构庞大,平台上的设施高出海面较多,受风浪作用影响显著,作业时水下浮体易遭受海流冲击,因此需要极为强大的定位系统。半潜式钻井平台存在投资大、维持费用高的缺点,并且需要配备一套复杂的水下器具,其有效使用率低于自升式钻井平台。

在现代科学技术不断进步的推动下,随着海洋油气资源开发重点逐步向深海转移,自第一艘半潜式平台问世后的 50 年间,这类平台的钻探能力与作业功能得到了巨大提升。半潜式平台已从第一代发展至第六代,最大作业水深也从最初的 100 多米提升到如今的超过 3 000 m。近年来出现的第五、六代半潜式平台,其技术水平远非当年的"蓝水 1 号"可比。

第一代半潜式平台出现于 20 世纪 60 年代初,以"蓝水 1 号"为典型代表。其结构特点是稳定立柱和撑杆数量众多,沉箱型平台的每根立柱下方设有一个下体,作业水深为 90 ~ 180 m,采用由"锚链+抛设锚"组成的悬链线形式锚泊系统进行定位。

第二代半潜式平台出现在 1969—1974 年,其结构特征、钻井工艺与定位方式与第一代相仿,平台最大钻探深度为 7 620 m(25 000 ft),最大作业水深约为 300 m。

第三代半潜式平台于 20 世纪 80 年代初亮相,平台的稳定立柱和撑杆数量相较于第一、二代有所减少,立柱直径增大。这一代平台的最大作业水深约为 500 m,最大钻探深度为 7 620 m(25 000 ft),依旧采用锚泊系统定位。

第四代半潜式平台出现于 20 世纪 90 年代,这一代平台开始采用环形浮体,平台的最大作业水深约为 1 000 m,最大钻探深度为 9 144 m(30 000 ft),以锚泊系统为主进行平台定位,推进器辅助定位。

第五代半潜式平台出现在 1998—2004 年,这一代平台多采用少节点、无斜撑的简洁外形结构。平台的最大作业水深约 2 500 m,最大钻探深度为 10 668 m(35 000 ft),采用以动力定位系统为主、锚泊系统为辅的方式进行平台定位。

目前,世界上最先进的第六代半潜式平台于 2005 年后出现。这一代平台大多完全取消了撑杆和节点,减少立柱数量的同时增大立柱截面积,以此提高平台的漂浮稳性。第六代半潜式平台的下浮体多采用简单箱形结构,采用口形浮体或大尺度的双浮体结构,以提升平台在深海作业时的结构强度和装载量。平台的最大作业水深约为 3 000 m,最大钻探深度为 15 240 m(50 000 ft)。超深水作业(水深大于 1 500 m)主要采用动力定位系统进行平台定位;深水作业(500~1 500 m)则采用以动力定位系统为主、锚泊系统为辅的方式进行平台定位。鉴于第六代半潜式平台主要用于远离海岸的深海作业,采用了双井口作业方式,即平台钻机配备双井架、双井口等系统,其中一个井口为主井口,另一个作为辅助井口。这一作业方式极大地提高了深海钻井作业的效率。

世界上仅有少数国家具备设计和建造半潜式平台的能力。半潜式平台的研发设计主要集中在美国、瑞典、荷兰和挪威等国,日本、韩国和新加坡等国则是半潜式平台的主要建造者。我国的上海外高桥造船有限公司、中集来福士海洋工程有限公司、大连船舶重工集团有限公司等企业也具备建造第五、六代半潜式平台的能力与经验。我国的"海洋石油 981""蓝鲸 1 号""深海一号"均属于第六代半潜式平台。

(四)深吃水立柱式平台(Deep-draft Pillar Type Platform)

深吃水立柱式平台(以下简称 SPAR),作为深海石油开采、生产、处理加工及储存的关键海洋结构物,主要由顶部甲板模块、平台主体结构、立管系统和系泊系统四大系统构成

（见图 4-17）。

图 4-17　深吃水立柱式平台

1.顶部甲板模块

SPAR 的甲板模块堪称平台生产与生活的核心区域，一般由 2~4 层矩形甲板结构组合而成，承担着钻探、油井维修、产品处理等多项作业任务。平台通常配备油气处理设备、生活区、直升机甲板及各类公共设施。依据作业设计要求，顶层甲板可按需安装重型或轻型钻塔，以满足平台的钻探、完井及修井作业需求。在顶部模块设计过程中，应着重考虑减轻模块重量，设备布局需紧凑合理，以此减小甲板尺寸和平台整体质量，从而有效降低平台造价。

2.平台主体结构

平台主体呈垂直悬浮于水中的圆柱体形态，直径较大，长度一般为 20~40 m，主体吃水深度均在 100 m 以上，重心位于水面线以下较深位置。该主体结构主要作用是提供浮力，保障平台作业安全。典型的 SPAR 主体自上而下主要划分为硬舱、中段和软舱三个部分：

硬舱：从主体顶甲板至可变压载舱底部的部分，为大直径圆柱体结构，中央井贯穿其中，并设有固定浮舱和可变压载舱，负责为平台提供大部分浮力，并对平台浮态进行调整。

中段：处于可变压载舱底部至临时浮舱顶甲板之间，采用桁架结构，并在其中设置 2~4 层垂挡板，目的在于增加平台的附加质量和阻尼，有效减少平台在波浪中的运动，提升稳性。

软舱：位于平台主体中段以下，主要设置固定压载舱，既能降低平台重心，又能在 SPAR 自行竖立过程中提供扶正力矩。此外，主体外壳还安装 2~3 列螺旋侧板结构，用以减少平台的涡激振动，优化平台在涡流环境中的性能表现。

3.立管系统

SPAR 的中央井自下而上贯穿整个主体，内部充满海水。立管系统便位于中央井内，受主体结构的保护，免受表面波和海流的影响。该系统主要由生产立管、钻探立管、输出立管以及输送管线等部分组成。SPAR 的垂荡运动极小，不仅能够支持顶端张紧立管，还可通过每个立管自带的浮力罐或甲板上的张紧器提供张力支持。浮力罐从接近水表面延伸至水下一定深度，甚至超出硬舱底部。在中央井内部，弹簧导向承座为这些浮罐提供横向支撑。柔性海底管线（包括柔性输出立管），既可以附着在 SPAR 的硬舱和软舱外部，也能够通过导向管引入桁架内部,进而进入硬舱的中心井。

4.系泊系统

系泊系统一般由系泊缆索、导缆器、起链机和海底基础四部分构成,采用半张紧悬链线系泊系统。下桩点在水平方向上远离平台主体,由多条系泊索组成的缆索系统覆盖范围广阔。

系泊缆索:作为系泊系统的核心部分,分为海底桩链和锚链,其中锚链由钢缆或聚酯纤维制成。

导缆器:安装在平台主体重心附近的外壁上,旨在减小系泊缆索所承受的动力载荷。

起链机:系泊系统操控的关键设备,通常成数组分布在主体顶甲板边缘的各个方向。

海底基础:锚所承受的上拔载荷通过打桩或负压法安装的吸力锚来承担。

目前,SPAR 平台主要有传统单柱式、桁架式和多柱式三种形式(见图 4-18)。

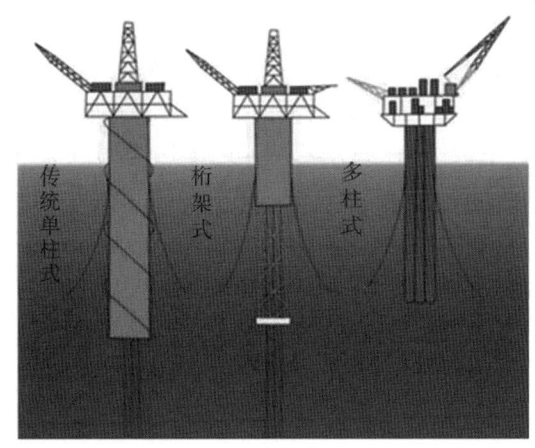

图 4-18　三种形式的深吃水立柱式平台

传统单柱式:长度通常在 200 m 以上,浮力主要由上部“硬舱”提供,中部“软舱”起到整体连接作用,下部的固定式压载舱主要用于降低重心。

桁架式:上部浮力系统和下部压载系统与传统单柱式类似,但中部“软舱”由桁架替代。这种结构不仅减轻了钢结构重量,还降低了水流阻力,为锚固系统的设计提供了便利。因此,桁架式立柱平台已逐渐取代传统单柱式平台,在实际中得到广泛采用,近年来新建的十余个深吃水立柱式平台均为桁架式。

多柱式:由多个直径较小(约 6 ~7 m)的筒体组合成一个大型立柱,用以支撑上部结构。其主要优势在于可采用常规导管架的制管工艺进行筒体制造,极大地简化了 SPAR 的建造流程,缩短了建造周期。

在深海和超深海油气开发领域,深海浮式平台的重要性日益凸显。其中,SPAR 作为深海采油常用的浮式平台,具有吃水深、重心低、受波浪影响小等特点,在恶劣海况下具备良好的稳定性。同时,该平台还具有造价低、安装便捷、可重复使用等优点,其柱体内部可用于储油,且大吃水柱体对立管具有良好的保护作用,平台运动响应受水深变化影响较小,尤其适用于深水海域。然而,SPAR 也存在一些缺点,例如井口立管及其支撑结构容易出现较为严重的疲劳损伤,由于平台与立管的转动方向可能相反,立管系统在底部支撑处的疲劳问题成为主要控制因素之一,而立管浮筒和支撑的设计长期以来一直是工程领域面临的挑战。此外,深吃水浮体可能会发生涡激振动,导致立管浮筒、立管和系泊缆等各部分构件产生疲劳。由于主体浮筒结构较长,制造时需平躺作业,安装和运输过程中使用的许多设备容易与主体结构发生冲突,带来诸多困难,因此建造、运输和安装方案对平台设计有着重要影响。

三、顺应式平台(Compliant Platform)

(一)张力腿式平台(Tension Leg Platform)

张力腿式平台(以下简称 TLP)的上部结构形式与半潜式平台颇为相似,它借助几组钢管或钢索张力构件,垂直系结于海底锚碇重块,从而实现精准定位,属于顺应式海上结构(见图4-19)。鉴于 TLP 具备某些系泊特征,因而也被称作"垂直系泊平台"。这是近二十年来新兴发展的深水平台,尤其适用于开采周期较短的深水井小型油田。从结构特性来看,TLP 宛如一个倒置的钟摆,是刚性系统与弹性系统相互融合的复杂非线性动力系统。平台主要由上层甲板、中层塔柱以及下层锁链与底座构成。底座通过在海底打桩或浇筑混凝土桩的方式固定,锁链采用钢索或较细的钢管,其下端借助铰接或固接的方式与底座相连,上端则穿过塔柱与张紧装置相连接。操作张紧装置后,平台呈半潜状态,当锁链拉紧,平台所产生的浮力能够使甲板保持稳定,摆动幅度极小。塔柱和锁链受波浪与水流的影响也极为有限,这使得 TLP 的稳定性优于半潜式平台。由于锁链承受着较大的张力,故而得名张力腿式或张力腿平台。TLP 是海洋石油、天然气工业从近海向深海迈进过程中诞生的新型平台。长期的生产实践表明,该平台在深海作业时,具备运动性能优良、抵御恶劣环境能力强、相较于固定式平台造价较低等优势。因此,TLP 作为卓越的深海平台,自诞生以来便持续蓬勃发展,在未来一段时间内,将成为深水石油平台的主要形式之一。

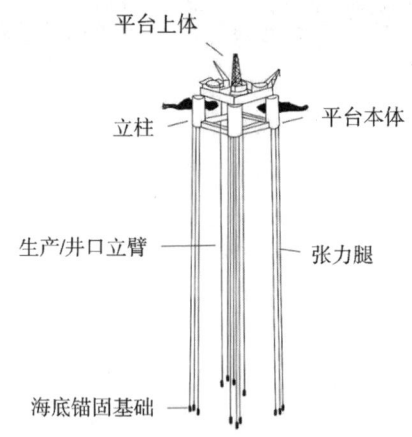

图 4-19 张力腿式平台

(二)牵索塔式平台(Guyed Tower Platform)

牵索塔式平台得名于其支撑平台的结构类似桁架式的塔,该桁架结构呈瘦长型。其下端依靠重力基座坐落于海底,或者借助支柱进行支撑,上端则支撑着作业甲板(见图4-20)。在桁架的四周,由钢索、重块、锚链和锚组成锚泊系统,通过牵紧的方式使桁架维持直立状态。由于该平台是由锚泊系统牵紧的,在风浪环境下会产生微幅摆动,通过系泊系统中的锚链重块等上下运动(被抬离海底、再回到海底)的往复过程所产生的顺应性特性来吸收部分风浪能量,进而维持桁架结构处于低负荷水平。对牵索塔式平台在波浪载荷作用下的动力分析结果显示,平台桩基处的弯矩相较于塔的其他部分要小很多,整个牵索塔式平台上的水平力主要由锚泊系统承担。与导管架式平台和重力式平台相比,牵索塔式平台结构简易,构件尺寸较小,所承受的环境载荷也较小,因而更适宜在水深较大的海域开展作业,其适用水深范围为 200~600 m。在这一水深区间内,平台的建造总费用低于导管架平台,在钢材费用、建造消耗以及安装成本等方面,牵索塔式平台均占据优势。当水深超过 600 m 时,由于需要提升桁架的抗弯能力,结构所需耗用的钢材量会大幅增加,在经济层面不一定有利。牵索塔式平台可用于钻井与生产作业,所产出的原油能够通过海底管线或浮式储油系统进行外输。

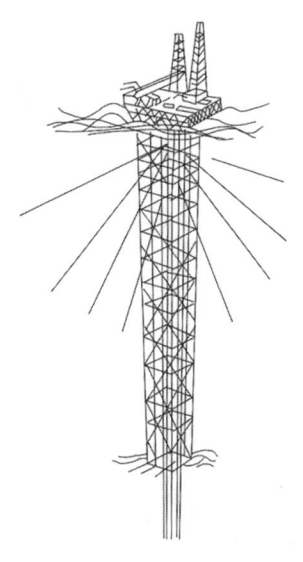

图 4-20 牵索塔式平台

埃克逊技术公司曾针对欧洲北海 350 m 水深的环境设计牵索塔。该塔拥有面积为 36.5 m² 的四方形剖面塔式结构,整个长度方向上的剖面保持一致。其一端承载平台设备,另一端坐落在名为桩腿筒的竖向承载基础上,共有 16 根桩腿。此外,还有 24 根直径为 10.8 cm 的钢缆作为导引索系统,每根钢缆通过旋转接头连接至海底,并分别与 165 t 重的水泥块以及 1.4 m 长的桩连接拉紧。桩的分布半径约为 1 000 m,油井导管穿过桩腿筒,整个系统能够容纳 30 个油井导管。该塔属于顺应式结构,能够随着波浪力的作用产生轻微移动,其系泊系统能够为塔提供足够的复原力。在设计时,允许塔的倾斜度控制在 2° 以内。

这种平台结构简单,构件尺寸小,所以受到的风、浪、流的作用力也较小。由钢索牵紧的塔式固定平台适用于 300~600 m 水深的海域。然而,若水深超过 600 m,由于要增强桁架的抗弯能力,建造过程中所耗用的材料可能会大幅增加,从经济角度考量不一定划算。对牵索塔式平台在波浪载荷作用下的动态响应数值分析表明,其桩基处的弯矩相较于塔的其他部位要小得多,整个系统上的水平力同样主要由系缆系统承受。从其恢复力与塔偏离平衡位置的关系曲线可以看出,当塔的偏离增大到一定程度时,系在牵索上原本固定在缆索且沉于海底的重块会被提起离开海底,致使索内的张力增加变缓,即此重块未被提起时能够吸收更多能量。如此一来,在遭遇大幅值长周期的风暴波时,系统变得更为柔软,展现出更强的顺应性。基于这些优势,牵索塔平台相较于导管架平台、重力式平台,更适合在深水海域作业。

四、浮式生产及存储装置

（一）FPSO

FPSO 是一种外形与油船相似的海上生产设施，承担着对开采石油进行油气分离、处理含油污水、动力发电、供热、储存和运输原油产品等任务，并且融合了人员居住与生产指挥系统，堪称综合性的大型海上石油生产基地（见图 4-21）。作为海洋油气开发系统的关键构成部分，FPSO 通常与水下采油装置以及穿梭油船共同构建起一套完整的生产体系。此外，为了将海底井口产出的原油输送至浮式生产储油装置，需要借助海底管线、旋转密封滑环、跨接软管以及相应的配套管线来达成。

图 4-21 FPSO

具体而言，FPSO 的技术结构涵盖以下几个部分：

系泊系统：主要作用是将 FPSO 系泊于作业油田。FPSO 一般借助固定式单点或悬链式单点系泊系统稳固于海上，能够依据风、浪和水流的作用，实现 360°全方位自由旋转，以此规避风浪带来的破坏力量。

船体部分：既能够依照特定要求全新建造，也可以采用油船或驳船进行改装。

生产设备：主要包含采油和储油设备，以及油、气、水分离设备等。

卸载系统：涵盖卷缆绞车、软管卷车等，用于连接并固定穿梭油船，进而将 FPSO 储存的原油卸载至穿梭油船。

配套系统：在 FPSO 系统配置中，外输系统是至关重要的配套系统。

其工作原理如下：海底输油管线负责输送从海底油井采出的油气水混合液；通过生产系统对原油进行油、气、水分离与处理；处理后的原油和天然气分别存储于储油舱和储气罐内，而污水经过处理后排放至海洋；当达到一定储量或定期时，经由卸载、外输系统输送至穿梭油船并运走。鉴于该装置系统复杂，造价高昂，其造价远远超过同吨位的油船。依据选用设备状况以及作业性能的不同，外输系统造价在 2 亿~4 亿美元不等。

FPSO 起源于 20 世纪 70 年代中期，1975 年，世界上首套浮式生产系统在北海油田投入生产。通常情况下，FPSO 具备以下特点：

适应水深范围广：一般适用于 20~2 000 m 的不同水深，甚至在最大水深仅 30 m 且冬季有海冰作用的渤海海域也能适用。

储/卸油能力强:船体吨位一般在 50 000~300 000 t,主甲板面积充足。

灵活机动:在必要时刻,比如遭遇特殊海况(如冰情),其能够在数小时内完成解脱并被拖至安全地点。

可重复使用:该特点特别适用于开发期较短的边际油田。当一个油田开发完毕后,可依据下一个油田的需求,经过适当改造和维修后再次投入使用。

施工周期较短:建造一艘十几万吨的浮式生产储油装置,一般仅需 1~2 年时间;在急需情况下,利用旧油船进行改造,即可快速投入使用。

新型的 FPSO 还具备将油田生产的天然气分离、处理和压缩后外输的能力,避免了通过火炬燃烧天然气,从而实现了能源的充分利用。FPSO 具备的上述优点,使其在国际上得以迅速发展并广泛应用。

FPSO 既可以新建,也能够用旧油船改造。不过,在油田寿命较长的情形下,新建油船相较于旧油船改造更具优势。这是因为新建油船拥有更长的使用期限,而改建油船所耗费的结构改建费和维修费,大大超出了已有船体带来的经济收益。然而,对于早期开发的油田而言,由于改建油船所需时间较少,改建油船则更为适宜。近年来,FPSO 的建造开始采用模块化生产工艺,实现了船体结构与上部设施的同时建造施工。目前,国外建造 FPSO 的周期可缩短至 10~14 个月。FPSO 的主要特性为具备机动性和运移性,拥有适应深水采油(与海底完井系统组合)的能力,在深水域能够抵抗较大风浪,并且具备大产量的油气水生产处理能力和强大的原油储存能力。它既可以与导管架井口平台组合,也能够与自升式钻采平台组合,形成完整的海上采油、油气处理以及储油、卸油系统。与其他海上生产平台相比,FPSO 具有显著优势,其抗风浪能力强、可长期系泊、储/卸油能力大、可转移且能重复使用。

我国国内最早应用 FPSO 的公司是中国海洋石油总公司。1986 年,我国第一艘 FPSO "南海号"由法国道达尔公司设计,新加坡胜宝旺船厂承建,由一艘旧油船改造而成,并应用于北部湾油气开发。由中国船舶工业第七○八研究所设计、上海沪东造船厂建造的"渤海友谊号",采用软刚臂系泊方式,工作水深 23 m。"渤海友谊号"的设计与建造,成功实现了国内浮式生产储油船建造零的突破,是我国船舶工业在海洋工程领域的标志性产品。该船机动灵活,已成功应用于渤海 3 个油田的开发,荣获众多奖项,且奖项级别颇高,是我国海洋工程的标志性项目。随着我国对海洋资源开发力度的加大,中国海洋石油总公司在20 世纪 90 年代,又相继建造了在南海惠州油田、西江油田、流花油田和陆丰油田作业的"南海发现号"、"南海开拓号"和"南海胜利号"。FPSO 强大的储油(气)能力,使其在海洋工程中发挥着极为重要的作用,其储油舱、储气罐等存储设施能够容纳大量原油和天然气,为海洋油气开采提供了稳定、可靠的储存方案。

目前,我国已成为世界上主要的 FPSO 制造国与使用国,FPSO 设计建造技术达到世界先进水平,并且在某些方面处于世界领先地位。"海洋石油 117 号"是我国第一艘完全自主设计并建造的 30 万吨级 FPSO,截至目前,它是中国在水深 200 m 以下工作区域内运行的承载容量最大的 FPSO,也是我国完成的最大海洋工程建造项目。该船船体采用双底双壳结构,船长 323 m,型宽 63 m,面积相当于 3 个标准足球场。从船底到烟囱高 71 m,相当于 24 层楼高。它每日可加工 19 万桶合格原油,储油能力可达 200 万桶,配备可容纳 140 人工作居住的上层建筑及直升机平台。该船设计寿命 25 年,通过安装在船首的软刚臂单点系泊装置,可长期系泊于固定海域,25 年不脱卸,能够抵御百年一遇的海况。

(二)浮式钻井生产储卸油装置(Floating Drilling Production Storage Offloading)

浮式钻井生产储卸油装置(以下简称 FDPSO),是一种新型的、可应用于深水油田的浮式装置,集钻井、生产、储卸油功能于一体。FDPSO 是在 FPSO 的基础上发展而来的,即在 FPSO 的功能基础上,拓展增加了钻井功能。

第四节　物流装备

一、运输装备

(一)半潜船(Semi-submersible Vessel)

半潜船,又称半潜式母船,素有"海上叉车"的美誉(见图 4-22)。它运用半潜方法,专门负责将那些漂浮在水面、无法分割的超大型整体设备以及特重特长大件货物,诸如大型海上石油平台、大型舰船、潜艇、海洋建筑物模块、预制桥梁构件等,进行起浮并装运至目的地,属于特种海运船舶。半潜船主要分为无动力半潜驳船和自航式半潜运输船这两类。

(a)　　　　　　　　　　　　　　　　　　　　(b)

图 4-22　半潜船

半潜船拥有开阔且面积较大的露天载货甲板,船舷两侧不设置舷墙,在艏部或艉部,抑或艏、艉部均设有较高的上层建筑、甲板室或者浮箱。在装卸货物作业期间,半潜船处于半潜状态,船上没有货舱,货物均装载在装货甲板(也称作举升甲板)之上。甲板上配备系紧系统,用于固定装载物,而甲板下方全部是压载水舱。在装卸作业时,半潜船通过调控压载水舱内的压载水量,使装货甲板潜入特定深度的水中,此时半潜船仅依靠上层建筑、甲板室或浮箱来提供储备浮力。待将需要装运的大件货物拖曳至已潜入水下的装货甲板上方后,启动大型空气压缩机或调载泵,把半潜船身压载水舱内的压载水排出船体,从而使船身连同甲板上承载的货物一同浮出水面,随后进行绑扎固定,便可将货物运往指定位置。卸货时,操作步骤与装货时相反。

半潜船与坞式子母船(载驳船)在结构上存在一个显著区别:半潜船的载货甲板不设舷墙,这使其能够装载尺寸超出船舷的货物,在运载大型货物的种类方面具备更强的适应性。然而,这也增加了半潜船在装卸和航行状态下维持足够安全稳性的难度。

在半潜装卸状态时,装货甲板被水淹没,此时半潜船的稳性最小。为保障其稳性,通常会在艉部两舷处设置浮箱,以确保半潜状态下的稳性。在航行过程中,由于装载的大多是成千上万吨重的超大型部件,半潜船重心高、稳性差,且载荷分布不均匀,其稳性和结构强度与常规运输船舶有着极大差异,稍有疏忽就可能引发船毁人亡的严重事故。此类船舶一般无法依据常规规范来校核其稳性和强度,所以在每个航次出发前,都必须借助专业软件,针对船舶装载和运输过程中的各种可能状态,对其稳性和强度进行计算校核,以此确保航行安全。

20世纪以前,全球仅有荷兰能够建造此类半潜船,并垄断了国际海运市场。中国是继荷兰之后,第二个能够建造自航式半潜运输船的国家。1999年12月,中远航运股份有限公司向广船国际有限公司订造了"泰安口号"18 000 t级半潜船及其姊妹船"康盛号",与此同时,台湾高雄小港造船厂为欧洲船东建造了"蓝色马林鱼号"。"泰安口号"是中国大陆建造的首艘大型自航式半潜运输船,享有世界半潜船"全能冠军"以及"亚洲第一船"的称号。该船总长156 m,型宽32.26 m,型深10 m,吃水7.5 m,航速14 kn,续航力达13 000 n mile;载货甲板尺寸为32 m×126 m,总面积4 065 m²,相当于一个足球场大小,总载重量17 550 t,甲板负荷为18 t/m²;能够在海上垂直下潜至19 m深度;全船共计43个压载水舱和2个浮箱,借助4台大排量空气压缩机,每小时可快速压排水4 500 m³,压入及排出压载水的时间少于4 h,可使载货甲板垂直下潜至9 m深度。该船融合了潜艇与货船的特性,主要用于在海洋中托运大型钢结构件、海上石油开采平台、潜艇、军舰等。

"新光华号"半潜船属于10万吨级半潜船。根据公开资料显示,10万吨级半潜船"新光华号"船舶总长255 m,型宽68 m,下潜吃水30.5 m,载重量为98 000 t,服务航速14.5 kn,装货甲板长210 m、宽68 m,甲板面积达到13 500 m²,相当于两个标准足球场大小。"新光华号"全船设有118个压载水舱,每个压载水舱都有一个阀门直接通向海底。在下潜作业时,无须利用动能加载,只需通过船上的控制系统打开相应压载舱室的海底阀门,在不超过6 h的时间内,船就能自动潜入水中30.5 m,此时主甲板以上露出水面16 m。在上浮作业时,"新光华号"通过船上配备的4台大型空压机向相应的压载水舱注入空气,压载舱内的压载水就会自动排出船外,实现船舶上浮。"新光华号"采用两套电力推进系统作为动力,使用双轴、双舵推进,并配备艏艉两组侧推。船上由6台功率为4 750 kW的主柴油发电机组供电,自带最为先进的DP2动态定位系统。该船也是全球最大的配备DP2动态定位系统的半潜船。"新光华号"可运用DGPS、激光、雷达三套系统进行动力定位,定位误差仅为0.05 m,能够在海上开展高精度的工程作业。此外,这艘船的动力系统采用了冗余配置,即便6台主发电机中有任意2台发生故障,也不会对全船动力造成任何影响。"新光华号"能够通过下潜、上浮或者码头滚装的方式装卸不可分割的大型物体,主要用于运输特大件货物,例如海洋平台、大型钢制结构、浮船坞、不适合远洋航行的支线船等,同时也可用于救助打捞作业。

(二)坞式子母船(Dockside Semi-submersible Ship)

坞式子母船可视为半潜船的一种特殊形式。它与普通半潜船的差异在于,其船身两舷设置舷墙。正因如此,相较于半潜船,坞式子母船无法运输尺寸超出舷墙范围的货物。该类船最初的设计用途是运输满载货物的驳船,之后逐渐发展为能够运输集装箱桥吊、舰船等。所以,从功能角度而言,坞式子母船也可被看作是另一种类型的载驳船。由于设有舷墙,就工作原理来说,坞式子母船又与移动式浮船坞颇为相似。与半潜船作业原理相仿,坞式子母船在进行装卸作业时,通过调节压载水舱内的压载水量,平稳地将装货甲板潜入特定深度的水中,此时舷墙以及上层建筑或甲板室为船舶提供所需浮力。当需要装运的大件货物或舰船驶入或被拖曳至已潜入水下的装货甲板上方后,将压载水排出船外,船身连同甲板上承载的货物一同浮出水面,从而实现货物的运输。我国中远航运股份有限公司所属的"沙河口号"和"发展之路号"就属于这一类型的船舶。

(三)重吊船(Heavy Lift Vessel)

重吊船是专门用于载运重件货物,并且能够依靠自身配备设备完成装卸作业的运输船舶,也被称为重货船,其设计目的是运输大型设备、平台模块、钢结构等大型货物。重吊船的主甲板空间十分宽敞,能够装载超长且重量极大的物件。此外,重吊船配备重型吊装设备,无须借助浮吊,便可自行装卸重大件货物。这类船舶吃水较浅,有利于出入中小港口,能够直接将成套设备运送至目的地。为确保在吊装作业时船舶具备足够稳性,不致出现过大横倾,重件运输船均设有大容量的压载、平衡水舱。部分重吊船还在船舷一侧设置两个由液压控制的撑脚,在装卸重件货时,撑脚支撑在码头上,用于调整船的横倾。世界上第一艘重吊船于 20 世纪 20 年代由德国 DDG Hansa 公司建造,用于运输火车头。该船装备一台起重能力为 120 t 的吊机,载重量为 10 500 t。在近一个世纪的发展历程中,重吊船的船型不断增大,载重量和重吊能力持续提升。目前,重吊船的载重量一般超过 20 000 t,吊机起重量一般超过 350 t,吊机最大并吊起重能力甚至超过 2 000 t。

随着海洋工程的蓬勃发展,化工和炼油设备、钻探平台以及大型预制桥梁构件、驳船等的水上运输量日益增长。这些货物重量过大、尺寸过大,普通货船难以承担运输任务。自 20 世纪 60 年代末起,各种专用重吊船相继问世。"泰兴号"船长 199.9 m,宽 32.26 m,型深 19.3 m,满载吃水 13.5 m,是目前世界载重吨位最大的多用途重吊船,它是中波轮船股份公司订造的 4 艘 62 000 载重吨重吊船中的首制船(其余 3 艘分别是:"赫贝特号""皮莱茨基号""永兴号")。该船设有 5 个大开口货舱,有效装货区域尺寸为 166 m×30 m,能够灵活装载各种尺寸的重大件设备货物,可满足各类超长件的装载需求。舷侧配备 4 台甲板吊,联吊最大起重能力达 300 t,具有极佳的适货性和工程项目物资承运规模优势,承运量相较于市场主流船型提升近一倍。

(四)三用拖船(Tug, Anchor-Handling and Supply Vessel)

三用拖船,又称三用工作船、拖曳-锚作-供应船,是专门为海上油田开发工程提供服务的船舶(见图 4-23)。其主要任务包括:拖曳钻井平台转移井位,或者拖曳其他移动式海洋工程建筑物;协助钻井平台进行就位以及起锚、抛锚作业;向钻井平台或采油平台运送并供应钻管、水泥、燃油、淡水、钻井用水、冷藏品以及其他生活补给品等物资。三用拖船通常设有一层或两层纵通甲板,并且拥有较长的艏楼,艏楼长度约占船长的 40%~50%,甲板室设置在艏楼上。露天甲板平整且宽敞,没有脊弧,上面铺设硬木板条,用于堆放钻管以及其他甲板货物。在艏楼后面的主甲板上,安装大功率的拖曳、起锚两用拖缆机,其拉力可达 100~200 t 以上。艉甲板设有大直径的导缆用艉滚筒,用于辅助平台上进行抛锚、起锚作业。中部甲板上设有拖缆导向器,并且在两侧挡货栏柱上设置限缆装置,以此保持直航拖曳状态,并防止拖缆发生横向牵拉。舷墙略微向内倾斜,与挡货栏柱之间留出约 1 m 宽的通道,在该通道处分别安装用于向钻井平台输送水泥、油等物资的管路接头。机舱一般设置在中部,机舱的前、后方通常为散装水泥罐舱,部分船舶还在机舱前部设有用于储藏平台锚链的锚链舱。除了艏、艉尖舱外,其一般还设有边舱与双层底,以扩大液舱容积,同时改善船舶的稳性和抗沉性。推进系统多数采用2台或4台(两两并轴)大功率中速柴油机,形成两轴双桨,主机总功率一般为4 000~8 000 hp,主机直接驱动设有导管的可调螺距桨。船上对主机、推进器、水泥气力输送机械以及各种甲板机械实行遥控操作。为了能在恶劣海况下靠泊平台,顶着各种风、流协助平台进行起锚、抛锚作业,在艏部舷侧与艉端设置较强的防护材;为了提升船舶的操纵性,多数船舶在艏部设有较大功率的侧向推力器。烟囱布置在两舷,以便驾驶员能够观察到两用拖缆机的操作以及后甲板上的其他作业情况。

2011年5月,由中海石油投资控股有限公司、武昌船舶重工集团有限公司建造的世界顶级大马力深水三用工作船"海洋石油681"在武汉下水。该船总长93.4 m,型宽22 m,型深9.5 m,吃水6.5 m;主机功率16 000 kW,拖带航速12 kn,最大航速18 kn。该型船具备拖带、起抛锚、供应等多种功能。其主要用于:为海洋石油钻井平台供应钻井器材、钻井水、散装水泥、燃油、淡水及生活用品;进行海上拖带作业;协助钻井平台进行起抛锚操作;以及执行对外消防灭火、海上浮油回收等作业任务。"海洋石油681"造价高达7.4亿元,其技术水平和作业能力在国际同类船舶中处于领先地位。该船具备在1 500 m水深进行起抛锚作业,以及在3 000 m水深提供供应和作业支持的能力,配备一套500 t的大功率低压驱动拖揽机系统,拥有国内最强的拖带能力;采用柴、电混合推进方式,节能环保;具备高自动化内部集成控制系统,以及在恶劣海况下能够安全高效运行的甲板机械作业系统;污水处理排放达到目前国际最高标准;配备遥控潜水器(ROV)库房,可应对复杂的水下深水作业。

图4-23 三用拖船

(五)驳船(Barge)

1.潜水驳

潜水驳,诸如我国的"振半潜1""中建半潜驳6"等,是一种运用半潜式方法,将漂浮在水面的结构物起浮并装运至作业区的专用驳船(见图4-24)。这类船舶没有货舱,货物均装载于甲板之上,甲板上配备系紧系统,用于固定装载物,而甲板下方全是压载水舱。潜水驳外形与普通货驳相似,具备一定的自航能力,也可由拖船拖曳航行。

2023年8月25日上午,载重能力达4.5万t的"四航永兴号"半潜驳船在广东江门交付并投入使用,它是目前全球最大的江海两用半潜驳船。2024 年 4 月 24 日,"四航永兴号"在江苏首次成功运输全国最大且最重的海上风电安装平台浮装出海,填补了我国浅港和河口水域作业中超大重载船舶的空白。此次下水的是新一代深远海大型风电安装平台,下水自重高达 22 000 t,是目前国内单体发运下水重量最大的风电安装平台。"四航永兴号"半潜驳船长 164 m、宽 65 m,总高度超 31 m,最大下潜深度 26.8 m,甲板面积达 10 660 m²,相当于 1.5 个标准足球场大小。该船具有宽扁形、浅吃水的特性,其船宽在同类型船舶中最为突出。正因船舶较宽,重载时吃水仅 6.6 m,这使其不仅适用于海上重型构件的运输与安装,还能在江河中承担大型装备的运输安装任务。其作业范围可满足全球各大洋之间的调遣运输需求,更能深入浅港和河口开展作业,无愧为全球最大的江海两用半潜驳船。"四航永兴号"的用途广泛,不仅可用于海上风电设备、跨江跨海桥梁等大型工程的装备运输和安装,还能充当海上船坞,甚至可变身为"海上医疗站",对受损船舰进行快速维修。

图 4-24 潜水驳

2.下水驳

下水驳,作为一种专用船舶,主要用于将大型导管架或特定海上结构物,从制造厂运送至指定的作业海域,并协助其入水定位。下水驳配备滑道等专用设备,能够让坐落在滑道上的导管架滑移至水中。其设计具备显著特点,能够在漂浮状态下开展移船装船作业。该类船舶拥有较为宽敞的甲板作业面积,可依据导管架或海上结构物不同的长宽比尺度,灵活选用不同的移船下水作业方式。在漂浮状态下进行移船作业(即将岸上准备下水的结构物平移至下水驳上)时,首要条件是下水驳的移船滑道顶面与码头滑道顶面基本保持在同一平面,如此才能确保作业正常进行,达成这一条件所采用的技术手段是适时对压载水舱进行配载。鉴于装载的结构物各异,下水驳在甲板上安装了间距可调节的重型滑轨,艏部配备绞车或千斤顶,艉部可安装摇臂,船舱内大部分空间为压载水舱与调整系统,泵舱内设置高速泵。下水驳自身不具备自航能力,需依靠拖船牵引航行,其下水方式大多采用较为经济的单驳纵向下水方式。

下水驳的作业程序如图 4-25 所示:

上驳阶段:如图 4-25(a)所示,上驳作业应选择在低潮到高潮这段时间内完成。在此过程中,驳船需要持续调整压载,以平衡艏艉吃水差。

运输阶段:在运输过程中,需时刻留意驳船(搭载着导管架)的完整稳性与破舱稳性,以及系紧装置的强度,如图 4-25(b)所示。

进水阶段:为使导管架顺利进水,驳船需保持一定的纵倾角度。船上要配备充足的压载舱与高速泵,艉部需安装摇臂。当导管架缓缓进水时,可通过调整系统及时调节压载水,改善船的纵倾状况,避免船体产生过大的应力集中,如图 4-25(c)所示。

扶正阶段:让导管架进水的一端下沉,借助起重船配合进行扶正操作,如图 4-25(d)所示。

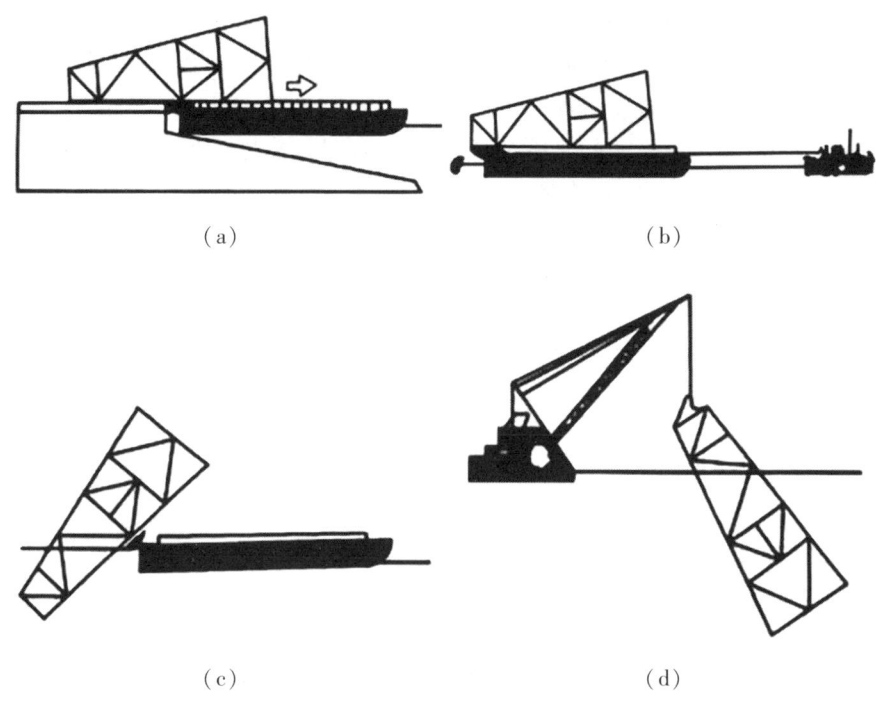

(a)

(b)

(c)

(d)

图 4-25 下水驳作业程序

由于导管架重量大、体积可观,下水驳装载导管架后,载荷大幅增加,重心显著提高,且受风面积较大,这些都是设计下水驳时必须考虑的因素。一般而言,下水驳需要具备良好的稳性,对船体强度要求较高。导管架进水时,应避免驳船出现过大的纵倾角,因此必须具备迅速调节平衡的压载能力。为确保导管架能够顺利进水,需要求得其最佳的进水迹线,确定驳船的最佳纵倾值。故而,对下水驳与导管架系统开展模型试验很有必要。

"海洋石油 229"由中国船舶集团有限公司旗下的中国船舶集团青岛北海造船有限公司为海洋石油工程股份有限公司建造,于 2008 年交付使用。该船船长 235 m,型宽 52.5 m,型深 14.25 m,在当时是亚洲最大、世界第三的大型导管架下水专用驳船。经过改造,"海洋石油 229"的导管架运输下水能力从 30 000 t 提升至 38 500 t,能够满足高达 302 m、重达 30 000 t 的"海基一号"的装船、运输等需求。

二、装卸搬运装备

海洋工程结构物等货物的装卸搬运作业,是一项涉及专业领域广泛、技术含量颇高的工作。与普通货种的装卸作业有所不同,这类货物的装卸需要借助专业机械设备来完成。此外,合理配置码头设备,不仅能够优化装卸工艺,还能确保装卸作业的安全性。

(一)起重船(Floating Crane)

起重船,也被称作浮吊。其装卸船工艺具体是指,当大件船抵达港口后,利用起重船将大件货物吊起,放置在码头面上的大型牵引平板车上;或者将大件货物从大型牵引平板车上吊装至大件运输船上(见图4-26)。起重船装卸是目前大件码头较为常见的作业方式,主要适用于大件货物数量较少的情况。我国海岸线南北跨度大,码头岸线漫长,港口众多且发达,大型港口一般都配备起重船。采用起重船进行装卸船作业时,每次作业前都需要安排起重船到港,而起重船的租用价格通常较高;倘若作业码头距离起重船停泊地较远,总的租用费用还会大幅增加,导致调船费和装卸费都处于较高水平。采用起重船装卸具有以下优点:对码头的要求相对较低,无须在岸上配备专业的吊装机械设备,相应地也节省了设备的维护保养费用;对运输船没有特殊要求,可使用普通驳船进行装运。然而,其缺点也较为明显:码头前沿的停泊水域需要同时满足驳船停靠、浮吊停靠以及回转的需求,因此对水深条件要求较高;同时,要求大件货物具备可吊性,大件吊装作业环节难度较大;起重船作业成本相对较高。

起重船是专门用于水上作业,进行重物起吊的船舶,它由起重臂、起重绞车以及船体构成,主要具备起重、旋转和变幅三个工作机构。起重机构一般包含起重绞车、起重臂、支架、绳索、滑轮组和吊钩等部件。当起重船的吊钩伸出船外吊运大件货物时,船体往往会产生倾斜,而过大的倾斜是不被允许的。起重船通常通过压载水舱来调节纵倾和横倾,确保船体始终处于正浮状态。起重船的规格大小一般以其起重量来衡量。在海洋工程领域,起重船主要承担平台建设、安装以及大件货物吊装等任务,还可兼任管柱打桩等工作,并且能够利用起重船协助导管架进行定位。起重船按照航行能力可分为自航式与非自航式,其中非自航式又被称为起重驳;按照船体类型,主要可分为方驳、普通船与半潜式三种;按照船体主体数目,可分为单体和双体两种;按照起重机部分相对于船体能否转动,可分为固定式与旋转式。

(a)   (b)

图 4-26 起重船

1.固定式起重船

固定式起重船的起重臂无法进行水平旋转。其起重臂一般由两根大杆构成 A 字形(杆的断面形状多为圆形或箱形),一端以铰接的方式连接在船首甲板上,另一端则由一组通向后方支架(也叫人字架)的缆风索牵拉着。通过调节缆风索的长度,能够实现起重臂的变幅操作。这种起重臂也被称作扒杆,配备此类起重臂的起重船则被叫作扒杆式起重船。

固定式起重船的扒杆分为可变幅和不可变幅两种类型。可变幅扒杆又进一步细分为吊重工作时变幅以及空钩时变幅这两种情况。有些船只仅能在非工作状态下进行变幅,目的是降低扒杆高度,从而顺利通过高压线和桥梁。不过,旧的扒杆无法无限制地降低,当扒杆低于某个特定角度,也就是处于死点角之下时,起重船上自身配备的绞车将无法再把扒杆拉起,这是不被允许出现的情况。此外,为防止变幅扒杆向后倾倒,通常会在变幅机构中设置限位器,或者安装拉杆、拉链等装置。固定式起重船在平衡问题上相对较容易解决,船身宽度也可以设计得较窄,但其起重机的工作范围较为有限,机动性欠佳,作业效率不高。

2.旋转式起重船

旋转式起重船的起重系统构建于一个转盘之上,吊杆与转盘紧密相连,形成一个整体。在工作过程中,吊杆能够随着转盘进行水平旋转。旋转式起重船的起重机配备旋转、起升和变幅机构,部分船只还设有行走机构。其起重臂大多采用桁架式结构。旋转式起重船能够在水平面上实现360°全方位旋转,作业灵活性极佳。它在水平面上的旋转运动,既可以通过回转机构的机械传动来达成,也能够借助油马达驱动完成。吊臂通过变幅绞车调整仰角,从而获得不同的舷外跨距;依靠电动机驱动的起升绞车,实现起吊物的升降操作,动作极为灵活。

大型的全回转起重船起重能力十分强大,可达数千吨。目前正在运营且具有代表性的全回转起重船主要有以下几艘:20世纪80年代建成的"南天龙号",其起重能力为900 t;2008年建成交付使用的"蓝鲸号",总吨位达64 110,起重吊梁高度为98.1 m,最大起重能力高达7 500 t,在同类型起重船中堪称"巨无霸"。2016年交付的"振华30号"更是表现卓越,船长297.55 m,船宽58 m,排水量约260 000 t。它以单臂12 000 t和7 000 t且能360°全回转的起吊能力,位居世界首位。该船配备了动力定位系统及波浪补偿系统,并且具备自航、锚泊和侧推能力,主要用于海上大件、模块、导管架的起重吊运及吊装作业。其适用范围为无限航区航行,打捞作业深度可达3 000 m以上。

(二)自行式平板动力车组(Self-propelled Modular Transporter,SPMT)

SPMT属于机电液一体化的重型工程装卸搬运运输设备。它由一个个模块组合而成,具备全轮转向、高度自由调节功能,并且能够进行纵向、横向的任意拼接(见图4-27)。相较于滑道上的牵引滑移装船方式,运用SPMT搬运大型海洋结构物更为灵活。其独立转向系统可使车辆按照任意转弯半径转向,最小转弯半径能达到零,在对角线模式下,可实现0°~90°的任意方向斜行。同时,对于结构尺寸较大、重量分布不均的结构物,SPMT能够采取针对性的拼装方式来运输,从而确保装船运输过程的可靠性。所以,采用SPMT搬运大型海洋结构物进行装船运输,既不受结构物自身结构形式的制约,也不受结构物场地建造位置的影响。此外,SPMT的使用不受地域限制,同一组车辆在一个海洋工程建造场地完成运输任务后,可拆分成多个独立的模块单元,转移到另一个建造场地重新组装,进而执行其他运输任务,很好地弥补了滑道只能在同一建造场地使用的缺陷。目前,比较典型的平板车模块单元有四轴和六轴两种。

由于多个单独的平板车模块能够进行任意的横向和纵向组合,进而组成一个装载能力足够大的平板车组,因此,与履带吊或浮吊相比,SPMT具有更高的载重量。以四轴和六轴模块为例,每轴可承载30 t重量,那么这两个模块分别能够承载120 t和180 t。每个轴配备两组轮子,每组轮子可独立控制转向,如此便能操控整个运载平台做出前进、后退或转向、旋转等任何动作。另外,每个轮子都有独立的液压系统控制高度,在遇到崎岖不平的道路时,能够保证整个运载平台的平稳,以及各个轮轴荷载的合理均衡。显然,SPMT的载重量会随着拼装轴线数量的增加而增大。2009年,比利时吊装运输巨头SARENS运用540轴的 SPMT 和 22 个电源组,成功将当时世界上最大的平台组块(宽 85.3 m、长 67.5 m,重达 15 000 m)移位,创造了当时的搬运记录,而如此重量的大型结构物移位,是履带吊和浮吊难以做到的。

SPMT 小车是一种模块化生产及组装的自行式平板拖车,可依据被装载物的不同需求,配置成各种结构、尺寸和重量。通过液压升降系统,它能够将结构物重量从场地垫墩转移到自身结构上,接着将结构物经由码头前沿、码头与驳船间的跳板,运输至驳船甲板的设计位置,并将结构物重量转移至驳船垫墩。常规组块建造以往常采用滑道建造方式,但近年来,由于小车装船的灵活性,越来越多的组块采用非滑道建造方式,提高了场地利用率。SPMT 装船具有效率高、操作简便、速度快、环境要求低等优点,常用于完成非滑道区建造的海洋工程结构物的装船作业。由于结构物无须在滑道上建造,没有滑道使用要求,结构物运输的机动性更强。采用这种装船方式,解决了结构物建造和装船对滑道的依赖问题,减少了场地滑道的使用数量,对于新建场地而言,在一定程度上能够节约滑道建设费用。目前,小车装船在结构物装船中的应用越来越广泛,国内小车装船技术已成功应用于 6 000 吨级模块装船,应用前景十分广阔。

2021 年 8 月 6 日,由中国能源建设集团广东院勘察设计、广东火电承运的国内首个近海深水区海上风电场——华电阳江青洲三 500 MW 海上风电场海上升压站,完成全部建造工作,从南通启程运往项目海域,全程约 1 100 n mile。一座相当于 8 层居民楼高的"钢铁巨屋"从江驶向大海,鸣笛启航。此次发运的海上升压站上部组块,整体外形尺寸约为 52.3 m×46.8 m×22.9 m,单体重量约 4 060 t,尺寸大、重量重且运输距离长。通过配置六列 SPMT(共计 6PPU + 156 轴线)在码头滚装上船,并在运输托架上进行绑扎固定后,开始约 1 030 km(560 n mile)的海上运输,于 8 日后运至风场海域。

图 4-27　SPMT

(三)滑移装卸设备

1.液压滑靴系统

板壳式结构物,比如半潜式平台的船体,由于其自身结构形式的特性,容易发生变形,且挠度较大(挠度指的是在受力或非均匀温度变化时,杆件轴线在垂直于轴线方向的线位移,或是板壳中面在垂直于中面方向的线位移)。当前,国内广泛应用且技术成熟的滑移装船方式,大多依赖绞车或拉力千斤顶。然而,这种装船方式受限于驳船调载精度的控制水平以及设备自身功能,难以实现对结构物变形或者驳船姿态的精准调控。运用现有的滑移装船技术,板壳式结构物在装船过程中,会受到驳船与码头之间高差变化的影响,极其容易导致结构物局部与整体强度受损。所以,目前大多数板壳式结构物采用在船坞内建造,完工后向坞内注水使其正浮的建造模式。这种模式限制了板壳式结构物的建造方式,也降低了建造场地的利用率。而液压滑靴系统,正是为解决上述难题而研发的一种新型装船设备。该系统既能通过液压控制调整垂直方向的支撑高度,又具备水平推进能力,适用于滑移装船作业。

液压滑靴系统主要由液压滑靴、爬行器、专用滑轨、跨接梁、铰支座、动力和控制系统等部分组成,具体部件如图 4-28 所示。单个液压滑靴系统的承载力范围为 200~2 500 t,广泛应用于海洋石油平台、桥梁、重型装备等各类钢结构的提升与滑移施工。其工作原理如下:首先,依据结构物的重量,合理选择数量适配的系统单元。接着,利用液压滑靴顶部的千斤顶将货物顶起,使载荷转移至滑靴之上,再由滑道承担。最后,借助液压滑靴两端的爬行器,以爬行器卡板作为支点,为液压滑靴提供滑移动力,从而实现液压滑靴的前进与后退。

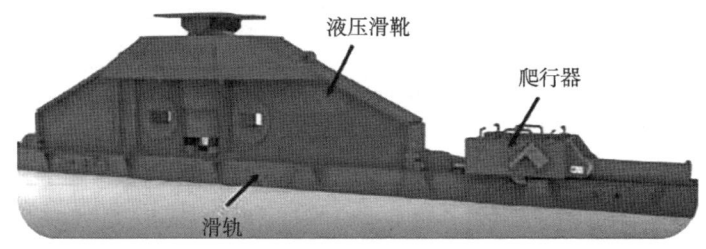

图 4-28　液压滑靴系统

(1)液压滑靴

液压滑靴采用钢制材质,内部安装可垂向伸缩的液压千斤顶。该千斤顶负责将结构物托起,其顶部装有旋转板,此旋转板能够沿着滑靴的长度方向转动。滑靴的下表面采用不锈钢材质,两端可与爬行器连接。典型的液压滑靴形式如图 4-29(a)所示。液压滑靴依据其垂直顶升能力的不同,分为多种规格,常见的有 90 t、150 t、300 t、500 t、650 t、800 t、1 000 t 和 1 200 t 等。

(2)爬行器

爬行器内部配备可水平伸缩的液压千斤顶,在作业时连接于液压滑靴的两端,并在专用滑道上固定生根,通过推/拉液压滑靴,使其沿着专用滑轨滑动,且每次滑动的距离能够精确控制。典型的爬行器形式如图 4-29(b)所示。爬行器按照其爬行能力的差异,也分为多种规格,常见的(推力)有 16 t、64 t 和 83 t 等。爬行器具备两种工作模式,即推力模式和拉力模式,在这两种模式下,可输出的力有所不同,其中推力大于拉力。

(3)滑轨

滑轨由钢材制成,上表面铺设特氟龙滑块,两侧设有供爬行器固定生根的点位。液压滑靴能够在其表面顺畅滑动,滑轨通常分节设置,每节之间采用铰接连接。典型的滑轨形式如图 4-29(c)所示。

(4)跨接梁与铰支座

跨接梁同样为钢制,用于连接陆地部分和驳船部分的滑轨,其两端设有转轴,需与铰支座配套使用。在装船过程中,一旦陆地和驳船之间出现高差,跨接梁能够沿着其长度方向进行旋转。典型的跨接梁形式如图 4-29(d)所示。铰支座采用钢制,设有槽口,与跨接梁的两端相连。使用时,铰支座底部需固定在陆地或驳船上,跨接梁的转轴可在其槽口内灵活转动。典型的铰支座形式如图4-29(e)所示。

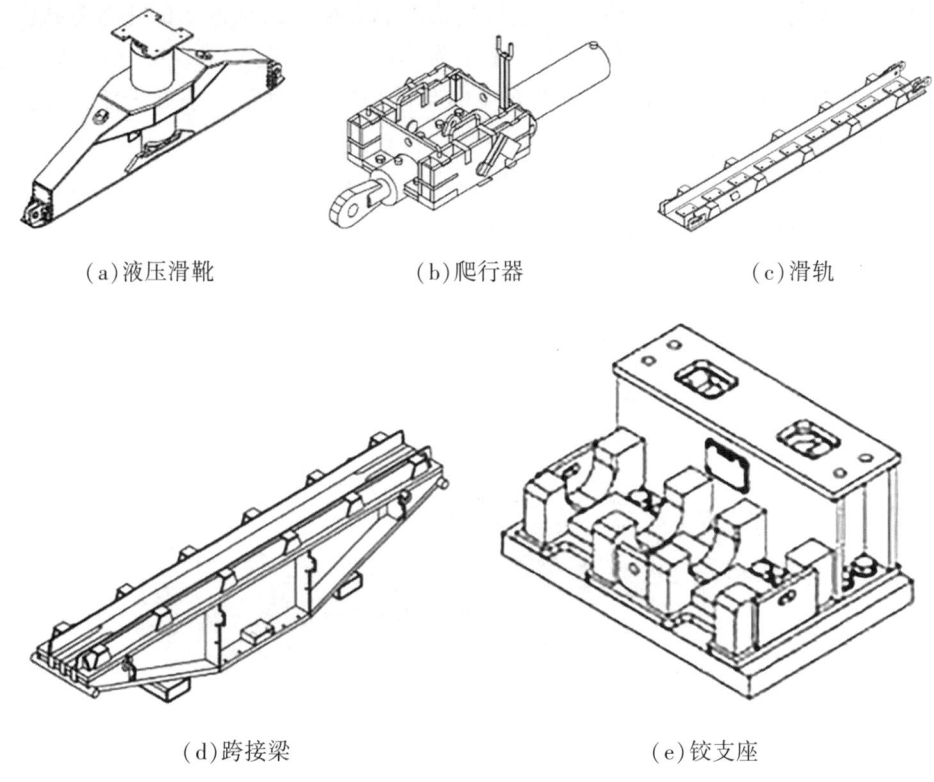

（a）液压滑靴　　　　　（b）爬行器　　　　　（c）滑轨

（d）跨接梁　　　　　　　　　（e）铰支座

图4-29　液压滑靴系统各部件图

案例一

在超大重量、超大尺寸的"深海一号"能源站下部浮体的滑移装船作业中，相关团队应用了液压滑靴系统，并自主研发了配套的装船技术。此举创造了结构物横向滑移装船的最大吨级世界纪录，填补了国内在此方面的技术空白。

"深海一号"的下部浮体，重量约达33 000 t，长和宽均为91.5 m，高度为59 m。其采用扁平浮箱设计，立柱之间无连接，属于大型开口板壳结构物，具有局部强度较弱、立柱变形量大的特点。若采用传统的纵向装船方式，"新光华号"半潜驳船的甲板强度将面临极限挑战，而且装船轨道偏长，装船效率较低。若采用横向装船方式，虽然不存在甲板强度问题，且装船轨道较短，作业效率会显著提高，但半潜驳船的压排载操作难度相对较大。横向装船方式的最大难点在于，码头潮汐处于不断变化之中，需要持续调整驳船的吃水深度，以确保码头滑道与驳船滑道始终保持相对齐平。同时，还需精准控制驳船的姿态，以平衡因载荷转移上船所产生的倾斜力矩。载荷转移的重量越大、速度越快，操作难度就越高。

为此，技术团队研发了板壳式结构物载荷转移与变形控制工装，用以取代传统的滑移牵引装备（如拉力千斤顶、液压滚筒绞车等）。该工装由多用途的轻量化支撑结构、液压滑靴系统和低摩擦分体式靠船件构成。多用途的轻量化支撑结构能够平衡板壳式结构因自身重量产生的变形，在结构物的建造、装船及运输过程中发挥支撑作用；液压滑靴系统可在装船过程中补偿驳船与陆地之间的高差，从而有效控制板壳式结构的变形；低摩擦分体式靠船件则极大地降低了驳船与码头之间的摩擦力，实现了载荷从陆地到驳船的平稳转移。

案例二

目前,在海洋工程领域,使用液压滑靴系统成功实施滑移装船的最大吨位结构物,是壳牌公司 Appomatox 项目中重达 4 万余吨的半潜式平台下船体,具体情况如图 4-30 所示。

（a）　　　　　　　　　　　　　　（b）

图 4-30　Appomatox 项目船体使用液压滑靴系统滑移装船

2.气垫滑移系统(APS-system)

气垫滑移系统主要由承载千斤顶和移动单元、液压动力站单元、供气单元、推进千斤顶以及滑道共同构成。其中,承载单元与移动单元集成为一体,工作时借助液压顶升的力量将结构物顶起,使载荷顺利转移至滑移系统。随后,供气单元向气垫单元加气,在气垫与滑道之间形成空气层,以此达到减小摩擦力的效果。最后,通过推拉千斤顶的动作,实现一次短距离的滑移操作。该系统的作业能力极为强大,能够实现 50～100 000 t 级的结构物滑移。例如,法国 HEBETEC 公司就运用此系统成功完成了 30 000 t 级石油平台的装船作业。

3.绞车

就我国目前海洋石油工程的实际状况而言,利用绞车进行牵引的作业方式极为普遍,其中常见的类型包括液压绞车和线性绞车。现阶段,这种牵引方式一般适用于 7 000 t 以下海上结构物的拖拉装船操作。结构物牵引的方向大多顺着船长方向,不过也存在顺着船宽方向牵引的情形。例如,海工青岛场地 MODEC 项目中的 FPSO PBOIL 1P 上部模块,就采用了从船侧拖拉上船的方式来完成滑移装船。

在牵引过程中,常用的主要设备设施涵盖绞车及其配套的跑绳、绞车动力系统、动滑轮组以及用于中间连接的卡环、助推千斤顶、固定绞车用的地锚,还有驳船上的锚固点。

绞车拖拉方式主要有正拖和反拖两种。正拖需要将相关的支持设备设施安置在船上,这会占用较多的船上空间。而反拖时,绞车及其动力系统、活动地锚等都设置在地面上,如此便能为驳船甲板留出更多可利用的空间。若在同一艘船上进行多个模块的牵引装船作业,就不太适宜采用正拖方式,因为后续模块的牵引路线很可能会被已装船的模块挡住。线性绞车通常安装在船上,且一般只采用正拖这一种形式,原因在于这种方式同样不适用于多个结构的连续牵引作业。在目前已完成的多数项目中,绝大多数牵引滑移作业是以滑靴作为载体。然而,在南堡 35-2 CEP 项目里,牵引则是以滑车(配有滚轮的滑靴)作为载体,沿着地面和船上铺设的轨道上船。与使用普通滑靴相比,这种方式的优势在于将滑动摩擦转变为滚动摩擦,从而大幅度减小了摩擦力,对牵引设备的性能要求也相对降低。但

气垫滑移单元

专用滑道

推进千斤顶

图 4-31　APS-system 系统结构图

其缺点是轨道平整度的控制难度较大,尤其是驳船轨道与码头轨道的衔接处,如果轨道不平整,车轮极易悬空,进而导致受力不均,可能造成车轮损坏,甚至引发整个系统失效。

4.拉力千斤顶

拉力千斤顶在大型结构物的牵引装船作业中较为常见,它由自动连续拉力千斤顶、液压泵站和控制系统三部分构成,并配备相应的钢绞线作为柔性拉杆,共同组成完整的自动连续拉力系统。拉力千斤顶的后夹持顶与后顶的活塞相连接,前夹持顶与前顶的活塞相连接,主顶之间通过撑杆相连。通过液压泵站向拉力千斤顶输送压力油,推动千斤顶活塞进行伸缩运动。夹持顶负责夹紧和放松钢绞线,主顶则用于提升或平移重物。千斤顶的安装与工作方式为:将千斤顶安装在需要平移的构件上,如组块或导管架,工具锚通过支座固定在船坞上,千斤顶与工具锚通过钢绞线实现连接。当千斤顶在紧锚状态下伸缸时,由于船坞固定不动,工具锚也随之固定,此时千斤顶伸缸便能够带动组块或导管架沿着轨道向工具锚方向移动,从而实现构件的平移。拉力千斤顶能够精准地控制牵引速度,确保结构物平稳移动,并且能够输出非常大的力。在番禺 30-1 项目中,其导管架重量约为 17 000 t,采用了 4 台 750 t 的拉力千斤顶进行牵引装船;亚洲首例 300 m 级深水导管架,重量超过 30 000 t,在 8 组 900 t 拖拉千斤顶和 2 组 400 t 助推千斤顶的协同作用下,经过 20 多个小时的连续拖拉,成功登上驳船。

第五节　作业与辅助服务装备

一、作业装备

1.铺管船(Pipelaying Vessel)

铺管船是一类专门用于铺设海底管道的大型海洋工程船舶,在海底输油管道、海底输气管道以及海底输水管道的铺设作业中发挥着关键作用(见图4-32)。

图4-32　铺管船

2.布缆船(Cable Layer)

布缆船,即电缆布设船的简称,是一种专门服务于水底电缆布设与维修工作的海洋工程船舶,可分为电缆布设船与电缆维修船,布缆船也可兼作电缆维修船(见图4-33)。

图4-33　布缆船

3.打捞船(Salvage Ship)

打捞船是一种专门用于打捞水下沉船、沉物以及水面漂浮物的船舶。它吃力浅,航速快,耐波性良好,定位准确(见图4-34)。

4.挖泥船(Dredger)

挖泥船是一种配备了多种不同形式挖掘输送系统的工程船舶,其主要功能是挖掘水底的泥、沙、石块等各类杂物(见图4-35)。近些年来,随着航道疏浚工程任务持续增多,市场

图 4-34　打捞船

对于不同类型挖泥船的需求也在日益增长。按照挖泥方法的差异,挖泥船主要可划分为吸扬式和斗式这两大类别 。

图 4-35　挖泥船

5.浮船坞(Floating Dock)

浮船坞,又称浮坞,是一种特殊的工程船舶,具备在特定水域中沉浮与移动的能力,主要应用于船舶的修理与建造领域(见图 4-36)。它可用于抬起其他船舶进行修理或引渡过浅水区,也可以作为造船时船舶下水、上墩、水上合拢等作业的一种以船载船的浮动工具。

图 4-36　浮船坞

6.风车安装船(Wind Turbine Installation Vessel)

风车安装船主要用于海上风力发电机的运输和吊装。它将运输船、海上作业平台、起重船以及生活供给船的各项功能完美地融为一体,另外还安装先进的动力定位系统和自动控制系统,操作灵活,可以独立完成上述运输和安装作业,全过程无须其他船舶协助(见图4-37)。

（a）

（b）

图 4-37 风车安装船

二、辅助服务装备

1.平台供应船（Platform Supply Vessel）

平台供应船,也被称作平台支援船、拖曳-锚作-供应船,是专门为海上油田开发工程提供服务的船舶。其主要任务包括:向钻井平台或采油平台运送和供应钻管、水泥、燃油、淡水、钻井用水、冷藏品以及其他生活补给品等物资;拖曳钻井平台或其他移动式海洋工程建筑物,帮助转移它们的位置;协助钻井平台进行就位以及起锚、抛锚作业(见图 4-38)。

图 4-38 平台供应船

2.破冰船（Icebreaking Ship）

破冰船主要用于在冰封水域开辟航道以及救助被冰封的船舶(见图 4-39)。破冰船主要通过以下几种方式进行破冰作业:

图 4-39 破冰船

(1)加大马力,让船首强行驶上冰面,依靠自身重力将冰层压碎;

(2)调节压载水,借助纵倾和横摇的作用来破碎冰层;

(3)先向后退,再加速冲撞冰层,利用产生的惯性力来破冰;

(4)喷射高压气流,以此达到破冰的目的。

第五章 海洋工程物流运输

第一节　概述

在海洋工程领域，无论是新建、改建还是扩建项目，都不可避免地会涉及建筑材料、工程船舶、大型机械设备以及钻井平台等物资的流转。海洋平台、浮式生产储卸油装置、风机桨叶等大型海洋工程结构物的交付、维修、调遣等活动，构成海洋工程物流运输活动的核心部分。举例来说，将新建造的海洋平台从船厂运往采油作业海域，在作业区域调整海洋平台的位置，或是将其运送到船厂进行修理等，都属于此类运输活动。一般而言，海洋工程物流运输活动主要涵盖陆路运输和海上运输两种模式，本章将着重介绍海上运输的相关内容。

由于海洋工程装备具有体积庞大、重量沉重、形状不规则且不可分割等显著特点，所以通常需要借助特殊的运输设备，并采用专门的作业方式来完成运输。以半潜式钻井平台、风电叶片和深水导管架等为例，因其体积巨大，普通船舶根本无法承载，必须依靠特种船舶来进行运输。对于这类装备，较为常用的运输船舶包括半潜船和重吊船。半潜船能够通过调节压载水，使装货甲板潜入水中，这一特性使其非常适合承运诸如钻井平台、海上升压站等超大件货物。而重吊船则主要适用于运输重型设备，比如发电设备和炼油设备等。这些运输船舶不仅具备高承载能力，还拥有可调节的稳性，能够充分满足大尺寸货物的装载需求。

对于一些特殊的海洋装备，如导管架和大型港机，往往需要专门设计的驳船，或者对现有船舶进行临时改造才能完成运输。例如，导管架由于其自身的尺寸以及对结构稳定性和安装精度的严格要求，需要依靠专用的下水驳来进行运输。而大型港机的运输，则通常是通过铺设临时轨道，并使用钢丝绳牵引的方式，将整机滚装至半潜驳船之上。此外，在海洋工程装备的运输作业中，海洋环境对作业的影响极大，尤其是对气象条件、海况、运输速度以及稳性等方面，都有着较高的要求。与常规的船舶运输相比，海洋工程装备的拖航活动必须在更为严格的条件下进行。图 5-1 呈现了不同的运输设备运输多种货物的实际场景。

（a）半潜船运输风机叶片

（b）半潜船运输半潜式平台

（c）半潜船运输自升式平台

（d）半潜船运输圆筒形平台

(e)三艘拖船湿拖半潜式平台

(f)拖船拖带装载着导管架的驳船

(g)驳船装载风力发电机组施工平台

(h)驳船运输钻井平台模块

(i)驳船载运塔器

图 5-1　运输场景展示

一、海洋工程物流运输活动的特点

1.技术难度大

海洋工程物流的运输对象通常具有超大、超重且形状不规则的特性,属于非标准化货物。例如,大型海洋平台单体重量常常可达几万吨,高度从几十米到上百米不等,而部分需维修的大型船舶满载排水量可达十几万甚至几十万吨。同时,运输环境极为复杂,风、浪、流、雾、海冰、潮汐,以及地理和地质环境等因素,都可能直接对运输安全、效率与效益产生影响。所以,必须依据货物特性、工艺要求以及自然环境等因素,对拖航系统、拖航线路和拖航时机进行专门设计。此外,还需考虑运输对象与环境的相互作用,开展专门的物理或数值模型实验。在个别情况下,甚至要针对特定货物,专门设计和建造与之适配的运输装备。

2.安全风险高

海洋工程装备的制造与运输之间存在矛盾。近百年来,为提升海洋资源开发能力,保障生产安全并增强抵御不利自然环境的能力,海洋工程装备一直朝着整体化、大型化方向发展。但这一趋势致使海洋工程装备重心高、稳性差等运输安全风险问题愈发凸显,给运输、装卸等活动的安全保障带来巨大挑战。例如,相较于常规船舶,海洋工程装备的拖航活动对气象及海况条件要求更高。当风力超过 6 级、浪高超过 2.5 m 时,通常就需要考虑采取相应的规避措施;而普通货船(如集装箱船)在风力 7 级以上、浪高 3 m 以上的海况中航行较为常见。在实际操作中,不利海况条件常导致船舶与拖曳物航行受限、航行阻力增大、航速减慢甚至停滞,严重时还会造成船舶或拖曳物破损、倾覆,带来极大的经济损失与环境影响。因此,需要谨慎选择天气窗口或出发时机进行运输;同时,在运输过程中利用气象导航,获取及时准确的气象信息,选择最佳航线并避开恶劣天气,以此降低运输风险,保障货物和船舶安全。

3.运输周期长

鉴于海洋工程结构物的特殊性,无论选择湿拖还是干拖,航速都会受到限制。像钻井平台、预制大型桥梁构件等海洋工程装备的运输时间,明显长于普通货物。一般而言,湿拖时拖船的航速限制为 4~6 kn;干拖时半潜船的航速限制为 10~13 kn。而集装箱、散杂货等普通货物运输时的经济航速在 18~20 kn,最高航速常常能达到 30 kn 以上。例如,WEST BOLLSTA 海洋平台需以湿拖方式从韩国运输至西班牙(绕经好望角),运输全程约 13 500 n mile,航速约 7 kn,航程共计 90 天;然而,若为普通集装箱船或散货船,以 18 kn 航速计算,大约需 32 天即可完成运输。

4.运输成本高

大型海洋工程结构物外形复杂、结构特殊,其运输过程的复杂程度和技术含量远超普通货物。所以,拖航活动消耗的运输成本通常也远高于普通货物。例如,经测算,一台总重 20 000 t 的 10 MW 级混合动力发电平台,从韩国巨济岛拖航至济州岛附近海域安装,运输及安装过程约耗时 3 天,总成本约为 40 万美元,即平均每天约 13 万美元;而租用一艘 20 万吨级干散货船满载运输时,每天成本约为 3 万美元。若从货运重量角度考量,该平台单位重量的货运成本约为散货(如铁矿石等)的 40 倍。

二、海洋工程物流运输活动分类

依据复杂程度与难易程度,海上拖航可划分为常规拖航和非常规拖航。这两者在本质上不存在绝对差异,也没有明确清晰的划分界限,不过非常规拖航一般相较于常规拖航,作业难度更大,风险程度更高,所以通常需要开展安全风险评估。

1.常规拖航

常规拖航涵盖一般拖航和拖驳拖航。一般拖航指的是由一艘拖船拖带另一艘被拖船，属于一般性商业常规拖航作业。而拖驳拖航，是将货物(包含部分工程船舶等)装载于甲板驳或半潜驳之上，再由拖船拖带驳船或半潜船，以此完成货物运输任务。进行这两种拖航作业时，仅需依照相关规范制定安全保障措施即可，一般无须开展专门的安全风险评估。

2.非常规拖航

非常规拖航主要包含救助拖航、超大型船舶拖航、全球跨洋远距离拖航等特殊拖航类型。

救助拖航：这是一种特殊拖航作业，指救助拖船拖带遇险船舶脱离危险区域。它是海上人命救助的关键方式之一，同时也是降低海上财产损失、减轻海难对海洋环境损害的主要手段之一。

超大型船舶拖航：针对主尺度(长、宽、高、吃水)、排水量等性能方面显著超出普通船舶的超大型船舶所实施的拖航作业，都归属于此类。这类拖航还涵盖拖带大型浮船坞、海洋石油钻井平台等。

全球跨洋远距离拖航：主要指在全球范围内进行跨洋远距离拖带大型船舶、平台、浮船坞、废钢船等。对于大型被拖物，有时需要动用两到三艘拖船协同拖带，并且要充分考量拖船、被拖物及其拖航索具的配备情况，拖航过程中补给港的操作流程，以及如何应对不利气象和海况等诸多问题。这类拖航往往需要开展专门的安全风险评估，并依据评估结果，有针对性地制定安全保障措施以及应急预案。

一般情况下，拖航应该具备如下基本条件：

(1)需制订拖航计划及拖带操作手册(若存在)，且其副本应分别保存在拖船船东处和拖船上；

(2)应持有船级社签发的适拖证书，并附带海上拖航检验报告；

(3)拖船船员必须具备海上拖航的适任资格证书；

(4)海上拖航应依据预定的海洋和气象环境开展，拖船的设计环境条件应高于该环境条件，而被拖物核定的拖航强度和拖航稳性则不能低于此海洋和气象环境条件；

(5)海上拖航应按照拖航计划及拖带操作手册核定的航线行驶；

(6)拖船应持有适用于拖航航线全区域的船舶安全证书。

对于紧急救助拖航，上述条件可适当放宽，但绝不能放松对拖航安全的要求。应尽可能制定契合救助实际情况的技术方案、安全方案和应急方案，以确保救助行动的成功与安全。

三、海上运输活动的相关术语

(1)拖航(Towage)：是指整个拖航作业的过程，涵盖从始发港接拖、拖带航行直至目的港交船的全部流程。

(2)海上拖航(Ocean Towing)：是指在指定避风港口之间或沿航线安全锚地之间开展的商业拖航作业，此过程需考虑气象条件。

(3)被拖物(Towed Objects)：通常是指非机动船，例如驳船、起重船、打桩船、挖泥船、打捞船、布设船、趸船和浮船坞等，以及水上设施，像浮式装置、水上建筑、移动式平台和其他水上建筑等;还包括机械推进装置损坏而丧失推进能力的机动船,但不包含应急拖带和救助拖带的船舶。

（4）拖船船长（Tug Master）:是指拖航拖船的船长。

（5）拖航船长（Towing Master）:是指拖带航行的管理负责人。拖航拖船的船长可以被指定为拖航船长。

（6）安全工作负荷（SWL）:是指拖曳设备所能承受的最大许用负荷。

（7）系柱拖力（Bollard Pull,BP）:是指拖船系柱拖力证书上所证明的连续系柱拖力。一般来说,系柱拖力是拖船在静水条件下(蒲福风力小于 3 级,也就是风速不超过 5 m/s,流速不超过 0.5 m/s),主推进装置连续额定输出功率且航速为零时所产生的拖力。

（8）破断负荷（Breaking Load,BL）:是指证书所证明的拖曳索具的最小破断负荷。

（9）拖力点:是指拖带装置在船上的紧固端,应为拖力眼板、拖桩或其他具有等效强度的装置。

（10）拖带长度:是指从第一艘拖船船尾到最后一艘被拖船舶或被拖物体后端的水平距离。

（11）环境条件（Environmental Conditions）:是指由天气和海况所引起的载荷,比如风、浪、流和冰雪等。在标准气象和海况条件下,被拖物所要求的系柱拖力,应能确保拖带航向的稳定。一般以作用在同一方向的以下气象与海况环境条件来进行衡定:

风速	20 m/s
有效波高	5 m
流速	0.5 m/s

若能获取可靠的有关气象预报和实际水域的经验资料,采用这些可靠的标准也是可以接受的。

（12）良好海况区域（Benign Area）:是指不受热带风暴和运动低气压影响的区域。不过,当这些区域受到热带风暴和运动低气压影响时除外,例如西南季风时的北印度洋区域和东北季风时的南中国海区域。良好海况区域的气象条件为:

风速	15 m/s
有效波高	2 m

第二节　拖曳系统

拖船作为拖航运输中最为关键的运输设备,与被拖物、拖曳设备及索具一同构成了拖曳系统,具体情况如图 5-2 所示。本节将着重介绍拖曳系统中的拖曳设备及索具。拖曳设备及索具,指的是拖船和被拖物上专门为拖曳作业而设置的设备与索具。其中,拖曳设备（Towing Equipment）是指拖船和被拖物上专为拖曳作业所设置的各类设备,在拖船上主要包括拖缆机、拖钩、拖索拱架、拖缆滚筒、拖缆孔（导缆孔）、缆绳架、地拖销、鲨鱼钳等;在被拖物上则包括所设置的拖力点（如拖力眼板或拖桩）、拖缆孔（导缆孔）等。而拖曳索具（Towing Gears）,是指拖船和被拖物上专门为拖曳作业所使用的索具,主要涵盖主拖缆、备用拖缆、龙须缆（链）、短缆、三角眼板、拖曳环、卸扣以及应急拖缆等。图 5-3 展示了典型被拖物上所配置的拖曳设备及索具。

一般而言,拖船与被拖物所配备的拖曳设备及索具,是依据相关规则或指南,按照标准进行配置的。拖力点设置于被拖物之上,拖缆机和主拖缆则安装在拖船中,至于其余的拖航索具,诸如过桥链(缆)、短缆、三角板、龙须缆(链)、连接卸扣等,会根据被拖物的具体情况以及任务需求,由拖船或者被拖物来负责准备。对于某些不常被拖带的被拖船,若其缆桩具备足够的强度,也可用作拖力点。另外,按照 IMO MSC.35(63)决议案《油船应急拖带装置指南》的要求所设置的油船应急拖带装置,同样能够作为拖航时的拖力点来使用。

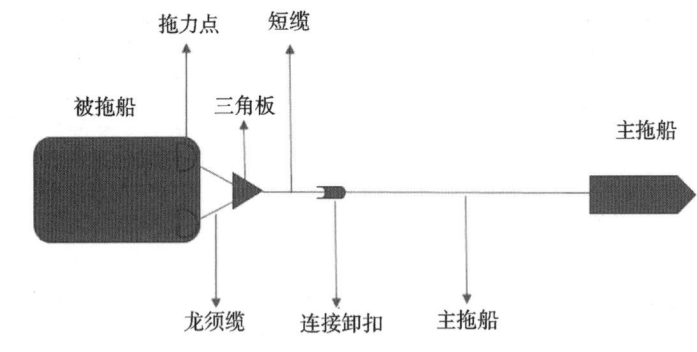

图 5-2　拖曳系统示意图

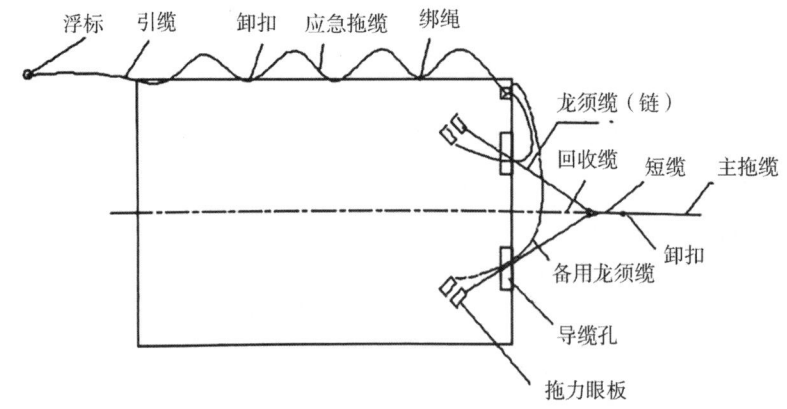

图 5-3　拖曳设备及索具示意图

一、拖曳设备

(一)拖缆机

拖缆机(Tow Wire Winch)是拖船(Tugboat)上用于连接并控制拖缆(Towline)的关键设备,肩负着安全且高效地将拖船与需被拖曳的船舶或其他大型水上物体相连接的重任(见图 5-4)。拖缆机一般由驱动系统、滚筒、拖缆夹具、控制系统和安全装置这五个部分构成。

(1)驱动系统:通常由电机或液压马达来驱动,以此提供强劲的牵引力。电机驱动系统可能涵盖电动机、减速器、制动器和离合器等组件;而液压驱动方式则依赖于液压泵站和液压马达。

(2)滚筒:滚筒是用于拖缆缠绕和储存的部件,通常采用高强度合金钢制造,其表面覆盖耐磨橡胶或特殊涂层,目的是减少拖缆在缠绕和使用过程中的磨损。滚筒的直径和长度

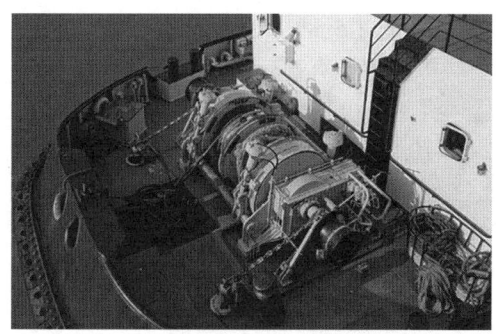

图 5-4　拖缆机

是依据拖缆的直径以及所需的储存长度来确定的。

（3）拖缆夹具：这是位于滚筒一端的特殊夹具,主要作用是牢固地夹持拖缆,避免在拖曳过程中拖缆出现脱落的情况。

（4）控制系统：包含控制面板、遥控器或者自动化控制系统,能够让操作员对拖缆机的启动、停止、速度调节以及紧急制动等功能进行控制。

（5）安全装置：例如过载保护装置、紧急停止按钮、限位开关等,这些装置能够确保在设备出现异常状况时,迅速停止运行,从而保护人员和设备的安全。

在设计拖缆机时,需要综合考量其强度、灵活性、操作便捷性以及安全性等多个方面的因素：

（1）强度与耐用性：拖缆机必须具备承受极大拉力的能力,并且滚筒、夹具等部件需具有高度的耐磨性,以适应长时间的高负荷工作。

（2）操作便捷性：其设计应做到直观易懂、易于操作,方便操作员能够快速、准确地对拖缆机的运行进行控制。

（3）安全性：应配备多重安全保护装置,确保在紧急情况下能够迅速切断动力源,防止事故的进一步扩大。

（4）适应性：拖缆机需要能够适配不同直径和材质的拖缆,以满足多样化的拖曳作业需求。

此外,拖缆机的安装与维护同样需要重点关注：

（1）安装：拖缆机应安装在拖船的甲板上,确保便于操作员进行观察和控制,同时要保证与拖缆连接点之间有足够的空间,使拖缆能够自由移动。

（2）维护：要定期检查滚筒、夹具、传动系统等部件的磨损情况,一旦发现部件损坏,及时进行更换；定期对传动系统进行润滑处理,维持设备的良好运行状态；定期对控制系统进行校验,确保其控制的准确性和可靠性。

综上所述,拖缆机是拖船上至关重要、不可或缺的设备,从其设计、制造,到安装和维护,都必须严格遵循相关的标准和规范,唯有如此,才能保障拖曳作业安全、高效地进行。

（二）拖钩

拖钩是拖船上用于扣挂拖缆,并能实现便捷解脱的钩具（见图 5-5）。它的主要作用是可靠地连接被拖船或浮体,以便进行拖航作业,同时通过拖曳弓架、拖钩座或拖曳眼板等连接件,将拖曳力传递至船体主结构。根据中国船级社（CCS）《钢质海船入级规范》的规定,拖钩必须配备可靠的释放装置,无论拖船处于何种横倾角,也不论拖索的方向如何,都应能方便地随时解脱拖索,同时还需有效避免拖索出现意外解脱的情况。通常情况下,拖钩的破断强度一般应为拖索破断强度的 1.5 倍。

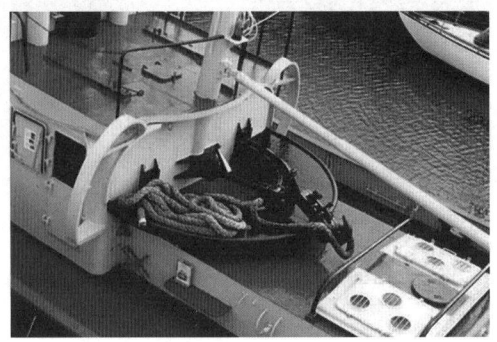

图 5-5　拖钩

(三)拖缆承梁(拖拱)

拖缆承梁(Towing Arch),也称作拖拱。为了防止拖缆在松弛或摆动时对船尾的舱面设备造成损坏,同时保障船员在操作时的安全与便利,会专门设置一根或多根这样的拱架(见图 5-6)。

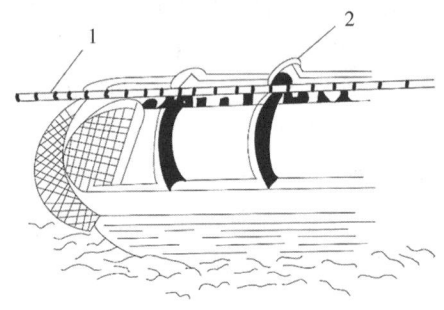

图 5-6　拖缆承梁

(四)拖缆滚筒

拖缆滚筒作为拖缆机的组成部分,主要用于支撑和引导拖缆(即拖曳作业中所使用的缆绳)的滚动(见图 5-7)。它能够有效确保拖缆在滚动过程中不会受到过度磨损,助力拖船高效地完成拖曳作业。

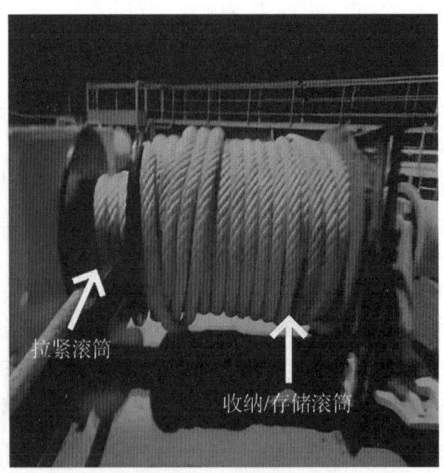

图 5-7　拖缆滚筒

(五)拖力眼板

拖力眼板(Towing Eye Plate)是安装在被拖船驳或浮体上的拖带设备,用于连接龙须链(缆)(见图5-8)。其结构一般是采用一块钢板作为底板,再将一块带有卸扣销子孔的钢板作为立板,焊接在底板上。为增强销子孔两边的受力性能,可在该部分加焊加强环。同时,在立板与底板之间焊接数道加强三角板,由此组成拖力眼板。

拖力眼板需焊接在被拖船驳首的两舷,其最小破坏强度必须符合船检局《中华人民共和国船舶和海上设施检验条例》的相关规定。施工前,图纸应先提交给验船师进行审批;完工后,需附有相应的证明书。

图5-8　拖力眼板

(六)带缆桩

带缆桩是一种固定在甲板上的结构,带有一个或两个短柱,主要用于系缚和操作缆索(见图5-9)。

图5-9　带缆桩

表5-1　带缆桩分类

类型	名称	公称直径/mm	简图
A	普通带缆桩	100~800	
B	嵌入带缆桩	160~500	

类型		名称	公称直径/mm	简图
C		简易带缆桩	50～150	
D	DL	双"十"字螺钉固定式带缆桩	50～300	
	DH	双"十"字焊接固定式带缆桩		

二、拖曳索具

拖曳索具作为连接并拖动重型物体或船只的关键设备,在实际应用中,需承受巨大的拉力,同时还要抵御各种复杂环境条件的影响。因此,在设计拖曳索具时,安全性、耐用性、易用性以及对相关行业标准的遵循,都是必须重点考量的因素。以下是一份关于拖曳索具设计的基本指南,详细涵盖了所需的主要组件以及具体的构建步骤:

1.明确需求

(1)负载能力:首先需明确拖曳索具需要承受的最大重量。

(2)使用环境:充分考虑拖曳作业的环境条件,例如海水、淡水、泥泞、干燥陆地等,这些环境因素将对材料的选择产生影响。

(3)拖曳速度:若进行快速拖曳,可能需要更坚固的索具来保障作业安全。

(4)连接点:确定索具需要连接的具体位置,比如船只的拖钩、重型设备的牵引点等。

2.选择材料

(1)绳索:常用的绳索有合成纤维绳索(如尼龙、聚酯纤维)和钢缆。合成纤维绳索具有轻便、耐腐蚀的特点,适合大多数水上和陆地的应用场景;钢缆则具有更高的强度和耐磨性,适用于极端重载的情况。

(2)连接件:连接件包括卸扣(Shackles)、钩环(Hooks)、眼板(Eye Plates)等,需选择符合负载要求的材质,如不锈钢或高强度合金钢等。

(3)保护套:对于钢缆而言,可能需要使用橡胶或塑料保护套,以此减少其在使用过程中的磨损并降低噪声。

3.设计索具结构

(1)主绳索:依据负载能力和使用环境,选择合适直径和长度的绳索作为主绳索。

(2)连接点设计:要确保每个连接点都能牢固地固定绳索,有效防止意外脱落情况的发生。使用合适的连接件,并严格遵循制造商的扭矩要求进行安装。

(3)安全备份:在关键连接点设置安全备份措施,例如采用双重卸扣或备份绳索等方式,进一步提高索具的安全性。

4.组装与测试

(1)组装:按照设计图纸,仔细地组装拖曳索具,确保所有部件都正确安装且紧固到位。

(2)预检:在首次使用前,对索具进行彻底检查,确保不存在损坏或松动的部件。

（3）负载测试：在安全的条件下，对索具进行负载测试，以验证其承载能力和稳定性是否符合要求。

5.维护与保养

（1）定期检查：定期检查索具的磨损情况、连接件的紧固程度以及是否出现腐蚀情况。

（2）清洁与干燥：使用后应及时清洁索具，特别是在海水中使用后，必须彻底干燥索具，以防止发生腐蚀。

（3）存储：将索具存放在干燥、通风良好的地方，避免阳光直射以及极端温度变化对索具造成损害。

6.合规性

确保拖曳索具的设计、制造和使用均符合当地和国际安全标准，例如国际海事组织（IMO）的相关规定。

请注意，以上仅为拖曳索具设计的一个基本框架，具体设计应根据实际情况进行适当调整。在设计和使用拖曳索具时，建议咨询专业工程师或相关领域的专家，以获取更专业的指导。

（一）拖缆

拖缆是拖船拖曳浮式被拖物时所用的缆索，是连接拖船和被拖物的"生命纽带"，传递着拖力（见图5-10）。连接拖船和被拖物的拖缆实际上由三部分组成，即主拖缆、短缆及龙须缆（链）。在沿海航区和遮蔽航区拖航时，可以不配短缆。除此之外，执行拖航运输时还应该配有备用拖缆和应急拖缆。

图 5-10　拖缆

（1）主拖缆：是指用于拖船与被拖物之间拖带连接的缆索。

（2）短缆：是指连接主拖缆和龙须缆（链）之间的一段缆索，俗称过桥缆（见图5-11）。

（3）龙须缆（链）：是指用于大型被拖物，为保持被拖物拖航时的航向稳定性，从被拖物两侧的拖力点（拖力眼板或拖桩）引出的缆或摩擦链，至三角板的连接缆（见图5-11）。

（4）备用拖缆或应急拖缆：是指主拖缆发生故障后，用于替代主拖缆或临时稳定被拖物

图 5-11　过桥缆和龙须链

的拖缆。

(二)三角板

三角板是指连接主拖缆及两根龙须缆(链)的三角形钢板(见图 5-12)。

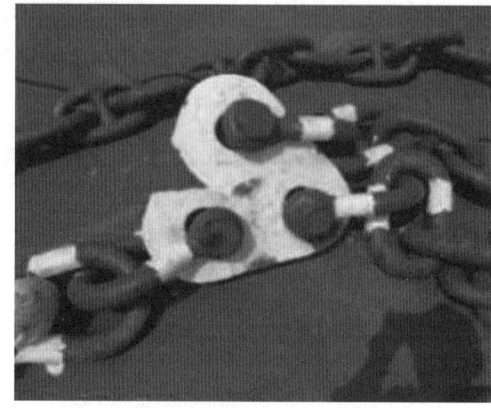

图 5-12　三角板

(三)卸扣

卸扣也称连接环,是机械工程中常用的连接器材(见图 5-13)。

图 5-13　卸扣

第三节 流程管理

一、拖航任务的了解

接收拖航信息或指令后,船东和船长必须对任务以及被拖物的基本情况有清晰的了解,这是做出正确决策的基础,也是拖航成功的前提。

1.了解被拖物

(1)掌握被拖物的性质:具体包括被拖物的船型、船名、主尺度、吨位大小、处于空载还是满载状态、吃水深度、受风面积以及载货性质等信息。

(2)知悉被拖物的状态:比如被拖物有无动力,是处于漂流状态还是已抛锚,同时要了解现场天气、海况、潮汐情况以及是否存在障碍物等。此外,其他相关事项还可能涵盖国籍、船级、船东、货主、保险商、船员人数以及使用语言等方面。

初步了解被拖物的这些基本情况后,便能明确需要多大功率、何种类型的拖船来执行任务,并且该拖船的基本配置必须能够满足执行任务的需求。对于拖船船长而言,这有助于其对拖航过程形成基本概念和判断,例如知晓应做哪些准备工作、采取何种方式接拖等。

2.了解拖航任务

(1)起讫港:明确起讫港是在国内还是国外,这一点至关重要,因为它涉及拖船国籍证书的使用、联检手续的办理以及船员证书的相关事宜等。

(2)航线基本情况:需要了解航线上的海况、航程距离、加油港位置、避风点分布以及危险水域等信息。

(3)时限要求:若是救助任务,则需立即执行(一般情况下,要取得船东或其保险公司的书面委托,或者签订救助合同或拖航合同),并按照规定时间迅速出动;对于一般拖航任务,可按照事先约定的时间执行。这会影响拖船的调配决策,即决定是安排就近的救助值班拖船执行,还是另派更为合适的拖船执行。

(4)拖航季节:不同季节执行相同的拖航任务,拖航船队所面临的海况可能有所不同,任务难度也会存在差异,相应地,考虑问题的复杂程度也会不一样。

二、拖航文件资料的准备

1.文件与资料

拖航前,申请人应向船检机构提交拖航检验申请。申请人通常为拖船船东或经营人,也可能是被拖物船东,具体由合同条款确定。不过,提交申请的资料一般由拖船船东或经营人负责整理。拖航前,需向执行拖航检验的船舶检验机构提交拖带与操作手册(若有)及拖航计划。该计划通常应包含下列内容:

(1)拖船和被拖船舶的主尺度数据、拖船系柱拖力。

(2)综合预计的天气状况、潮流,被拖物的规模、形状、受风面和排水量,以及需规避的任何航行危险等因素,预先规划好航行航线,内容涵盖拖航途经的海区、航线、航程与航速,以及预计离港和到港的日期。

（3）拖曳设备布置情况，以及应对不利天气的应急计划。尤其要明确顶风停船和避风的安排；若被拖船上留有人员，拖船和被拖船上均需制订应急计划。

（4）预定拖航航线上可使用的避风港或锚地信息、补充燃料计划、本次拖航可能遭遇的环境条件，以及拖航计划，包括离港、到港和中途停靠港的安排。

（5）拖航作业布置图，其中应展示拖航编队、回收设施（针对拖航期间有人值班驳船）、主拖缆及应急拖缆的连接等情况。若拖航涉及一艘以上拖船，还应标明每艘拖船的位置及主拖船的船名。

2.拖船和被拖物的有关证书

拖船和被拖船的有效法定证书，是判断其是否适合拖带的重要依据。若被拖物为长期闲置船舶、报废船舶、海损船舶，或处于修造过程中某些项目尚未完成的船舶或浮体，经验船师同意，可免除部分证书要求。对于无法定证书或法定证书已失效的被拖物，若需进行海上拖航，应查明法定证书过期或失效的原因，并开展足够范围的补充检查，确认被拖物在布置、结构强度、稳性、风雨密关闭装置、其他各种开口关闭设施和有关设备等各方面，均适合拟定的拖航安排；或在采取必要措施后，确认其适合拟定的拖航。

3.被拖船、拖船及拖曳设备的主要资料

（1）被拖船资料：涵盖船舶类型、船名、船舶编号或呼号、船籍港、拖航吃水，以及拖航状态下的完整稳性资料（特殊情况下，可要求提供分舱和破舱稳性资料）、锚与系泊设备说明书。若被拖船为废钢船，至少应提交船舶类型、船名、船籍港、主尺度、拖航吃水等资料，同时需关注拖航稳性情况。

（2）拖船资料：包括船名、船舶编号或呼号、船籍港、系柱拖力。若验船师认为有必要，可要求补充拖航阻力估算资料。

（3）拖曳设备资料：

①拖缆机的类型、额定拖力；

②主拖缆和备用拖缆的规格、长度及破断强度；

③拖带设施（包含短缆、纤维拖索、龙须链或龙须缆（链）、三角眼板、卸扣及其他连接设备）的图纸或相关资料；

④拖力眼板、可供作应急拖带的系缆桩和导缆孔的布置情况及强度计算资料。

（4）被拖移动平台及其他海上装置在拖航前，应提交以下文件资料：拖航计划、操作手册、拖航稳性计算书、拖曳阻力计算书、拖力点的强度资料、拖曳设备的证件。

（5）若被拖物是浮船坞或其他结构特殊的船舶，还应提交船舶检验机构认为必要的相关资料，尤其是稳性计算和强度计算资料。

（6）对于载运各种重型物件的被拖物，应提交所运载物件的支承结构、紧固件或绑扎设备的资料，相应的强度计算书，以及其他有关图纸。必要时，针对焊接在露天甲板上的紧固件，应提供焊脚尺寸和焊接质量的检查报告。

三、航线选择

拖航航线的选择对于一个拖航船队而言至关重要，它直接关系到拖航航次能否顺利、安全地进行，以及成本效益的高低。在航线选择过程中，优秀且经验丰富的船长会根据实

际情况,灵活应变,做到因地制宜、因时制宜,而不会一成不变生搬硬套既有模式。在选择航线时,主要需要考虑以下几个关键要素:

(1)拖船和被拖船对航区稳性的适应范围;

(2)需考量当时季节下航区的风浪状况,以及拖船和被拖船的抗风能力;

(3)所选航线在航途中是否设有避风锚地以及油、水补给港;

(4)航区中的水文条件对拖航速度的影响;

(5)拟选航线上是否存在军事训练禁航区或强制引航水域,若有则必须避开;

(6)当有数条在风浪、水文气象等各方面情况基本相近的航线可供选择时,应挑选一条航线笔直、航程较短且水域宽阔的最优航线。

在上述诸多要素中,最为关键的是要考虑风浪对拖航船队的影响,其次是水文因素。风浪不仅会降低船队的航行速度,还可能致使船队陷入欲进不能、欲退不得的危险境地。海浪的冲击危害极大,尤其是空船在暴风雨或大风浪中破浪前行时,船体纵摇会极为剧烈。船首、底部受到波浪的猛烈冲击,会产生强烈振动,甚至会使该部位的壳板发生变形、骨材扭曲、焊缝撕裂,进而导致被拖物进水,甚至发生倾覆。这种情况对于方形船首或结构较为薄弱的被拖船而言,危害尤为严重。在大风浪中,拖缆崩断致使被拖船物丢失的概率也会大幅提高。拖航船队的航行对风和海流极为敏感,所以在选择航线时,必须特别充分地考虑风和海流的影响。如有条件,应预先研究风向、海流图,尽可能选择顺风顺流的航线。需要注意的是,海图上的最短路径,未必就是最经济或能最快抵达目的港的航线。在某些航线上,拖航船队可能会遭遇较大的横风,或者由于其他原因而产生剧烈的横摇,或是被拖船出现严重偏荡,这样的航线是必须予以避免的。

对于一些工程船舶,例如起重船、挖泥船、打桩船、浮船坞等,因其干舷较低、水密性较差,需要在沿途的避风锚地检查各舱的舱底水是否有变化,以及门窗的水密性和龙须缆(链)等拖具的状况。在拖航这类船舶时,所选择的航线需配备必要的锚地,且锚地之间的距离应尽量适中,不宜过远。

四、拖力和拖航速度计算

为最大程度降低海上拖航风险,拖航活动所配备的拖船必须具备足够的有效输出功率。这一输出功率需确保船舶能够产生充足推力,以克服拖船和被拖物在拖航过程中所受的阻力,进而保证在恶劣气象及海况条件下,能够有效地对被拖物进行操控,并满足最低航速要求。拖航阻力和航速计算是制订拖航计划不可或缺的工作,也是拖航检验时必须提供的数据资料,对海上拖航安全和商业利益有重大意义。

影响拖航速度的因素较为复杂,涵盖拖船自身状况(主要指主机实际效率)、被拖物情况、航行气象以及海况等方面,因此精确计算拖航速度极具难度。计算拖航速度的主要作用在于:

(1)挑选主机功率适配的拖船执行拖航任务;

(2)估算拖航时间,为拖航计划制订和商务报价提供参考依据。

通常在进行海上拖航速度计算时,主要步骤为先假定一系列拖航速度,计算被拖物在海上拖航时所受到的阻力,并计算此时拖船能够提供的拖力,当二者数值相等时对应的速度,即为拖航计算速度。

拖航速度和拖带力一般应满足以下要求:

（1）所需拖带力的估算应以拟定的拖航航线为基础。对于无限航区拖航的环境条件，按如下标准确定：在风速为 20 m/s（风从船首呈 300°夹角方向吹来）、船首水流速度为 0.5 m/s、有效波高为 5 m 的条件下，拖带力至少应能够维持被拖船的航向。

（2）在开展海上船舶拖航作业时，为维持拖带的稳定性及其他相关性能，同时确保被拖结构和拖船的性能得以充分发挥，相关规范针对不同类型被拖物的拖带航行规定了低限航速。依据中国船级社《船舶与海上设施法定检验规则》，海上拖航作业的拖带速度应满足以下要求：拖带常规线型的被拖船时，航速不得低于 6 kn；拖带特殊线型的被拖船（如浮船坞、起重船等）或半潜驳式钻井平台时，航速不得低于 5 kn；拖带自升式钻井平台及其他水上建筑时，航速不得低于 4 kn。

1.拖航阻力分类及成因

船舶或钻井平台等在水上航行时，空气和水这两种介质会对其产生一定阻力。按照介质类型的不同，可将船舶航行所受阻力分为风阻力和水阻力两类。

风阻力：是风对船舶水面以上部分产生的阻力，主要源于风对船舶水面以上部分的反作用力。风阻力的大小与风速、相对风向和船舶迎风面积等因素有关，而迎风面积又与船舶船型和吃水有关。

水阻力：是水对船舶水面以下部分产生的阻力，包括船舶静水阻力和波浪增阻两部分。船舶静水阻力来自船体水下部分所受水的反作用力，其大小只与船型有关，包含摩擦阻力、剩余阻力、附体阻力等。波浪增阻是船体的纵摇、横摇、艏摇等运动受到波浪的阻碍，进而导致船舶航速降低。

船舶航行阻力分类如图 5-14 所示。

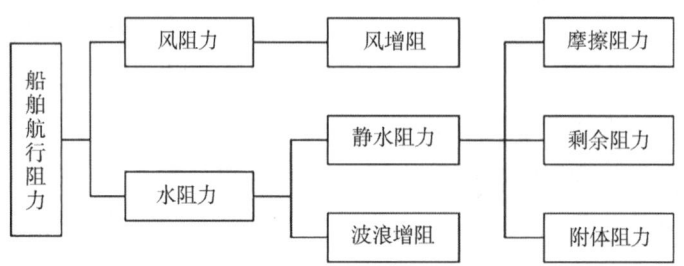

图 5-14　船舶航行阻力分类

（1）风增阻

风增阻是指因风而增加的阻力。其实质为空气阻力，只不过此时的空气并非静止，而是具有一定流速，即风速。一般在研究中，仅考虑风沿船长方向增加的阻力。风增阻在船舶总阻力中占比较小，一般仅为 2%～3%。然而，对于某些特殊船型，风增阻不可忽视。这类船型的特点是在吃水线以上具有较大横截面积，例如海洋平台等。

（2）静水阻力

在船舶所受的总阻力中，静水阻力占据很大比重。船体的静水阻力可从以下几个方面来分析：

摩擦阻力：船舶在水中航行时，由于水流的黏附作用，水会跟随船舶一同运动，进而对船体产生切向的反作用力，阻碍船舶前行，这便是船舶受到的摩擦阻力。船舶摩擦阻力受航速、船体表面粗糙度以及船体湿表面积等参数的影响。

剩余阻力：船舶的剩余阻力主要分为兴波阻力和形状阻力两种。因为水具有不可压缩性，当船首向前冲击海水时，海水会上升一定高度，随后在自身重力、惯性以及液体表面张力的作用下回落，如此循环往复，这就是兴波阻力产生的原因。船舶行进过程中，由于船体曲度变化，使得船舶首尾所受海水压力不同，由此产生压力差，这种压力差导致的阻力被称为形状阻力。船舶剩余阻力的大小受船型和船长等参数影响。

附体阻力：在船舶设计阶段，通常会在船体上安装一些附加设备，以满足船舶航行及安全需求。这些附加设备会受到水的反作用力，阻碍船舶航行，这部分额外增加的阻力就是附体阻力。

（3）波浪增阻

船舶在波浪中航行时，所受阻力比在静水中航行时更大，增加的这部分阻力被称作波浪增阻，也叫汹涛阻力。这里所说的波浪是由风引起的水面波动，通常被称为风浪。产生波浪增阻的原因主要有两点：其一，波浪使船舶产生垂荡、纵摇和横摇等摇摆运动，从而增大船舶阻力；其二，船体对波浪的绕射作用导致船舶阻力增加。相较于风，波浪对船舶阻力的影响要大得多。当船舶迎着波浪航行时，波浪可使船舶阻力增加多达 50%～100%。

被拖物在水中受到的阻力是影响拖航速度的关键因素。如前所述，船舶的阻力主要包含风增阻、静水阻力和波浪增阻。其中，静水阻力能够较为准确地估算。对于其他阻力，根据实际经验，近似估算结果能够满足拖航需求。

水阻力会因被拖船船型的不同而变化。例如，线型良好的海船在低速航行时，船体受到的水阻力主要为摩擦阻力；而箱型船首的船在被拖航时，受到的水阻力主要是形状阻力。

对于一般海船，在风速不大时（如 3～4 级风），风阻力远小于水阻力，因此可以忽略不计。但对于海上作业的大型建筑物，像大型浮吊船、海上石油钻井平台，由于其上部有大型吊架和插桩脚，高度可达 40～90 m，受风面积大，就必须考虑风阻力。

波浪增阻对海上拖航的影响也颇为显著。当拖船在海上较大波浪中拖航时，不仅拖船和被拖物会颠簸，航速也会明显下降。

由于拖航过程中风、波浪阻力变化较大，在估算航速时，很难确定具体数值，所以一般规定仅依据水阻力进行航速估算。

2.拖航阻力计算

海上拖航阻力估算公式较多，根据经验，以下公式计算结果较准确，被广泛使用。

（1）兹万科夫公式

$$R = fSv^{1.83} + C_b \zeta A v^{1.70 + 4F_r} \tag{5-1}$$

式中：R 为总阻力；f 为摩擦阻力系数，钢船摩擦阻力系数为 0.17；S 为浸水面积（m^2），$S = (1.7d + C_b B) \times L$；$d$ 为船舶吃水（m）；B 为船宽（m）；v 为拖航航速（m/s）；C_b 为方形系数；F_r 为弗劳德数；A_m 为浸水部分的中横剖面面积（m^2），$A_m = B \times d \times C_m$；$C_m$ 为中横剖面系数；ζ 为剩余阻力系数，非自航的楔形艉钢质船和木船取 10.5，杓形艉钢质船取 8.0。亦可按下列公式计算：

$$\zeta = \frac{17.7 m C_b^{2.5}}{\left(\dfrac{L}{6B}\right)^3 + 2} \tag{5-2}$$

式中 m 的取值：无导流管的螺旋桨为 1.0，有导流管的螺旋桨为 1.2。

根据泰尔弗公式,方形系数 δ 可表示为:

$$C_b = 1.0 - \frac{3}{8}\left(\frac{B}{L_{BP}} + 1\right)\frac{v}{\sqrt{L_{BP}}} \tag{5-3}$$

式中:B 为船宽(m);L_{BP} 为柱间长(m);v 为服务航速(m/s)。

弗劳德数 F_r 可表示为:

$$F_r = \frac{v}{\sqrt{gL_{BP}}} \tag{5-4}$$

式中:g 为重力加速度,$g = 9.81$;v 为服务航速(m/s);L_{BP} 为柱间长。

根据诺基德公式,中横剖面系数 C_m 可表示为:

$$C_m = 1.68\left[1.0 - 0.428\frac{v}{\sqrt{L}}\left(\frac{v}{\sqrt{L}}\right)^{0.5}\right] \tag{5-5}$$

$$C_m = 3.08(1 - 1.44 F_r) F_r^{0.5} \tag{5-6}$$

(2)《海上拖航指南(2012)》经验公式

根据规范要求和拖带结构的具体情况确定拖带速度后,应确定拖航阻力。目前估算海上结构物拖航阻力的公式很多,其中在中国船级社《海上拖航指南(2012)》中,海上拖航的总阻力 R_T 可以按以下经验公式计算:

$$R_T = 1.15[R_f + R_B + (R_{ft} + R_{Bt})] \tag{5-7}$$

式中:R_f 表示被拖船的摩擦阻力;R_B 表示被拖船的剩余阻力;R_{ft} 为拖船的摩擦阻力;R_{Bt} 为被拖船的剩余阻力;其中,被拖物的摩擦阻力 R_f、剩余阻力 R_B 按如下方法近似确定:

$$R_f = 1.67 A_1 v^{1.83} \times 10^{-3} \tag{5-8}$$

$$R_B = 0.147 \delta A_2 v^{1.74+0.15v} \tag{5-9}$$

式中:A_1 为船舶或水上建筑物的水下湿表面积(m²);v 为拖航速度(m/s);C_b 为方形系数;A_2 为浸水部分的船中横剖面积(m²);其中,湿表面积 A_1 若无详细资料,可按如下方法求得:

正常船舶

$$A_1 = L(1.7d + C_b B) \tag{5-10}$$

运输驳船、艏艉有线性变化的箱型船

$$A_1 = 0.92L(1.81d + B) \tag{5-11}$$

没有任何载重线性变化的箱型船及水上结构

$$A_1 = L(2d + B) \tag{5-12}$$

式中:L、B、d 分别为船长、船宽和拖航吃水(m);C_b 为方形系数。

此外,拖船阻力 R_{ft}、R_{Bt} 可使用拖船的设计资料。如无资料也可按计算被拖船的公式(5-8)~(5-12)近似计算。

对于受风面积特别庞大的钻井平台或其他水上建筑,其拖航阻力应按下式计算,并取(5-13)和($R_f + R_B$)的较大值:

$$\sum R = 0.7(R_f + R_B) + R_a \tag{5-13}$$

式中:R_f 为被拖船的摩擦阻力;R_B 为被拖船的剩余阻力;R_a 为空气阻力,按下式计算:

$$R_a = 0.5\rho v^2 \sum C_s A_i 10^{-3} \tag{5-14}$$

式中：ρ 为空气密度(kg/m^3)；v 为风速(m/s)；A_i 为受风面积(m^2)，按顶风计算；C_s 为受风面积 A_i 的形状系数，按表 5-2 选取。

表 5-2 形状系数 C_s 值

构件形状	C_s
球形	0.4
圆柱形	0.5
大的平面(船体、甲板室、平滑的甲板下表面)	1.0
成群的甲板室或类似结构物	1.1
钢丝绳	1.2
钻井架	1.25
甲板下暴露的梁和桁材	1.3
小部件	1.4
独立的结构(起重机、梁等)	1.5

根据规范要求，应选取使得计算结果较大的公式作为最终计算公式，其计算结果为最终参考阻力。

五、拖船备航

拖船备航是拖航任务前的重要准备工作，以下是对各项备航任务的详细说明：

(1)召开船务会议，明确拖航任务，具体分派备航任务，使全体船员清楚各自的职责和工作内容。

(2)确保船舶相关证书有效，这是船舶合法运营的依据。船员配置符合国家主管机关规定，如《中华人民共和国船舶最低安全配员规则》，拖带作业复杂时可增加船员，且所有证书在有效期内，以保障船员具备相应的资质和能力。

(3)检查主拖缆、龙须缆(链)、卸扣、三角眼板等拖曳索具的技术状况，使其符合拖航技术要求，通常拖船拖航索具强度与拖船系柱拖力相匹配，不符合要求的索具应立即更换或申请购置，以确保拖航过程中索具的安全性和可靠性。

(4)确认船上保存的海图在区域和精度等方面能满足本次拖航需要，不满足时应立即向公司申请购置，为拖船提供准确的航海信息，保障航行安全。

(5)制订航行计划和拖航手册，并提交审批，为拖航过程提供详细的操作指南和应对措施。

(6)确认主机、辅机、拖缆机、工作艇、撇缆设备、信号设备、通信设备、救生消防设备、系泊设备等主要设备符合本次拖航要求，确保设备在拖航过程中能正常运行，保障船舶和人员的安全。

(7)根据拖航所需时间(考虑最不利环境)和船员人数，足量配置燃料、淡水、食品，并有适当备用储备，以满足拖航过程中船员的生活需求和船舶的运行需求。

(8)获得被拖物及其船东、代理、引航员、港口、海事部门等各方的联系方式，便于在拖航过程中及时沟通和协调。

(9)天气和海况信息，包括：检索并掌握前往起拖点(或救助点)的拖航航线全区域的天气和海况历史信息,做好应对不利天气及海况的准备工作。保证在任意航段能够获得气象及海况预报,以便及时调整航行计划,避开恶劣天气和海况。

(10)起航前其他事项,包括:检查抛锚、起锚是否有阻碍,确定是否需要其他船配合,确保船舶能够顺利起航和锚泊。处理好报关出口事宜,保证拖航任务符合相关法律法规和海关要求。

六、起拖前验船师对被拖物的检查

拖航前对被拖物的检查至关重要,直接关乎拖航能否顺利进行。通常,被拖物在进行海上拖航之前,均需要经过船级社指定验船师的检验,并取得适航证书后方能起航。例如,中国船级社(CCS)颁布的《海上拖航指南(2012)》中规定,验船师对被拖物的拖航检验应包括:

(一)证书和文件

验船师需确认被拖物证书及相关文件的有效性。

(二)船体结构强度

(1)若被拖船舶的结构强度符合 CCS 现行海船规范或其他公认标准,且在标准气象与海况环境条件下拖航,则认为其结构强度满足要求。若被拖物为遭受海损或机损而失去动力的机动船,其损坏部分应进行永久性或临时性修理,以恢复所要求的强度和水密完整性,如此则认为其结构强度和水密完整性满足要求。

(2)若被拖物并非按 CCS 现行海船规范或其他公认标准设计的船舶,则应在标准气象与海况环境条件下采取加强措施,或限制在气象和海况良好的季节或区域进行海上拖航。对于浮船坞海上拖航,应特别注意拖航期间的总扭应力。

(3)拖航期间,若被拖物载有重件设备、构件或货物,拖航公司或被拖物管理人应提供校核支承结构和系固装置的报告,以证明其具有足够的拖航强度。装载导管架或其他大型设施的驳船,其尺度应与导管架或其他大型设施尺度相适应,且驳船的甲板结构应做适当加强,以使其具有足够强度。

(4)拖力点,包括拖力眼板、拖缆桩和导缆钳,应按船旗国主管机关或公认机构关于拖带设备的标准设计,且应能承受由系柱拖力决定的主拖缆最小破断负荷的 1.3 倍而不发生永久变形。其船体结构的相应部位应予以加强。

(5)采用双龙须缆时,拖力眼板应两侧对称布置。

(三)完整稳性、破损稳性

(1)被拖物在拖航期间的完整稳性应满足船旗国主管机关的要求。为避免被拖物在拖航期间自由液面对其完整稳性产生影响,建议被拖物的所有液舱在拖航期间保持装满或空舱状态。

(2)为避免运载导管架或其他大型设施对被拖物完整稳性和破损稳性产生影响,应考虑导管架及其他大型设施的装载与布置。

(3)拖航期间值班超过 12 人的被拖物,破损稳性应按船旗国主管机关规定进行校核。

(4)拖航期间,为保持拖队航向稳定及减少被拖物的砰击,被拖物应具有适当的拖航吃水,并建议保持一定的艉倾。被拖物的装载、吃水和纵倾应符合拖航计划和拖航稳性要求。

(5)被拖物应有适当的吃水和纵倾,建议其沿拖带方向具有适当的艉倾,至少应为水平状态,但无论如何不应存在艉倾。被拖物(船舶)拖航出海时的艏吃水及艏艉吃水差建议参考见表 5-3,箱型驳被拖物一般艉倾较小或无艉倾。

(6)被拖物的艉倾由拖航船长或拖船船长决定。

(7)装载导管架或其他大型设施的艉倾,应与装载和海上安装程序相协调。

表 5-3 艏吃水及艏艉吃水差

船长/m	艏吃水/m	艏艉吃水差/m
30	0.9	0.3
60	1.8	0.6
90	2.4	0.8
120	3	1
150	3.5	1.1
180	4	1.3
210	4.8	1.5

注:根据实践经验,被拖物拖航的艏艉吃水差与船舶长度比,随着船舶长度增加而减少。根据操作经验船长超过 150 m,其艏艉吃水差通常约为船舶长度的 0.75%。经验证明,过大的艏艉吃水差是不可取的。

(四)防止进水措施

(1)对于装载甲板货的被拖物,需确保干舷甲板排水设施有效,同时保证甲板货物的装载不会影响原干舷核定条件或船旗国主管机关的相关规定。

(2)露天干舷甲板舷墙板上的排水活动挡板,应能够灵活启动。所装载的甲板货物或甲板上的固定设施,不得妨碍流水口及流水孔的畅通。

(3)露天干舷甲板和上层建筑甲板的各类开口关闭装置均应有效。

(4)关闭装置的要求。

① 针对各类海上船舶:舱口、通风筒、空气管、门、窗及其他可能使海水流入船内并影响其稳性的开口,均需进行风雨密关闭;舷窗的风暴盖应关闭并牢固固定;船体内的任何水密门或其他关闭装置都应处于关闭状态;在拖航过程中无须使用的海底阀及其他船旁排放阀,均应予以关闭;卫生用水排出口的关闭装置应尽可能切实固定。

② 对于其他被拖物,应采取切实可行的措施,尽量满足上述①中的各项要求。对于无船员值班的被拖物,位于干舷甲板以下各舱室的舷窗以及干舷甲板以上第一层上层建筑或甲板室的舷窗,若配有风暴盖,应将风暴盖关闭并锁定;若没有风暴盖,则应尽可能在外侧采用钢板或其他有效方式进行适当防护。对于有船员值班的被拖物,除船员需要使用的开口外,其他所有可能使海水流入船内的开口,也都应进行风雨密关闭。

(5)检测泄漏设施及配备防损堵漏器材。所有货舱内的污水沟、污水井、双层底舱、空舱、隔离舱和油、水舱等,均应配备测量装置;应确保露天甲板上各油、水舱柜测量管系封盖的密封性良好;被拖船应配备适量的防损堵漏器材。

(6)对于拖航期间无人值班的被拖物,出港时应在艏吃水线以上合适位置,绘制宽度为0.5 m、长度不小于 1 m 的标志线,标志线颜色应与船壳板油漆颜色相反,以便拖航期间拖船船员观察被拖物的异常变化。若实际情况操作困难,可适当缩小尺寸。对于不载甲板货的驳船,若条件允许,应尽量满足这一要求。

(五)排水和泄水措施

(1)被拖船舶的货舱、机舱和水密舱柜一般应设置排水设备,以排除舱内积水,确保船舶在拖航过程中具有足够的浮力和良好的漂浮性能。

(2)被拖船舶的舱底泵、压载泵或其他种类的排水泵及其管系和吸口,应在拖航时保持有效状态。各舱舱底水支管吸口处的过滤器应有可靠的保护罩或防护格栅等可靠的防护装置。

(3)如被拖船舶无排水设备,则应至少配备一台独立动力驱动的移动式排水泵。排水泵的扬程和排量应按被拖船舶的尺度和舱容大小而定。

(4)除船舶安全以及船员生活必需外,所有进、排水阀均应关闭,并在手柄上绑扎钢丝或采取其他防止阀被松开的有效措施。

(六)锚泊设备

(1)除非由于被拖物的设计条件或实际不可能,被拖物上应配备在恶劣气象条件下可以固定被拖物的锚泊设备,并备有与之适应的锚链或钢丝绳,其布置应便于在应急状态下由被拖物上的人员或登上被拖物的人员进行抛锚。

(2)被拖物若已配备锚泊设备,其锚泊设备应处于随时可用的良好、有效状态。

(3)被拖物若没配备锚泊设备,至少应为拖航临时配备一只锚,且应满足下式要求:

$$W = 7 \times \Delta^{2/3} \tag{5-15}$$

式中:W 为锚重;Δ 为拖带排水量。

锚链直径应与锚重相适应,长度不少于 5 节。锚链可采用钢丝绳代替,若采用钢丝绳,其最小破断负荷应不小于锚链破断负荷,其长度应不小于 1.5 倍的锚链长度。

(4)被拖物的锚,包括临时配备的锚,应能迅速投放。

(七)舵与螺旋桨

(1)如拖航期间需要使用舵设备,操舵装置应处于良好工作状态。

(2)如拖航期间不需要使用舵设备,舵叶应固定在船舶中心线位置。若需将舵固定在一定角度,应与拖船船长协商确定。对于已固定舵位的舵,航程中如需用舵或转换舵角,使用后应重新固定。

(3)设有辅助推进装置的被拖物,拖航期间不需要使用者,应采取防止推进装置发生转动措施。

(4)被拖物为遭受海损或机损失去动力的机动船,舵叶应固定在船舶中心线位置,且应采取防止推进装置发生转动的措施。

(八)号灯、号型与发出声响信号设备

(1)被拖物应显示以下号灯和号型:①两盏舷灯;②当拖带长度超过 200 m 时,设一盏艉灯,并在最易见处显示一个菱形体号型。

(2)被拖物的号灯、号型及声响信号装置的设计及位置应符合《1972 年国际海上避碰规则》的规定。如有可能,应提供双联装号灯系统。

(3)拖航期间,无人值班的被拖物应备有足够的能源,供航行灯持续使用至拖航目的港。

(4)拖航期间,有人值班的被拖物上,应按《1972 年国际海上避碰规则》第 35 条的规定能在能见度不良时发出声响信号。

(九)登乘设施

被拖船舶两舷应安装固定的钢梯或钢踏步,以便人员能从拖船或其他船舶登上被拖物。若具有系固和稳定绳梯的安全措施,也可考虑使用绳梯。

(十)有人值班被拖物的附加要求

(1)被拖物的值班人员应尽可能地限制在拖航作业所需的最少人数。

(2)有人值班的被拖物应配备合适的居住舱室、卫生设备及炊事设备,并储存足够的食物、淡水和燃油,以满足拖航期间船员的生活需要。

(3)有人值班的被拖物在拖航时,应配备能与拖船做有效联系的通信设备,如采用便携式甚高频(VHF)无线电话,应配备两套,并配备两套足够供一个航次使用的电源。

(4)有人值班的被拖物上至少应配备下列救生设备:每舷配备能容纳船上所有值班人员的气胀式救生筏1只,如登筏处离水面高度超过4.5 m,应配备降筏设施,除非被拖物的设计或条件限制实际不配备;救生圈4个,其中2个设有自亮灯,另2个配有浮式救生索;救生筏存放处配备绳梯1具;每人配备救生衣1件;降落伞火箭信号6个,手持火焰信号6个,手提式闪光通信灯1只;抛绳设备4具。

(十一)货物与设备绑扎和固定

(1)被拖物载运的货物,在拖航期间应予以可靠绑扎和固定,以防止货物在拖航期间发生移动、损坏,进而影响被拖物的稳性。

(2)被拖物如浮船坞和工程船舶的设备,如起重机、挖泥设备、铺管设施和打桩机等,及其甲板上及舱室内的设备、机械等应予以绑扎和固定。

(十二)灭火设施

拖航期间有人值班的被拖物,应根据被拖物的类型、载运货物的性质配备便携式灭火设施,一般可配备便携式泡沫灭火器。

(十三)拖力点

(1)拖曳设备,如拖力点(拖力眼板或拖桩)、拖缆孔(导缆孔)、拖曳环、卸扣等,应符合拖航环境的气象衡准,且具有足够的保持拖带方向的能力。拖力点的强度,应根据被拖物的尺度、形状以及拖航速度来衡准。

(2)被拖物上至少应有2组拖力点(拖力眼板或拖桩),以及能穿过摩擦链的导缆孔,被拖物上合适的系缆桩或锚泊装置也可作为拖力点。导缆装置的形状应能防止摩擦链的链环承受过大的应力。

(3)使用龙须缆(链)、三角板与主拖缆连接的被拖物。其导缆孔或用作导缆孔附近的易磨损区域应采用防磨设施。

(4)拖缆附件应设计成能承受来自任何可能方向的拖缆拉力,必需时,应使用导缆孔。拖带配件的设计应同时考虑正常和应急两种状态。

(十四)防污染措施

为降低拖航期间的污染风险,被拖物在拖航期间携带的燃油数量应尽量少,燃油总量应仅限于安全及正常作业所需的数量。

(十五)其他

拖航期间无人值班的被拖物,若有必要(如航线长、设有临时居住舱室等),应配备适当数量的食物、淡水和燃油，以备紧急情况使用。

七、起拖前拖船船长对被拖物的检查

除验船师之外，拖船船长在拖拖前对被拖船的检查同样至关重要。在此特别需要纠正一种当前较为普遍的观点，即认为对被拖船舶的检查仅是验船师的职责，与拖船船长或拖船船东无关。这种观点是错误的。验船师检验和发证，主要作用在于代表国家履行职责与义务，完善法律文件。例如，起拖前拖船报关出口时，海事局通常需要查验适拖证书；此外，拖船和被拖物的保险条款也明确规定需取得相关机构签发的适拖证书。而且，尽管验船师专职负责检验工作，但并非所有验船师都具备丰富的海上拖航经验。在实际拖航活动中，可能会遭遇各种气象、海况、地理及地质条件；若验船师自身缺乏足够的拖航经验，往往难以精准发现潜在威胁。因此，一份适拖证书并不能切实保障拖航过程中的安全。一旦拖航船队起航，拖船和被拖船的安全便完全落在船长的责任范畴内。所以，拖船船长应会同验船师共同对被拖船进行检查，若发现影响拖航安全的潜在威胁，应及时指出，并要求被拖方在拖航前完成整改，达到相关要求。拖船船长对被拖物的检查，主要应关注以下几点。

(一) 船体结构强度

(1) 被拖船舶应具备足够的船体结构强度。例如，若符合 CCS 相应的入级规范或其他认可标准的要求，且其拖航航线处于船级附加标志或核定的航区限制范围内，则可认为其结构强度足够。对于故障船舶，若无法判定被拖物强度是否满足拖航要求，或对强度问题存在疑虑，应要求被拖船提供强度计算报告或相应资料，也可向拖航公司本部寻求技术支持。

(2) 若被拖船舶为海损船舶，其损坏部分应进行恢复强度和水密性的永久性或临时性修理，以确保拖航时具备必要的强度和水密性。必要时，应由验船师出具检验报告。

(3) 若被拖船舶载有重件，支承结构和系固装置均需进行强度计算，且应具有足够强度。

(4) 用于拖带的拖力眼板、拖缆桩、导缆钳等部位的船体结构，应具备足够强度。

(二) 完整稳性、破舱稳性与浮态

(1) 被拖船舶应校核拖航时出港和到港状态的完整稳性，在计及自由液面的影响后，其完整稳性一般应满足船级社的相关要求。

(2) 对于船上搭乘乘客超过 12 人的被拖物，或按船级社规定应校核破舱稳性的船舶，在拖航时若发生破损导致一舱进水，其破舱稳性和浮态应符合对相应被拖物的要求。

(3) 为降低被拖船舶在拖航中受到的碰击影响，被拖船舶应注意保持适当的拖航吃水，同时应维持一定的艉倾。被拖船上的装载、吃水和纵倾应符合经批准的拖航稳性计算要求。

(三) 货物与设备的绑扎和固定

(1) 甲板上或舱内载运的货物和设备，在拖航期间必须予以可靠绑扎固定。吊杆和起重机也应妥善放置并固定。

(2) 被载运装置内的物件应妥善安置并固定，以防止这些物件在拖航过程中因移动而对稳性产生不利影响或造成损坏。

(3) 凡是可能因水或其他因素而导致损坏的物件，均应给予适当防护。

（4）对于工程船舶，如起重船、挖泥船、打桩船、浮船坞等，其甲板上及舱室内的设备、机械等的绑扎和固定方案应进行特殊考量。

需要指出的是，部分被拖物正是由于未重视货物和设备的加固工作，导致货物移动，进而引发船舶倾斜或甲板货翻倒入海。对于装运的重大件货物，如石油炼化设备、港口机械、火车头等，除了采用钢丝绳及花篮螺丝进行"软固定"外，还必须实施电焊"硬固定"，使这些重大件货物与船体连为一体。对于特别超重、超高的重大件货物，如驳船装运集装箱桥吊、导管架等，还需经过专门计算，并设计绑扎加固方案，甚至对船舶局部进行加强。有条件的情况下，还可进一步开展物理或数值模型实验。这些设计、计算和实验一般由货主或其聘请的技术公司完成，并需经船级社审查通过。

八、拖曳装置的检查

拖曳装置是指被拖物上的拖具，包括拖力点（拖缆桩或拖力眼板）、应急拖缆、回收缆等。在有些拖航中，龙须缆（链）、三角板及卸扣也是由被拖物提供的。应重点检查拖曳装置的强度和防磨情况是否满足要求，被拖物的拖桩、拖环及导缆孔是否与拖力相适应，以防发生拉断拖桩和拖力点的事故。

一般拖航主要是利用主拖缆拖带。主拖缆根据该拖船的系柱拖力配备，确定尺寸。当一艘拖船拖带多艘被拖船时，除其中一艘利用主拖缆拖带外，其余被拖物则需选择拖缆，即确定拖缆直径，因为在拖缆其他性能指标均完好时，拖缆安全强度主要取决于其直径。拖缆安全强度[拖缆的安全负荷（SWL）]与直径满足如下关系：

$$T = \eta D^2 / N \tag{5-16}$$

式中：T 为拖缆安全强度（t）；η 为拖缆强度系数，钢丝缆取 0.045；D 为钢丝缆直径（mm）；N 为安全系数。短程拖带且海面平稳、海况较好时，N 取 4；远距离拖带或风浪较大时，N 取 6~8。

另外，最小破断负荷也是衡量拖缆强度的指标。《海上拖航法定检验技术规则》规定：主拖缆和备用拖缆最小破断负荷按拖船系柱拖力 F_t 决定。正常作业情况下，拖缆所承受的负荷应不超过其破断负荷的 50%。拖缆最小破断负荷和拖船系柱拖力的关系见表5-4。

表 5-4　拖缆最小破断负荷和拖船系柱拖力 F_t 的关系

系柱拖力 F_t /kN	最小破断负荷/kN
<392	3 F_t
392~883	$(3.8 - F_t/491) F_t$
>883	2 F_t

此外，拖航索具还应满足以下要求：

（1）被拖船上至少应有两个合适的着力点（拖力眼板）以及能穿过拖链的合适导缆孔，用于拖曳作业。导缆装置的形状应能有效防止拖链的链环承受超过其极限的弯曲应力。被拖船上合适的缆桩或等效装置，也可作为拖力点。

（2）拖力点至少应能承受 1.3 倍拖缆或拖链的破断拉力。

（3）按照 IMO MSC.35（63）决议案《油船应急拖带装置指南》要求设置的油船应急拖带装置，也可用作拖航的拖力点。需着重检查被拖船的拖桩、拖环及导缆孔是否与拖力相匹配。以往曾发生过拖航过程中拖桩被拉断的事故。因此，要安装好防磨衬垫，避免舷边或其他"快口"对拖缆造成磨损。

(4)检查回收缆。在龙须缆(链)的末端(若使用单根链或缆,则在该链或缆的末端)必须设有回收钢丝绳,且该钢丝绳应引至被拖物前部。回收钢丝绳缆的破断强度不得小于200 kN。对于一些无动力、无人值守的船舶,若在港口内进行接、解拖操作且有吊机协助,可根据实际情况决定是否使用回收缆。

(5)检查应急拖缆。若为远洋拖航且被拖船上无人,则需在被拖船上准备一条应急拖缆。该应急拖缆的长度不得小于75 m,其一端应妥善连接应急龙须缆(或单根缆),而应急龙须缆(或单根缆)则连接在应急拖力眼板或拖缆桩上。应急拖缆可用小细索绑扎在被拖物甲板边缘易于释放的位置。为方便拖船拾取,在应急拖缆的另一端应连接带有发光小浮标的随拖索,该随拖索应具备浮水性能,且破断强度不小于300 kN。被拖物末端与该小浮标之间的距离应不小于50 m。

九、航前安全会议

拖航前,应由有关各方召开相关的航前会议。这是确保拖航安全和成功的不可或缺的重要步骤,也是拖航前的最后一道安全防线。

船长主持召开航前会议,宣布航次任务与注意事项,组织分部门制定措施,并承担全面责任。参加人员为全体船员,若被拖物有人值守,其值守人员也应参与会议。会议主要内容包括:

(1)船长、政委(若配备)介绍本航次情况并进行动员,布置航前的有关注意事项和检查要求。

(2)大副介绍本航次拖航情况及航行途中的注意事项,包括风浪中防止滑动的加固器具及使用要求,断缆时的应急设备,以及安全应急预案等内容。

(3)二副汇报总航程、航行时间、海图和图书的配备情况、改正情况以及重要航区。

(4)轮机长根据船长的相关要求,介绍并布置轮机部的工作情况及规定,还有燃油、润滑油的储备情况。

(5)管事(部分船舶由政委兼任该职务)介绍淡水、主副食、物料、备件、医药品等的储备情况。

(6)到会人员要集思广益,共同提出保障拖航安全的防范措施。

十、海上接拖、解拖安全操作

1.接拖

海上接拖操作是指在拖船船尾送出拖缆,并与被拖船船首的系缆进行连接。该工作的要点如下:首先,拖方与被拖方需做好接拖准备,拖方事先松出一段拖缆,并准备2~3根撇缆绳和1根引缆;然后,拖船要抓紧时间驶近被拖船,以便拖缆及龙须缆能迅速送上被拖船,同时被拖船需迅速且正确地将龙须缆(链)套在缆桩上并连接到拖力眼板上。如果接拖时天气状况良好,建议尽量使用撇缆递送主拖缆,只有在天气恶劣、拖船不便驶近待拖船的情况下,才使用撇缆枪。

2.解拖

当拖航船队抵达交船水域之前,拖船应提前减速,同时收短拖缆。当拖缆收短至100~

200 m,船速降至 1 kn 以下时,拖船继续收短拖缆,直至拖船能够向被拖船撒缆。随后,带上合适强度的尼龙缆,待尼龙缆受力后,解掉并回收主拖缆。拖船和被拖物不可距离过近,拖船可在水面放置系有绳索、大小合适且盛有一半水的塑料瓶或浮标,使其随风浪或水流漂至被拖物旁边,被拖物捞起后将其作为引缆,再带上尼龙缆。回收主拖缆的同时,被拖物的接收拖船(一般是操作灵活的港作拖船)可进行接拖操作。等拖船回收主拖缆完毕并解掉尼龙缆后,接收拖船控制被拖物,完成被拖物的不抛锚交接。

十一、起拖

(1)起拖时,若拖缆太短,极容易出现断缆或拔出被拖船缆桩的情况。拖缆系结妥当后,应先以微速进车,使拖缆承受适度的拉力,然后再松放拖缆。若天气和海况良好,被拖船会随着拖船逐渐掉头转向,当被拖船转至预定航向后,继续松放拖缆。

(2)当拖缆放出达到预定长度后,应逐渐加大车(加大主机功率),防止拖缆突然受到过大的拉力。要注意既不要让拖缆露出水面,也不要让其垂至水底。当主机负荷增加到40%后,需观察被拖船的跟随状态。

(3)如果被拖船没有出现偏荡或其他异常问题,可逐渐将主机负荷增加到70%。一般来说,在良好天气条件下,主机负荷不应超过70%。

(4)通常情况下,放出的拖缆长度约为拖缆全长的 2/3,但具体长度需要根据航途的水深情况来确定。因为拖缆过长容易拖底,过短则容易抬离水面。

十二、航途要点

(1)在正常天气状况下,主机负荷的运用不宜超过 75%。当拖船在波浪中出现剧烈运动、被拖船发生偏荡,或者主机显示超负荷等情形时,应当相应地减小拖力。

(2)可通过放长拖缆或者降低拖力的方式,防止拖缆因露出水面而发生断裂。

(3)需定时检查各摩擦点处拖缆保护器的状况,尤其是艉横滚筒处。同时,要定时收放拖缆,以此变换拖缆的摩擦部位。

(4)在任何时候,都必须避免拖缆和拖具过度弯曲而触底。

(5)当天气恶化时,应当减速并调整航向,维持对被拖船的有效控制(而非急于前往避难港)。

(6)作为一般性原则,在拖带大型船舶遭遇极端恶劣天气时,只要条件允许,应采取顶浪拖航或者滞航的方式,避免顺浪航行。不过,有时需要依据拖航状态、所处位置、风暴类型等具体情况,对上述一般原则进行灵活调整。

十三、拖航的指挥及通信

1.指挥

拖航中的指挥方式依据拖航性质有所不同,指挥人员也相应地存在差异。例如,当一艘大船因在港口附近操纵设施不够灵便,雇佣一艘拖船协助进港时,此时拖船仅承担协助拖带任务,拖船船长并不负责拖航指挥,大船应由雇主船长或引航员进行指挥。再如,当三艘拖船拖带一艘被救船进港(其中一艘采用吊拖方式,另两艘分别在被救船的右舷或左舷傍拖),这种情况下的拖航通常由救助单位指派的船长负责指挥。若拖船执行签订了拖航承包合同的拖航任务,那么从接收被拖船开始,直至抵达目的港并移交被拖船为止,均由拖

船船长负责指挥,其指挥过程可划分为以下几个阶段:

(1)起拖前:确认所了解的被拖船情况是否属实,起拖准备工作是否全部完成,并合理选择起拖时机。

(2)航途中:及时收听气象预报;定时查看被拖船舶的吃水是否发生变化;若被拖船舶上有船员留驻,需定时进行查询;检查拖船的拖索与被拖船船体接触部分是否存在摩擦痕迹等。

(3)解拖、交船:由拖船船长决定抛锚或交船的地点与时机。

2.通信

拖航过程中,拖船与被拖船之间必须随时保持通信联系。若被拖船上有船员随船,除了按照规定进行正常值班外,每个航班还需对该船进行一次检查。检查的重点包括拖缆有无摩擦、水密情况以及货物状况等,检查结果应通过对讲机或规定的旗号告知拖船。因此,在拖航前,应检查通信旗帜和对讲机是否配备齐全,并制定拖航过程中简单的联系信号等。

第四节　案例介绍

以下,根据文献对某大型平台由长江至琼州海峡的拖航过程展开介绍并进行讨论。

(一)工程概况

本节以"德x"拖船拖带"东方x"自升式钻井平台从南通招商局重工码头驶出长江,南下至琼州海峡的实际经验为例,介绍编队、平台拔桩、离码头、拖带出江、海上航行、进琼州海峡期间的通航过程及存在的风险,同时对拖航作业的安全保障措施进行探讨,以期为该类作业提供参考。

"德x"拖船拖带"东方x"平台从南通招商重工码头启拖,途经上海界,出南槽后继续向南航行,进入琼州海峡,计划10天到达琼州海峡东口临时插桩点,总航程约为1 171.4 n mile。拖船及被拖平台的基本参数见表5-5。

表 5-5　拖船及被拖平台基本参数

船舶名称	参数	数值	单位
"德x"拖船	船长	89.96	m
	型宽	17.20	m
	型深	8.50	m
	吃水	6.50	m
	系柱拖力	200.0	t
"东方x"自升式钻井平台	船长	101.87	m
	型宽	76.00	m
	型深	9.45	m
	吃水	6.40	m
	桩腿高度	166.98	m

(二)拖航阻力及速度计算

依据中国船级社(CCS)《海上拖航指南(2012)》附录2中的海上拖航阻力估算方法,

结合大型海上拖航经验实际拖力计算公式,按照顶风 20 m/s,顶流 0.5 m/s,有效波高 5 m 计算得到拖带"东方 x"平台的总阻力以及"德 x"拖船的拖力,拖力及阻力曲线,见表5-6及图 5-15。由图 5-15 可知,当主拖船发挥 80%的主机功率时,拖航速度为 6.0 kn,阻力为 105.38 t。考虑浪、流、风的影响,预计整个航程拖航速度为 5.0 kn。

表 5-6　拖航总阻力计算表

阻力名称	不同航速时的阻力计算结果							
	1 kn	2kn	3 kn	4 kn	5 kn	6 kn	7 kn	8 kn
$V/(\mathrm{m \cdot s^{-1}})$	0.51	1.03	1.54	2.06	2.57	3.08	3.60	4.11
R_f/kN	4.47	15.89	33.37	56.49	84.99	118.65	157.31	200.86
R_B/kN	17.07	60.27	134.33	250.38	425.32	683.48	1 059.38	1 601.77
R_a/kN	201.30	201.30	201.30	201.30	201.30	201.30	201.30	201.30
R_{ft}/kN	0.95	3.38	7.09	12.01	18.06	25.21	33.43	42.69
R_{Bt}/kN	1.77	6.23	13.89	25.90	43.99	70.69	109.58	165.68
$\sum R_1/\mathrm{kN}$	219.50	265.67	342.82	459.70	629.87	873.08	1 217.45	1 702.76
$\sum R_2/\mathrm{kN}$	27.89	98.64	216.99	396.49	658.21	1 032.74	1 563.66	2 312.65

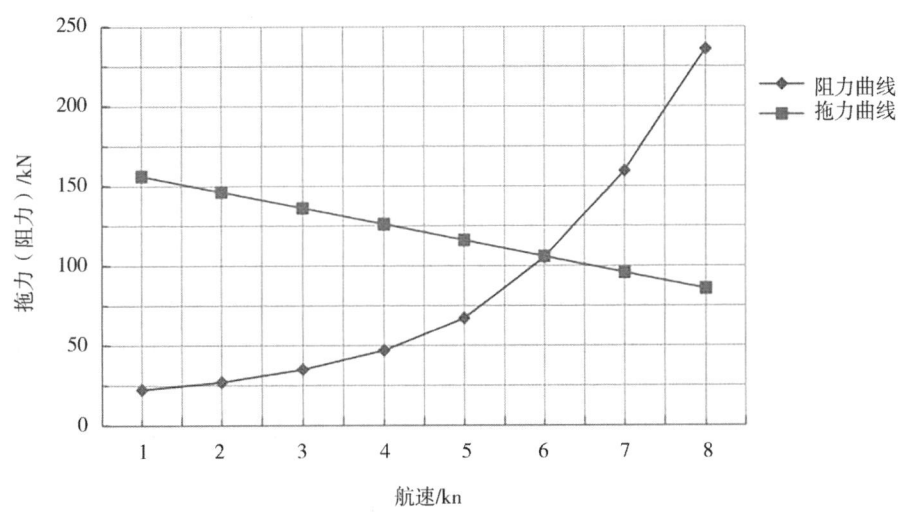

图 5-15　拖力及阻力曲线

(三)拖航组织和流程

1.拖航组织

设立拖航领导小组。由拖航组织单位代表担任拖航领导小组组长,拖航领导小组成员涵盖钻井部代表、钻井平台经理、船厂方代表、拖航船长、主拖船船长等相关人员,他们负责船组作业的现场指挥与协调等工作。

2.拖航流程

(1)接拖/带缆。主拖船接到拖航船长的带缆指令后,依据当时的风、流、海况等实际情况,操控船舶靠近钻井平台船头的龙须链/缆,与钻井平台的工作人员相互配合,系好拖缆。

（2）拖航中。主拖船船长负责在航行过程中指挥主拖船和护航船拖带钻井平台。当收到大风警报后，主拖船船长有权决定采用某一具体的航行方案。护航船船长则负责配合主拖船船长，共同完成拖航任务。

（3）钻井平台入场、就位。主拖船听从拖航船长的指挥，护航船负责协助主拖船完成钻井平台的就位工作。

（4）解拖/解缆。待钻井平台完成升压载操作后进行解拖。主拖船接到指令后，将锚绞起，收回拖缆，并根据当时的风、流、海况情况，操控船舶靠近钻井平台船头的龙须链/缆，与钻井平台人员协作，解开拖缆。

（四）拖航作业过程概述

1.码头至主航道的拖航过程

拖航前，系泊在码头的被拖船"东方 x"平台调整至最佳接拖方向。在被拖船起桩前，"德 x"拖船在"东方 x"平台前方下锚。借助艏艉侧推器及推进器，使船尾尽可能靠近"东方 x"的接拖点，连接好主拖缆。当"德 x"拖船起锚并放出主拖缆至 100 m 位置时，稳住船位，让"东方 x"平台起桩。待"东方 x"平台起桩完成后，"德 x"拖船慢慢起拖，使主拖缆保持受力状态，待受力均匀且船位摆正后，慢慢加大车速，完成离泊操作，驶向下一航点。离泊时两船的姿态见图 5-16。

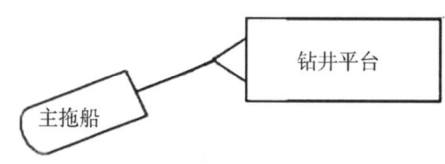

图 5-16　离泊示意图

在进入主航道前，需谨慎驾驶，加强瞭望，留意海门过驳区进出的船舶，并发布船舶动态信息，让巡逻艇保持安全戒备状态，以确保安全驶往下一航路点。由于处于初涨水期间进港船舶较多，在进入主航道前应发布船舶动态，引起过往船舶的注意，并保持联系，确保在安全距离通过。同时，协调各辅助船及巡逻艇做好警戒工作，控制船队在 13#～14# 浮标之间进入主航道。进入主航道后，沿白茆沙南水道航行，航向转至 126°。因转向角度较大，需注意风流压差的影响，尽量提前进行小角度转向，防止突然大角度转向导致被拖船出现偏荡现象，之后沿浏河口航道、宝北水道下水航行。

2.南通至上海南槽的拖航过程

在南通至上海南槽的拖航过程中，安排主拖船"德 x"、两艘辅助拖船及一艘警戒拖船，具体的拖带位置及距离见图 5-17。"德 x"拖船原计划下午出港，根据天气预报，该海域当晚将有长江气旋入海，相关海域天气会变得恶劣。相关决策者依据中国船级社和保险公司签发的适航证中特别注明的开航时的天气要求，决定临时改变开航时机，改为 5 月 20 日下午出港。

"德 x"拖船船组于 21 日凌晨 1 时抵达宝山大灯浮，进入上海港界。21 日上午 9 时左右，拖带船组到达圆圆沙灯船，当时仍处于退水状态，最快航速达到 6.7 kn，这表明顺利通过南槽已无问题。12 时 30 分，拖带船组安全抵达九段灯船，基本顺利完成出港任务。

3.出港后至琼州海峡的拖航过程

出港后至琼州海峡的拖航过程中，取消两艘辅助拖船及一艘警戒拖船，具体的拖带位

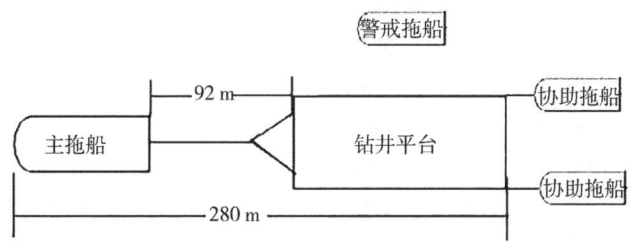

图 5-17　航行示意图

置及距离见图 5-18。

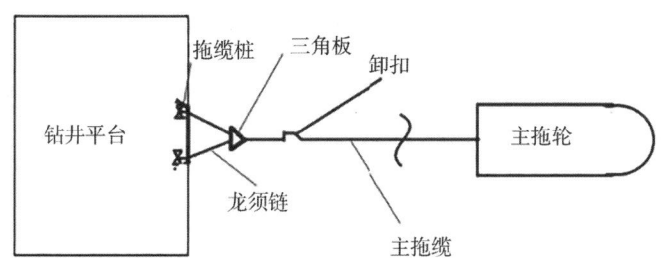

图 5-18　海上拖带航行示意图

（1）主拖缆长度变化。"德 x"拖船离开码头时,拖缆长度为 175 m;到达上海海域时,拖缆长度为 210 m;上海引航上船后,拖缆长度松至 340 m;上海引航下船后,拖缆松至 445 m;到了水深 20 m 的地方,拖缆松至 530 m;到了珠江口外,拖缆松至 580 m。整个拖带过程中,"东方 x"平台未发生偏荡现象。

（2）双车螺距角。出港时,"德 x"拖船双车螺距角最大接近 80%。出港后,双车保持 75% 螺距角,船组平均航速 3.75 kn,系柱拖力在 70~90 t。由于拖船船组一路南下,受西南季风影响,拖船船组一直顶流航行,且受风面积大,严重影响了拖航速度。

（3）接近琼州海峡东口临时插桩点后操作程序。拖船船组于 6 月 3 日凌晨即将到达琼州海峡东口临时插桩点,此时"德 x"拖船严格执行拖航组指令,在指定的航线上航行。通过电子海图大比例显示（如图 5-18 所示）,"德 x"拖船船位始终保持在指定航线上。为确保"东方 x"平台顺利插桩,需使"东方 x"平台艉部向左摆动,"德 x"拖船执行拖船船组右满舵的指令,最终保证了"东方 x"平台顺利完成插桩操作。

4.进琼州海峡要点

琼州海峡过往船舶极为密集,且东西向航行船舶与南北向航行的客滚船航线纵横交错,加之小渔船航行路线不规则,同时海峡内流速较大,出琼州海峡后还会受到季风影响,致使该航段通航难度颇高。针对上述问题,制定了如下应对方案:

（1）气象水文应对:琼州海峡气象水文条件复杂,在航经海峡前,需提前密切关注气象预报。依据气象海况,灵活、随时调整拖带速度以及主拖缆长度,同时切实落实主拖缆的防磨措施。

（2）航路清障与预警:鉴于海峡内穿越船只众多、养殖场密集,在拖航穿越海峡过程中,由护航船舶负责在航路前方进行清障工作,并提前向主拖船舶通报前方航路状况,以便及时避开障碍物。

（3）平台应急插桩准备:为防止在主拖船无法有效控制时,拖带船队漂向危险区域,平台需做好随时插桩的准备工作,确保安全。

(4)应急拖带与拖带方式选择:受琼州海峡水流湍急以及风、流、浪的综合影响,主拖船及平台均应备好应急拖缆,护航船也应配备好拖带设施。一旦本船拖缆断裂,平台方需立即启用应急拖缆,由护航船及时进行挂拖作业。此外,若主拖船遭遇拖带困难,需依据水域实际状况合理选择拖带方式:在通过琼州海峡时,将最大顶流流速航段安排在航道较为宽阔的水域,避免在双向航道内遭遇最大流速而影响船舶避让。在开敞水域、船舶操纵空间充足的情况下,由护航船挂拖平台,与主拖船并行拖带;在水域狭窄、航行水域受限的情况下,护航船挂拖主拖船,采用串拖平台的方式。

(五)拖航重难点及经验总结

1.拖航重难点

(1)根据交通运输部相关文件规定,上海航区夜间禁止大型拖带,这使得南通长江航段与上海航段在时间衔接上难以把控。

(2)"东方 x"平台吃水较深,在通过南槽航段时需要特定潮高,时间难以精准掌握,对拖船拖力的发挥要求颇高。

(3)平台桩腿高、吃水深,受风流影响显著,严重制约了航速以及船舶操纵性能。

(4)长江上海航道、琼州海峡往来船舶密集、障碍物众多,拖带船队占用的通航水域更大,船舶避让难度增加。

(5)对于体积大且形状不规则的平台,受不利自然因素的影响更为突出,平台发生偏移、摇荡甚至断缆的风险增大,应急处理难度高。

(6)出长江、海上拖航、进琼州海峡等不同航段的转换,对航法以及风险点的应对转变提出了更高要求。

2.拖航经验总结

(1)天气预报准确性

此次拖航作业期间发布了 4 号台风警报,由于南澳岛以北没有临时插桩点,准确的天气预报至关重要,尤其是台风预警,它是长距离拖航安全的关键因素。业主公司提供的天气预报较为准确,特别是在 4 号台风预警方面表现出色。相关决策者据此启动防台预案并果断决策,在大风影响之前将平台上的人员撤回,保障了人员安全。

(2)引航的重要性

在此次拖带过程中,鉴于南槽航道的复杂性,长江引航和上海引航凭借过硬的技术以及对所属航道的深入了解,为拖船船组提供了诸多宝贵建议。建议今后同类拖带作业安排上海引航,因其对南槽浅点位置十分熟悉,能针对拖船船组提出许多有针对性的解决措施。此次出港过程中,在引航人员的指导下,拖船船组在退水前顺利抵达圆圆沙灯船,确保了拖船船组顺利出港。

(3)沟通的有效性

拖航组总船长业务精通,与船组各船舶、部门沟通顺畅,使得整个拖带过程中"东方 x"平台基本未出现明显偏荡现象。同时,船舶与岸基相互配合、各司其职,有力保障了此次拖带安全顺利完成。不过,在执行"迅速完成"或"马上完成"指令时,"德 x"拖船虽根据现场风、浪、流条件采取了安全可靠的方式,但因未及时反馈现场安全角度问题,导致沟通存在不足。在无法立即完成指令的情况下,应及时向相关人员反馈现场作业条件及安全隐患,避免沟通障碍。

（4）在横风、横流或有浮标水域中拖航

当拖航船队受横风横流影响需进行风流压角修正时,要考虑采用较大角度进行修正。单船航行只需小角度修正量,而拖航船组往往需要 10°以上的大角度修正。船队在有浮标的水域航行时,应尽量从浮标的下风侧通过,防止被拖船舶刮到浮标。若无法从下风侧通过,则应尽可能远离浮标,确保被拖船舶不会碰撞浮标。

（5）拖缆陷入滚筒

防止拖缆陷入滚筒的方法是,在滚筒上第一层拖缆受力的情况下将其卷紧,使每圈拖缆紧密靠拢,如此一来,各上层拖缆便能顺着下层拖缆整齐排列。若滚筒上拖缆排列存在问题,在拖航中松放拖缆,使滚筒上仅保留最后半层拖缆,加车使拖缆承受 30~40 t 拉力,观察滚筒上保留的拖缆各圈是否紧密靠齐。若存在空隙,则减速使拖缆不受力,然后用大锤将各圈砸紧,再加力至 30 t 拉力,卷绕拖缆。若拖缆引上滚筒的角度不合适,可转动船尾调整拖缆角度。拖缆机自动排缆器调整不当也会引发排缆问题,因此,在收放缆时要随时检查排缆器是否按照滚筒宽度正常运行。

第六章　海洋工程物流装卸搬运

第一节　概述

海洋工程物流中,装卸搬运活动是实现海上结构物等货物运输的重要环节。由第一章可知,海洋工程是工程主体位于海岸线向海一侧的新建、改建、扩建工程。一般来说,海洋工程项目的设施、设备及材料等物资通常需要在位于大陆的工厂生产建造,例如建筑材料、海上石油平台、大型船体船壳或分段、大型港机、海底电缆铺设设备、化工和炼油设备、大型钢结构产品等。然而,这些物资的使用地点则位于远离大陆的海上。这些装备通常需要在陆上运输工具和海上运输工具之间进行换装。根据我国国家标准《物流术语》(GB/T 18354—2021),换装是指将货物由一运输工具上卸下,再装到另一运输工具上的物流衔接作业。此外,在海洋工程安装、拆卸、维修等活动中,装卸与搬运活动同样必不可少。例如,在跨海桥梁建设过程中,大型预制构件(例如桥墩、箱梁等)通常需要驳船等搬运至施工位置,然后再利用起重船进行吊装;有些情况下,具有自航能力的起重船可同时实现装卸和搬运两种活动。

近年来,随着我国经济的快速发展和海上运输业的不断壮大,海洋工程重大件货物的装卸搬运业务越来越多。海洋工程装备通常具有体积大、重量重、形状不规则等特点,这对装卸搬运设备和作业过程提出了严格要求。在这些装备的运输和安装过程中,设备的选择和作业方式必须根据具体的作业需求、环境条件及装备特性进行精确规划。

首先,海洋工程装备的重量和尺寸要求使用高承载能力的起重设备,如起重船、起重机等。此外,重吊船依靠自身设备也能实现部分重大件货物的装卸。举例来说,针对大型平台组块或风电基座,普通起重设备无法满足其重量要求,必须使用专门设计的设备来承载和运输。起重船通常具有较强的吊装能力,可以进行高精度的吊装作业,确保重物安全、稳定地移至指定位置。

其次,对于一些大型且不可分割的海洋装备,常采用浮装方式,即依赖船舶的浮力,将海上平台或风电塔基等大件装备从一个地点运输到另一个地点。浮装作业要求船舶的压载水调配系统能够精确控制船舶的稳定性,防止装备倾斜或出现晃动等不稳定情况。此外,浮装过程中,船舶与装备之间的配合精度、海况影响、潮汐变化等因素都需要高度重视,以确保作业安全进行。

SPMT(自行式平板动力车组)等重载搬运设备在海洋工程中也发挥着重要作用。

SPMT 通过其多轴控制系统,能够将超大型装备精准地搬运到指定位置。其高度可调的功能和精确的位移控制使得 SPMT 在狭小的工作环境中也能顺利完成作业。

在装卸作业过程中,由于海洋环境复杂多变,作业过程也需特别考虑天气、潮汐和海况等因素。尤其是在浮装作业过程中,必须针对这些因素设计详细的操作方案,包括压载水调配、绑扎方案等,确保装卸作业的安全性与稳定性。例如,调整压载水分布以保持船舶的浮态,防止在海况变化时船舶出现倾斜或其他不稳定的情况。

一、海洋工程物流装卸搬运活动的特点

1.非标准

通常,集装箱、矿石、油品等普通货物拥有标准化的装卸搬运设备为之服务。这些货物在港口进行换装时仅需遵循标准化的装卸搬运流程即可,通常并不需要专门进行装卸搬运规划设计。例如,集装箱绝大多数装卸使用标准岸桥;散货由卸船机或抓斗直接将散货卸船;石油则是通过连接好的管道输送至船舶。然而,与海洋工程的运输活动类似,各类超高、超重、形状不规则装备及构件的装卸搬运活动同样属于非标准化的物流活动;通常并没有统一的标准可供遵循。由于每件重大件货物的重量、体积、尺寸、绑点都不同,装卸过程中对稳性和横倾的影响也不一样,所以装卸和运输不同的重大件货物压载水调配计划、积载计划、绑扎计划、衬垫计划都需要专门设计。许多情况下,这些货物在设计和建造时期就需要针对每件装备自身结构的特殊性专门定制换装设备,并设计相应的装卸搬运规则。

2.高技术

重大件货物在装卸过程中,吊机过载时有发生,这就需要配备拉力监测系统进行检测;开始起吊时船舶横倾角很大,这就需要压载水自动调控系统的配合,对操作人员的协同作业水平要求相对较高。此外,受到潮汐影响,滑移装船、滚装、浮装等装船方式对压载水的调载要求也极高。这些装卸方式对操作人员要求很高,不仅需要他们具备丰富的经验和精湛的技能,还要求他们对船舶的压载系统有深入的了解。具体来说,像滑移装船时,货物的滑动速度和方向必须得到精确控制,以防止货物在移动过程中发生倾覆或滑动失控。这就要求压载水系统能够迅速响应,通过调整船舶的横倾和纵倾来保持货物的稳定。对于滚装而言,需要通过调控压载水使码头与船舶的高度差在作业可接受范围内,如果压排水调载不及时会导致无法继续进行滚装或滚卸作业。对于浮装作业,压载水的调控也非常重要。

3.高风险

与常规货物相比,海洋工程中货物的装卸更易受到海洋环境的影响,因而在装卸过程中风险更高。对于集装箱、散货等常规货物来讲,当遇到不利环境时,可在短时间内停止装卸作业,并将货物迅速转移至安全区域(例如堆场、仓库等)妥善保管。但对于大型海洋工程装备来讲,通常很难采用临时转移货物的方式规避风险。一旦装卸搬运开始,货物通常只能就地采取措施抵抗不利自然环境的影响。此外,由于海洋工程装备自身的建筑结构特征(例如极大的单件重量、更高的重心,组件更为脆弱等),在装卸搬运过程中也往往对外在环境的反应更为敏感,相较普通货物更容易出现擦碰、破损,甚至翻覆、损毁等事故。

4.高利润

与运输类似,因超重、超长件运输对船舶强度和设备要求较高,所占舱位较大,装卸过程烦琐。装卸前后都需要制订详细的装卸计划、压载水调配计划、货物绑扎计划等,装卸时

间较长。一些货物的装卸还需请专家到现场指导,港务费、船舶租金、人工成本等花费都较高,所以也会收取相应的溢价运费,以赚取更多的利润。

二、常见的装卸方式

相对于陆地设施的建造而言,海底资源的开采处于环境恶劣的海洋环境中。由于海上制造生产设施所需配套资源设施极为有限,所以海洋结构物通常选择在陆地模块化建造,在海上组装连接。而采用驳船或半潜船等作为载体,将陆地建造的结构物或模块运输到资源所在海域是常见的方法。在陆地建造的结构物或模块,轻则几百吨,重则几万吨,针对它们采用的装卸方式也是各不相同。此外,海洋工程领域的装卸搬运是一项操作困难且风险较高的物流活动。在不利水文气象条件、设备故障、操作不当等因素影响下,这项物流活动面临着严峻挑战,稍有不慎就会导致船货损毁甚至引发倾覆事故。

海洋工程结构物采用的装卸方式,应在项目设计阶段综合考虑货物结构形式、重量重心、场地承载力、码头水深及潮汐、拟使用载运船舶等因素来确定。以海洋石油工程为例,常见的结构物有导管架、组块、生活楼、FPSO 上部模块、单点系泊、吊机结构等。各种类型的模块,其大小和重量因各项目的功能定位而有所不同。运输这些结构主要有陆-海和海-陆两种方式,在海上运输中都要应用驳船等重大件运输船。因此,如何将结构物从码头转移到驳船上成运输的主要环节,即装、卸船是整个运输的关键。在海洋工程中常见的装卸方式包括吊装吊卸、滚装滚卸、滑装滑卸、浮装浮卸等。不同装卸模式的适用范围、装卸步骤、装卸工期、现场施工条件要求等均不相同。由于卸载与装载过程相似,故本章主要以装船为例介绍。

在上述四种装卸方式中,浮装浮卸相对较为特殊(所有装卸过程均需要在水上完成,详见第四节)。因此,在码头装船过程中,浮装浮卸通常需要与其他三种装卸方式协同才能完成,也就是说,其他三种装卸方式通常无法单独替代浮装/浮卸。而吊装吊卸、滚装滚卸、滑装滑卸这三种方式在一定范围内彼此之间是可替代的。但同时,这三种装卸方式同样各具特点,也各有各的适用范围。表6-1从技术可行性、可操作性、工期、费用和占用资源等几方面,对三种装卸船方式做出如下对比:

表 6-1　三种装卸船方式的技术对比

		吊装装卸船	滑移装卸船	滚装装卸船
技术可行性		技术成熟,可行	技术成熟,可行	广泛应用,可行
操作性	计划	浮吊的计划	滑道的计划要求高	灵活多变
	设计考虑	增加吊点	滑靴	——
	建造工装	需要钢丝绳、卡环等;吊篮、撑杆	需要脚靴	支撑结构
	工期	运至码头前沿及吊装,工期略长(3~4 天)	牵引至码头、驳船,作业工期长(一周左右)	自预制场地装车倒运、滚装上船工期略短(数小时)
作业环境条件		吊装受风的影响较大;另外,浪和涌对浮吊的稳定性有一定影响	由于拖拉时间最长,对潮汐的要求较高	SPMT 移动过程中,要始终保证驳船甲板平面与码头平面保持水平,对船舶压载要求高,受潮位影响大

	吊装装卸船	滑移装卸船	滚装装卸船
费用方面	1. 浮吊资源的因素导致费用较高;2. 吊装索具等成本较高;3. 浪费造成的成本增加	1. 由于长期占用滑道,使得费用增加;2. 卷扬机等其他设备存在一定费用	对其他额外的设备和结构需求较低,费用相对较低
安全性	吊装时浮吊、钢丝绳、卡环等吊装设备有一项出现问题都会导致吊装失败,故风险最大	滑道和驳船的对接高度差要求高,高度差过大易造成滑移失败,有一定的风险	SPMT 小车自身调节能力较强,作业风险较低
资源	1. 需将结构物移动到码头前沿;2. 需大型浮吊;3. 一般运输驳船	1. 结构物须在滑道上完成总装,对滑道的占用率最高;2. 需要带滑道的驳船	1. 对场地承载能力要求相对较低;2. 需要 SPMT 小车;3. 一般运输驳船
对结构强度要求	结构吊装受力,对结构强度要求较高	滑道间跨距大,对结构要求较高	结构强度取决于运输小车的跨距和结构悬臂程度
装、卸船速度	相对较快	取决于驳船的排载能力(相对较慢)	取决于驳船的排载能力
装船安装高度	装船安装高度范围较大	增加安装高度需垫块	增加安装高度需垫块
主设备的动复员	吊装设备不随船	一般情况下滑靴需随船运输	运输小车在装船后撤出
对驳船的系泊能力要求	相对较低	较高,艉装和侧装有区别	较高,艉装和侧装有区别
对驳船的压载能力要求	相对较低	较高,艉装和侧装有区别	较高,艉装和侧装有区别(较滑移要求较低)

注:动复员属石油行业用语,包括动员和复员两个环节,是指人员或设备从出发地移动到目的地,然后从目的地返回出发地的过程。

第二节　吊装吊卸

吊装/吊卸是指借助码头起重机或者海上大型浮吊将货物吊起以完成码头与船舶之间的装卸方式。该方式用于工程建筑材料、机械设备、一些工程船舶等货物的装卸(见图 6-1)。以海洋石油工程为例,钢结构物在场地建造完毕后,在滑道上滑移至码头或者由运输车倒运至码头,再由码头的浮吊或岸吊将钢结构物吊到驳船上。卸船则是由浮吊将钢结构物从驳船上吊到码头或者导管架上。这种作业方式在海洋石油工程中比较常见。尤其是在海上作业时,浮吊除了用于装船,还可用于海洋石油工程中的组块的安装。

（a）　　　　　　　　　　　　　　（b）

图 6-1　起重船吊装平台组块

一、作业流程

以下以应用起重船进行吊装作业为例,简要说明吊装吊卸的作业流程。

1.前期准备

（1）人员准备:向参与作业的人员召开工前会议,明确作业任务、安全措施与应急预案。所有人员需持证上岗,并配备全套安全防护装备,如安全帽、安全鞋、手套等。

（2）设备检查:作业前应对起重船的各部件及结构进行全面检查,具体包括浮船、起重装置、电气系统、液压系统、钢丝绳、吊钩等,确保设备处于良好状态,无损坏、磨损或松动现象。检查安全装置是否齐全有效,如限位器、防碰撞装置等。

（3）环境评估:详细评估作业区域的环境条件,包括气象、海况、水深、障碍物等,确保作业安全。此外,还需要选择合适的锚泊点和系缆方式,确保起重船稳定可靠。

2.作业过程

（1）抛锚定位:根据作业需求,将起重船移动到指定位置,并通过抛锚系统进行定位。抛锚时需注意锚绳的走向和位置,避免相互压接或影响其他船舶航行。

（2）起吊作业:根据吊装物体的重量、形状、尺寸等选择合适的吊具(例如吊钩、吊索等)和吊装方法。操作人员通过控制台控制起重船进行起吊、移动、旋转等操作,确保吊装物体平稳升起并移动到指定位置。在起吊过程中,需密切关注吊装物体的状态及周围环境的变化,及时调整操作策略以确保安全。

（3）卸载作业:缓慢将结构物安全地放置到指定位置,并进行固定或绑扎以防止滑落或倒塌。吊装完成后,及时清理作业现场,收回吊钩、吊索等吊装工具。

（4）安全监管:根据实际情况制定应急预案并定期组织演练,提高应对突发事件的能力。在作业过程中,应严格遵守安全操作规程和作业程序,确保人员和设备的安全。加强对作业现场的监管和管理,及时发现并处理安全隐患和事故苗头。

3.作业结束

（1）收锚离场:完成作业后,收起锚绳并解除锚泊状态,将起重船移动至安全位置或指定泊位。

（2）设备检查与维护：对浮式起重机进行全面检查，记录设备状态及存在的问题，及时进行维护保养。清理设备表面的污垢和杂物，保持设备整洁。

（3）总结与反馈：召开作业总结会议，对本次作业过程进行回顾和总结，分析存在的问题和不足。收集作业现场人员的反馈意见，为下次作业提供参考和改进建议。

二、优势与局限

1.优势

（1）装卸速度快。首先，起重船可以带载全回转，无须调整船位，也不受吃水变化影响即可实现装卸，大大提高了工作效率。其次，装卸过程中的水平移动主要通过起重船完成，在水深条件满足的情况下，通常不需要考虑涨潮、落潮等水文环境变化对装卸产生的影响，从而显著提高装卸效率。此外，由于装卸时间较短，吊装对天气窗口的要求相对较低，能够更有效地规避不利气象、海况条件的影响，提高作业的安全水平。

（2）适应度较高。海洋工程吊装设备的设计考虑了恶劣的海洋条件，使其具有很好的抗风性、耐腐蚀性和耐冲击性，能够应对各种复杂的海洋工程环境。该方式可以在很小的空间内完成装卸货物的任务，对于一些码头陆域或水域有限的装卸作业环境更为友好。

（3）综合能力强。通常，海洋工程涉及多个模块及组件的装卸工作。这些模块和组件的形状各异，装卸要求也各有不同。而海洋工程吊装设备自身在设计时就充分考虑了各类海洋工程装备的吊装需求，因而具备较强的综合能力。

2.局限

（1）装卸能力较低。受制于起重船或码头吊机的起重能力，吊装装船方式主要用于重量较轻的结构物装船，例如竖立建造的导管架、小型组块、生活楼、分段装船的钢桩和隔水套管、火炬臂、栈桥等。位于码头陆侧的起重设备（一般以门机为主）能起吊的货物重量范围通常在几十吨到一百吨。而超大、超重或者超高的货物则需要起重船在海侧完成装卸。尽管目前起重船具有较强的吊装能力（某些起重船的起吊能力已超万吨），但受到材料、体积以及起重船自身重量等因素的限制，对于某些超大型船舶及海洋工程装备仍无能为力。

（2）装卸成本较高。海洋工程中，大型起重船等专业化海上起重设备属于稀缺资源，其租船费用往往远高于普通船舶，日租金可能高达数万至数十万元人民币。由于大型起重船通常不具备长距离自航能力，往往需要借助拖船或半潜船等设备，以拖航的方式前往作业地点进行运输，因此使用此类设备需要支付高额的动复员费。因此，考虑到上述成本，使用起重船进行结构物吊装装船工作，应尽可能选择长期配备供装船使用起重船的港口码头，以降低成本；同时，应尽可能优化海洋工程的施工过程，尽量减少或避免起重船发生动复员。

第三节　滑装滑卸

滑移装船是大型结构物在绞车等牵引设备的作用下，沿滑靴与滑道间的接触面滑动，使重大件货物从码头滑道滑移至驳船装载位置。通常，滑移装船在启动时还需要千斤顶的辅助。滑移装船作业驳船一般是艉靠码头，以确保滑移过程中有足够的牵引距离，这种情况下需特别关注纵倾对装船安全的影响。对于部分大型结构物，受制于驳船能力与结构物的体积、形状和自重,可采用侧靠码头横向装船的方式,这种方式需留意横倾对装船安全的影响。滑移卸船则是由牵引设备将结构物沿滑道从驳船拖至码头,其作业过程与滑移装船作业相反。

在此需要说明的是,滚装滚卸与滑装滑卸过程类似,只是货物的移动方式存在一定差别,即滑装滑卸依靠牵引设备克服滑动摩擦力,而滚装滚卸主要克服滚动摩擦力。因此,部分文献中也将滚装滚卸归类为滑装滑卸的一个分支。滚装滚卸主要通过 SPMT(自行式平板动力车组)将货物运至驳船或半潜船上。通过平板车拼接,理论上能够承载各种重量规格的海洋工程装备。但是平板车和支架具有一定的高度,运输之前需先将货物吊运至相应高度,因此滚装方式同样受到起重能力的限制,不适用于上万吨重的超大件货物的装载。SPMT 滚装工艺相比滑装滑卸,主要优点如下:

(1)无须设计建造滑靴:滑靴由于设计上的复杂性,其建造周期常在两个月左右;不需要滑靴,相应地缩短了建造周期。

(2)无须铺设滑道:滑装滑卸从建造位置到码头前沿,常需铺设上百米的滑道水泥块,在水泥块上还要打混凝土、安装限位钢板等一系列工作。采用新工艺后,无须开展上述工作,减少了吊机、叉车及人力投入。

(3)安全可靠:牵引装船采用简单的卷扬钢丝绳及液压作业方式,运动时惯性大。而SPMT 轴线车装船,单个轮胎受力小,运输速度连续,惯性小,对环境适应性强。

(4)装船效率高:装船形式简单、方便,工期短、效率高,提高了驳船的使用效率。

(5)可回拖:滑装滑卸虽有回拖点,可在拖拉时通常并不设计回拖钢丝绳,如有恶劣天气环境或突发意外事件,通常无法纠正。而滚装滚卸采用模块化设计,轴线车往回运输及固定都会更快速、便捷,能迅速应对突发事件。

考虑到上述原因,本节主要介绍滑装滑卸技术。关于滚装滚卸的具体描述,可参考相关文献。根据所使用牵引装备的不同,滑移装船技术可以分为三种。第一种是用绞车(例如线性绞车、液压滚筒绞车等)配合滑轮组牵引装船,该方式一般用于 5 000 t 以下的上部模块或导管架装船,其具体技术及工艺可参考相关文献。第二种是用液压拉力千斤顶钢绞线牵引装船,该方式主要用于 30 000 t 以下的上部模块装船,其具体技术及工艺可参考相关文献。第三种是用液压滑靴进行顶升滑移装船,该方式用于 30 000 t 以上的上部模块或船体的装船,其具体技术及工艺可参考相关文献。

一、作业流程

以下以绞车牵引装船为例,简要说明滑移装船的作业流程。

1.前期准备

(1)制订装载计划。依据海洋工程装备的类型、重量、体积,以及驳船或半潜船的性能与结构强度特性制订装载计划。内容涵盖确定装备的装载顺序与位置、滑轨与滑靴等的布置形式及结构设计,还有所需的绞车型号和数量等。

(2)检查绞车设备。确保所有设备处于良好运行状态,包括电动或液压马达、齿轮组件、制动系统、滚筒等;检查安全装置能否正常工作,例如防脱钩装置、限位开关等。

(3)安装绞车设备。按照前述制订的装载计划,在运输船舶甲板的合适位置安装绞车。务必保证绞车的位置和方向与缆绳连接处垂直或接近垂直,以利于操作与控制。

(4)准备缆绳和吊具。应根据货物的重量以及滑轨的摩擦阻力系数,挑选适配货物的缆绳和吊具,像钢丝绳、吊带或吊钩等。检查缆绳和吊具的磨损状况,确保其能够承受货物滑移拖曳时的摩擦阻力,并维持良好的强度。

2.作业过程

(1)固定缆绳。将缆绳的一端稳固地固定在绞车的滚筒上,另一端借助吊具与货物相连。务必确保缆绳连接牢固,防止在牵引过程中出现脱落或断裂。

(2)启动装载。在确认所有安全措施均已落实到位后,启动绞车牵引装备进行滑移装船作业。通过操控绞车的电机或液压马达,使滚筒转动,进而牵引缆绳和吊具上升或下降。在整个装载过程中,必须严格遵循安全操作规程,保障人员和设备的安全。绞车牵引装船需要多个部门和人员协同配合,务必保持清晰的沟通与协调。在装载过程中,应定期检查绞车设备、缆绳和吊具的磨损情况,及时察觉并处理潜在的安全隐患。此外,还需考量环境因素对装载过程的影响,如风向、潮汐等,以确保装载工作顺利推进。

(3)控制负载。在牵引过程中,绞车操作员需密切留意货物的移动状态,并根据实际需求调整绞车的速度和方向。与此同时,信号员负责指挥和协调其他人员,确保装载过程安全、顺畅地进行。

(4)定位货物。当货物被牵引至船上后,需精准地将其放置在指定位置。这或许需要借助其他辅助设备,如叉车或吊车等,协助完成货物的定位工作。

(5)固定货物。在货物放置妥当后,需即刻使用绳索、绑扎带或其他固定装置将其牢牢地固定在船上,防止在航行过程中发生移动或倾覆。

3.作业结束

参照吊装/吊卸作业结束的相关流程执行。

二、优势与局限

1.优势

(1)适应性强。滑装滑卸能够应对各类形状不规则、超长、超大、超重的货物。与吊装吊卸相比,无论是几百吨的小型海洋工程装备,还是重达几万吨的大型装备,均能采用滑移方式进行装卸。这种高度的灵活性,使得该技术在海洋工程的各个领域得以广泛应用。从当前的工程实践来看,在处理海洋平台和风电设备等大型项目时,滑装滑卸展现了无可比拟的优势。

(2)安全性高。首先,在吊装吊卸过程中,大型设备极易因吊装操作不当或风力等因素而受损;而滑装滑卸借助平稳的滑动方式,极大地减少了设备与周围环境的碰撞和摩擦,有效降低了货物损坏的风险,切实保护了设备的完整性,延长了其使用寿命。此外,滑装/滑卸过程相对简洁且易于掌控,降低了因吊装操作失误引发安全事故的可能性。同时,该技术为作业人员营造了更为安全的工作环境,减少了职业伤害风险。

(3)高效节能。首先,滑装滑卸通过搭建专门的滑道,使重型、超大尺寸的设备或构件能够平稳且快速地滑移至运输船舶上,显著提高了工作效率。其次,滑移装卸可利用自然斜坡,借助重力实现装卸,从而节省了装卸过程中的能源消耗。此外,相较于传统的吊装方法,滑移装船降低了对重型起重机械的依赖,能够减少设备租赁和调遣成本。

2.局限

(1)成本高。针对大型海洋工程结构物的横向滑装滑卸,需依据海洋工程装备的特性,专门设计并制造相关装置,如特制的液压滑靴、爬行器、滑轨、跨接梁、铰支座、靠船件等。由于这些设备属于非标准化的专用设备,其研发和制造成本通常较高。此外,为确保安全与稳定,可能还需配备高精度的监控和控制系统,这进一步提高了装卸成本。

(2)环境适应性差。与吊装吊卸相比,滑装滑卸对外部自然环境的要求更为严苛,不利的气象及海况条件给滑移装船作业带来了巨大挑战。因此,在恶劣环境下,滑移装船的作业能力可能会受到限制,甚至完全无法开展。例如,在载荷转移作业时,突发的大风浪极易导致船舶纵倾或横倾,进而造成货物或船舶的结构损坏甚至灭失。此外,载荷转移作业过程要求陆上滑轨和船舶滑轨始终处于同一水平面,而海洋潮汐作用会使船舶滑轨的水平面发生变化,所以需要随时调整船舶姿态,以保障整个作业过程的安全。

(3)作业空间要求高。滑移装船需要较大的作业空间,以保障设备的正常运行和作业安全。在狭小的工地或复杂的环境中,滑移装船的灵活性和机动性可能会受到制约。

三、案例介绍

以下依据某大型模块滑移装船工程实例,展示了滑移装船的相关设计及施工流程。

(一)工程概况

深水半潜式油气生产平台的海上安装技术,是我国油气产业向深水领域迈进的关键技术之一。其中,半潜式平台下船体这种超大型的板壳式浮体结构的装船作业,具有尺度大、重心高、结构强度较弱等特点。目前,国内已成熟应用的液压绞车、拉力千斤顶、自行式模块运输车等装船设备,均无法满足此类作业的需求。陵水 17-2 气田开发项目租用国际上已成熟应用的液压滑靴系统(详细介绍可见第四章相关内容),并自主开发了配套的装船技术,成功实施了该项目 33 500 t 的半潜式平台下船体的横向滑移装船。

(二)辅助结构的配套设计

辅助结构的配套设计,即支撑结构的设计。大型板壳式结构因其自身结构特点,在建造、装船、运输及浮卸期间,需严格控制结构变形。以往项目多在不同施工阶段采用不同形式的支撑结构,这不仅造成资源浪费,还增加了大型板壳式结构在不同类型支撑结构转换过程中发生局部损伤的风险。

为解决上述问题,采用一种多用途一体化抬梁与垫墩。该支撑结构是由钢板拼接而成的箱型结构,顶部安装高抗压强度的木材,如图 6-2 所示。它可同时实现大型浮体在陆地建造、滑移装船和驳船运输阶段的支撑作用,此外,在大型浮体的浮卸过程中还能起到碰撞缓冲的作用。

在垫墩与抬梁的强度设计中,需考虑其在结构物建造、装船、运输等各种工况下的整体与局部强度,通常需校核以下工况:①建造完工状态,所有临时支墩均拆除,仅由抬梁与垫墩支撑结构物的情况;②装船前,液压滑靴系统安装后,将结构物顶起的情况;③装船过程中,有一组液压滑靴的支撑高度低于其他组 10 mm 的情况;④装船过程中,有一组液压滑靴的支撑高度高于其他组 10 mm 的情况;⑤装船过程中,因驳船调载失效,沿装船方向上的最前或最后排的液压滑靴发生失效的情况;⑥装船后(在驳船上),结构物仅由抬梁与垫墩支撑,考虑 0.1g 的升沉加速度的情况。

另外,抬梁与垫墩的设计还需考虑以下因素:①抬梁与垫墩应在结构物下方对称布置,抬梁与垫墩的典型布置如图 6-3 所示;②垫墩的高度应满足液压滑靴的安装与拆除要求;

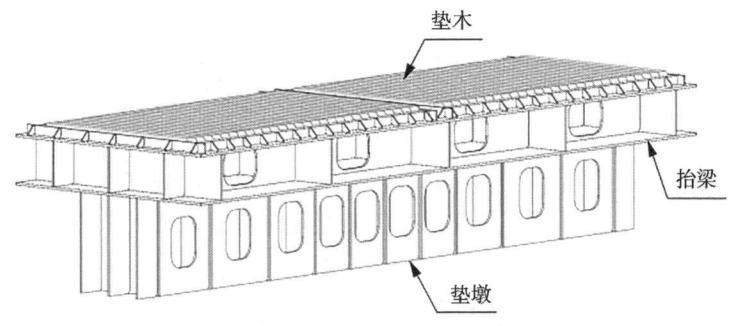

图6-2　一体化抬梁与垫墩的3D模型

③抬梁上垫木的抗压强度应满足结构物建造、装船及运输等工况的要求;④抬梁上垫木的厚度应考虑结构物底部不平的情况;⑤垫墩的底部尺寸应满足陆地与船上滑道的强度设计要求。

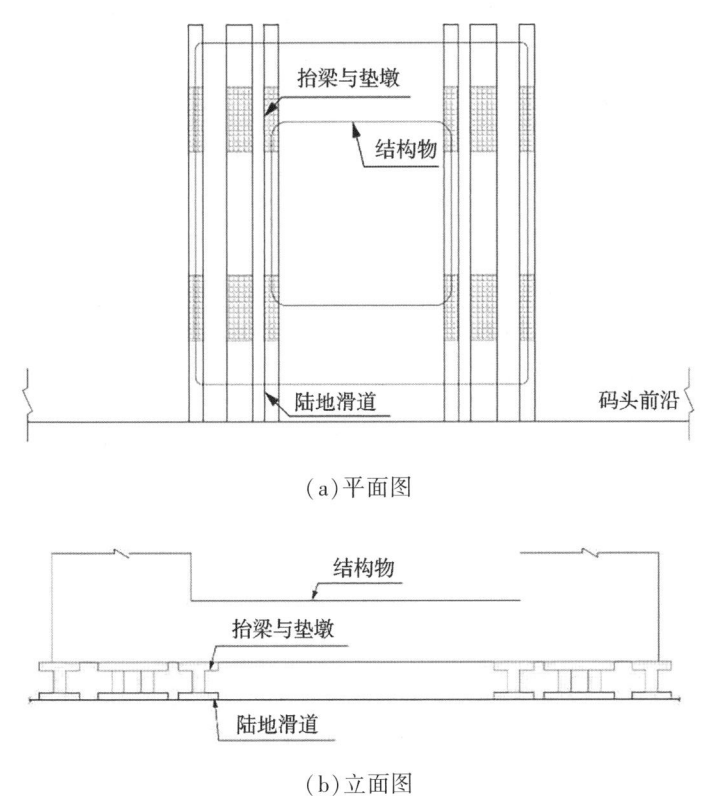

(a)平面图

(b)立面图

图6-3　抬梁与垫墩的典型布置

(三)液压滑靴系统的选型与配置

1.液压滑靴

液压滑靴的选型与配置,需依据结构物的重量与重心,合理设计每个抬梁下所布置的液压滑靴的吨位及数量,应遵循以下原则:

(1)鉴于结构物重量存在不确定性,通常按不超过其基本重量的1.1倍考量。

(2)考虑到结构物重心的不确定性(重心在水平面内的偏移情况),一般假定重心包络变化范围为$X=\pm0.5$ m、$Y=\pm0.5$ m,如图6-4所示。

（3）液压滑靴应按 3 组进行布置（以确保将结构物顶起后的稳定性，见图6-4）。每组内的液压滑靴相互串联，工作时同组内所有液压滑靴的垂向顶升吨位保持一致。

（4）一般而言，每个抬梁下所采用的液压滑靴规格（最大顶升吨位、尺寸）应保持一致，不同抬梁下可选用不同规格的液压滑靴。

（5）在完整工况下（液压滑靴无失效情况），任意一组内的任意液压滑靴的顶升能力均不得小于所需顶升吨位（依据表 6-2 中所述各工况计算得出的最大值）的 125%。

（6）在意外工况下（其中一组内有一个液压滑靴失效），任意一组内的任意液压滑靴的顶升能力均不得小于所需顶升吨位（依据表 6-2 中所述各工况计算得出的最大值）的 110%。

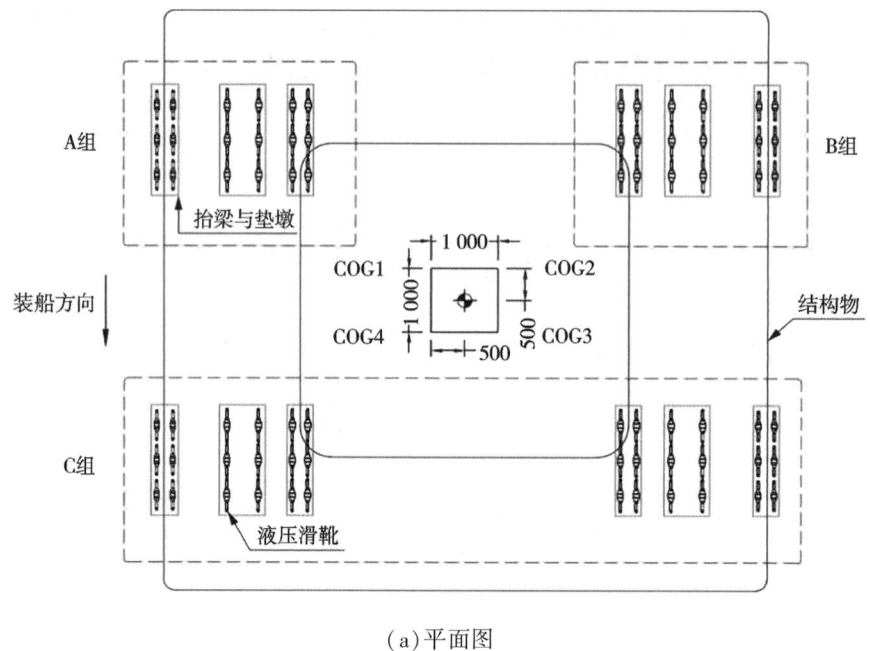

（a）平面图

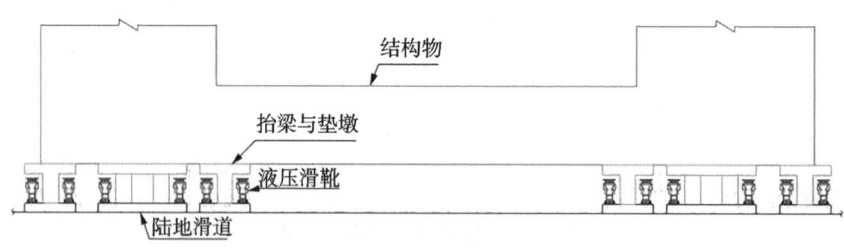

（b）立面图

图6-4　液压滑靴的典型布置图

表 6-2　液压滑靴所需顶升能力计算工况

工况编号	工况描述
1	结构物的基本重量
2	结构物的不可超越重量+无重心偏移
3	结构物的不可超过重量+重心偏移-COG1
4	结构物的不可超过重量+重心偏移-COG2
5	结构物的不可超过重量+重心偏移-COG3
6	结构物的不可超过重量+重心偏移-COG4

另外,为确保在结构物装船过程中,液压滑靴与抬梁之间不产生相对滑动,需将二者加以固定。通常采用限位卡板的形式,如图 6-5 所示。相应的固定强度应满足以下要求:

(1)能够承受的横向(沿液压滑靴宽度方向)载荷不小于液压滑靴最大顶升能力的 10%;

(2)能够承受的纵向(沿液压滑靴长度方向)载荷不小于与液压滑靴相连爬行器的最大水平推力。

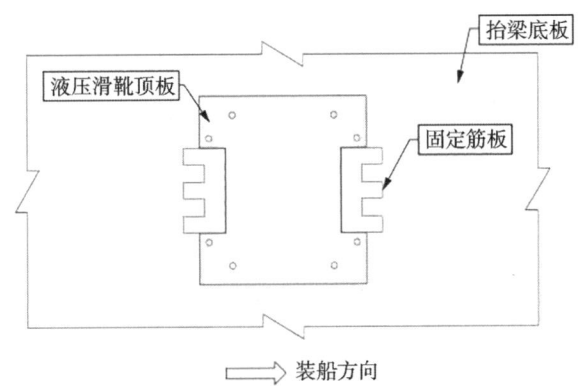

图 6-5　液压滑靴与抬梁之间的典型固定形式

2.爬行器

爬行器的选型和配置,应依据结构物的重量、液压滑靴与滑道之间的摩擦系数,合理确定推动结构物滑移所需爬行器的吨位和数量,并遵循如下原则:

(1)爬行器可连接在液压滑靴的前端或者后端,爬行器的典型布置形式见图 6-6;

(2)液压滑靴底部与滑道表面之间的摩擦系数为 0.07(滑道面上是特氟龙,液压滑靴底部是不锈钢材质);

(3)需考虑结构物的重量不确定性,一般按照不超过基本重量的 1.1 倍考虑;

(4)完整工况下(无爬行器损坏),爬行器总爬行能力(装船及回拖)的冗余应不小于所需爬行能力的 140%;

(5)意外工况下(有 10% 的爬行器损坏),爬行器总爬行能力(装船及回拖)的冗余应不小于所需爬行能力的 120%。

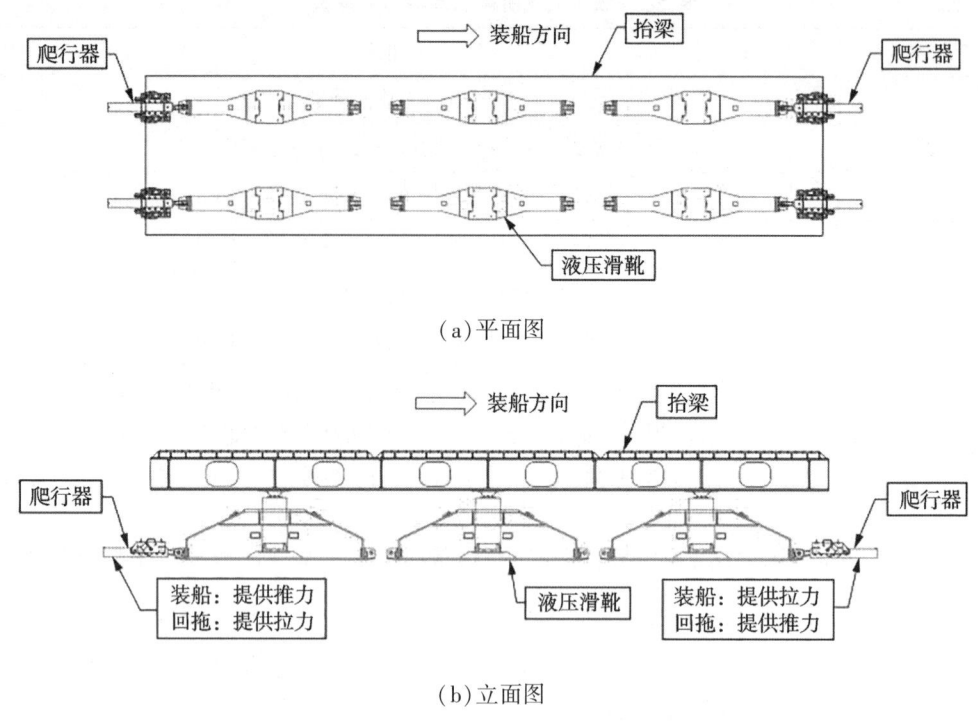

（a）平面图

（b）立面图

图 6-6　爬行器的典型布置形式

3.滑轨

液压滑靴系统的专用滑轨在摆放及安装过程中,具有如下特点与要求:

（1）陆地部分的滑轨直接放置于陆地滑道上即可,无须与陆地滑道进行固定;

（2）驳船部分的滑轨需与船上滑道固定（仅对滑道沿宽度方向的位移加以限制,不限制其沿长度方向的位移）,通常采用筋板固定,如图 6-7 所示;

（3）陆地与驳船上滑道的表面水平度公差要求为:宽度方向上每 600 mm 范围内不超过 1 mm,长度方向上每 10 m 范围内不超过 5 mm。

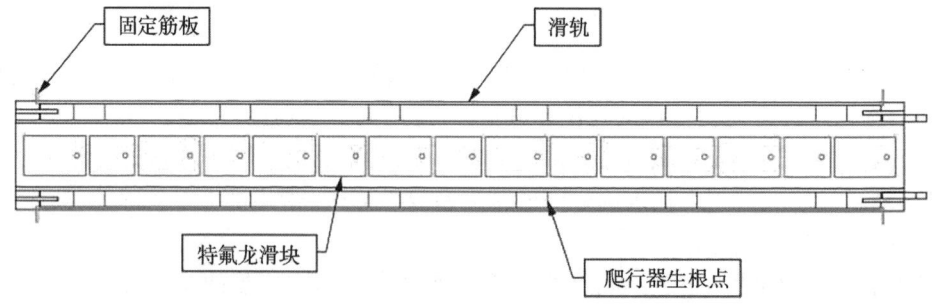

图 6-7　滑轨与驳船滑道之间的典型固定图

4.跨接梁与铰支座

液压滑靴系统的跨接梁在摆放及安装过程中,有如下特点和要求:

（1）跨接梁两侧的铰支座应分别焊接在陆地钢制滑道和驳船钢制滑道上;

（2）跨接梁与铰支座之间为铰接连接,跨接梁与铰支座之间并非完全紧密装配,跨接梁

能够在铰支座内沿其长度方向移动;

(3)安装时,跨接梁的轴分别顶在铰支座上连接孔的最左端(陆地侧)和最右端(驳船侧),以确保其不可向码头侧滑动,如图6-8所示;

(4)在载荷转移过程中,当驳船发生横倾时,跨接梁可在铰支座内向驳船侧滑动,以确保整个装船过程中,爬行器所产生的载荷由铰支座承受,靠船件仅承受驳船所受的环境载荷;

(5)在结构物整个滑移装船过程中,需借助驳船的调载来严格控制跨接梁的倾斜度,一旦跨接梁的倾斜度超过要求(跨接梁长度的1%),则液压滑靴停止爬行作业等待驳船调载。

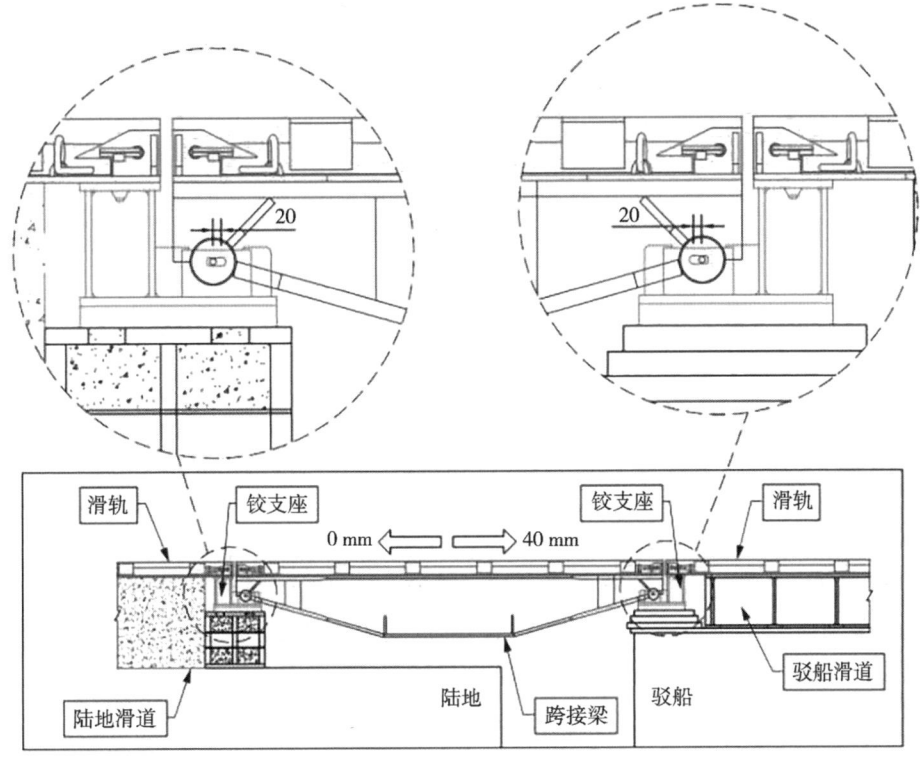

图6-8 跨接梁安装示意图

(四)驳船的配套设计

1.靠船件

在过往国际与国内已实施的横向滑移装船案例中,由于港池潮汐变化以及载荷转移的影响,驳船发生横倾时,常常因驳船舷侧与码头接触面之间存在摩擦力,致使驳船姿态变化出现延迟。这进而影响了对驳船调载以及载荷转移操作的判断,导致驳船产生较大横倾角,不仅可能损伤结构物,甚至会造成驳船倾覆。这种情况在大吨位载荷的横向转移作业中尤为严重。鉴于此,研发了分体式靠船件,该装置能够减小驳船舷侧与码头之间的摩擦,实现驳船姿态的顺畅调整,确保荷载顺利转移。

低摩擦分体式靠船件由码头靠船件和驳船靠船件两部分构成,其主体为钢制靠船件,搭配特氟龙板,分别安装于码头与驳船靠泊时相互接触的部位。需依据驳船和码头的具体形式,设计并制作靠船件,且在驳船靠泊前,分别将其安装至驳船舷侧和码头处。

驳船侧靠船件由型钢拼接而成。型钢在船上的安装位置需与驳船的强框架和强结构位置相对应,通过筋板焊接的方式固定在驳船上。靠船件的外侧竖直面安装一块钢板,在钢板表面安装特氟龙板。码头侧靠船件的宽度相较驳船侧靠船件略大,同样由型钢拼接而成,借助筋板固定在码头预埋件上。靠船件外侧的竖直部分需紧贴码头,其竖直表面安装的钢板,表面需打磨光滑。图 6-9 展示了靠船件的典型外观形式。

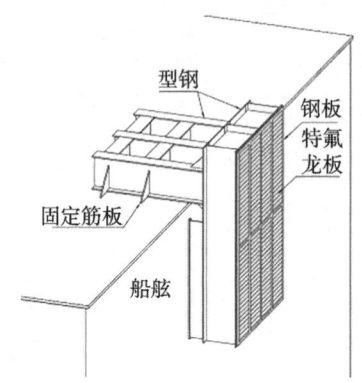

图 6-9　分体式靠船件——码头与驳船部分

通常情况下,需安装两组分体式靠船件。靠船件主要用于承受风、浪、流等作用在驳船上的环境载荷,其强度设计遵循如下准则:

(1)按仅一组靠船件承受全部作用于驳船上的环境载荷这一条件进行设计;

(2)在计算作用于驳船上的环境荷载时,按照风、浪、流同向的情况来考虑;

(3)环境载荷的设计条件依据装船码头 10 年重现期(非台风)的平均风速、有义波高以及表层流速来计算;

(4)对靠船件进行设计时,同样要考虑其安装位置处码头和驳船的局部强度。

当驳船靠泊时,对应的靠船件会相互贴合,随后收紧系泊缆。图 6-10(a)和(b)分别展示了驳船使用靠船件靠泊时的平面图和立面图。

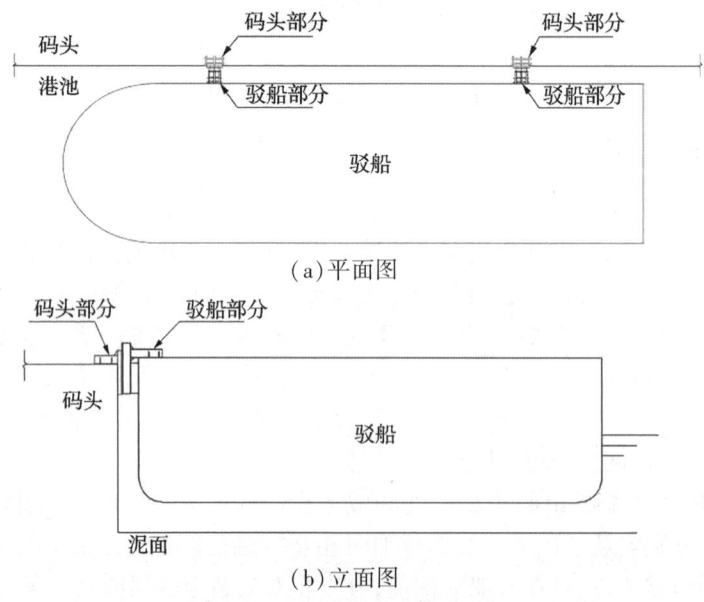

(a)平面图

(b)立面图

图 6-10　驳船使用靠船件靠泊时的平面图和立面图

2.驳船调载

采用横向装船方式进行的载荷转移作业,相较于传统的纵向装船方式,虽然效率更高,但面临的难度与风险也更大。其中最大的难点在于,在码头潮汐不断变化的情况下,需要不断调整驳船的吃水深度,以保持码头滑道与驳船滑道处于相对水平的状态。与此同时,还需精准控制驳船的姿态,以有效平衡因载荷转移上船而产生的倾斜力矩。载荷转移的重量越大且速度越快,所面临的操作难度就越高。具体原因如下:

(1)当结构物的载荷在驳船近岸端转移时(载荷未传递至驳船的船中),会使驳船产生较大的近岸倾角(近岸舷低,远岸舷高),进而导致驳船与码头之间的高差增大,最终使结构物产生较大变形,甚至损伤结构物。

(2)当结构物的载荷开始在驳船的远岸端转移时(载荷传递通过驳船的船中),会使驳船产生较大的远岸倾角(近岸舷高,远岸舷低),同样会导致驳船与码头之间的高差增大,最终使结构产生较大变形、损伤结构物。

此外,更为严重的是,极有可能出现结构物加速向驳船远岸侧滑动的情况,甚至会导致驳船倾覆以及结构物坠入海中的严重后果。针对横向装船方式载荷转移作业中存在的这些难点和风险,基于半潜船的空压机调载系统,突破常规的调载设计思路,首次提出了预斜回正的压排载设计理念,该方法可成功解决因载荷转移过大、过快而造成的结构物变形较大甚至损坏,以及驳船出现大倾角甚至倾覆的难题。具体原理如下:

(1)当结构物的载荷在驳船近岸端转移时(载荷未传递至驳船的船舯),提前将驳船调整成向离岸端倾斜,倾斜角度为此次载荷转移会给驳船造成的倾角,如图 6-11 所示。

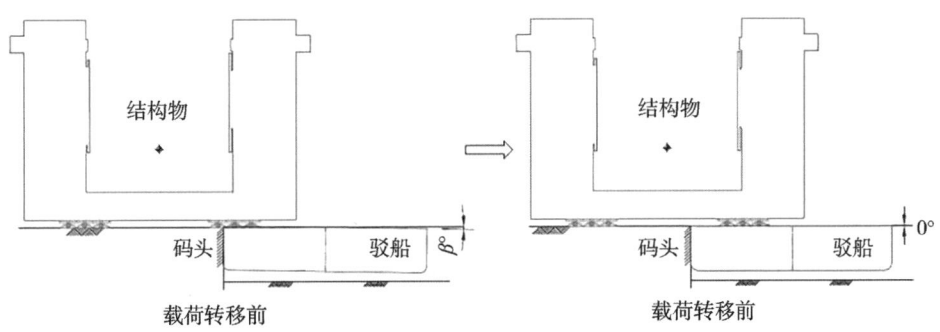

图 6-11　预斜回正调载技术示意图——类型 1

(2)当结构物的载荷转移至驳船远岸端时(载荷传递通过驳船的船舯),提前将驳船调整成向近岸端倾斜,倾斜角度为此次载荷转移会给驳船造成的倾角,如图 6-12 所示。

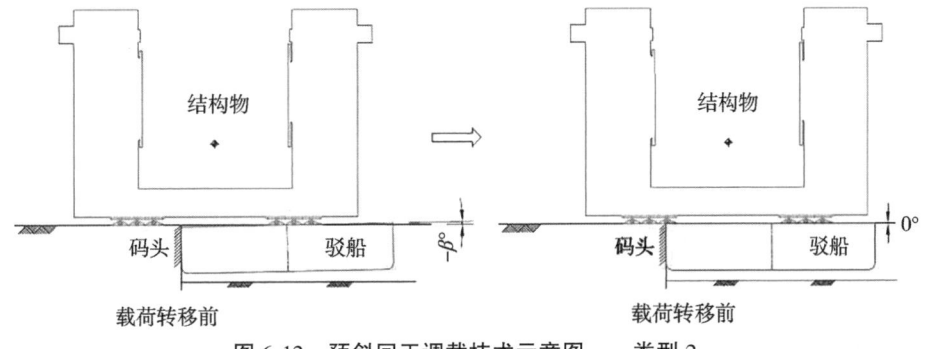

图 6-12　预斜回正调载技术示意图——类型 2

(五)结语

该技术基于液压滑靴系统具备的可调节垂向顶升高度的功能,采用多台、分组的液压滑靴布置方式,来控制结构物滑移过程中的变形及稳性;通过采用多条滑道,降低单个推动结构物滑移的动力单元所需的能力;利用跨接梁连接驳船滑道与码头滑道,以实现载荷的平稳转移。该技术能够实现板壳式结构物滑移装船过程中的变形与姿态控制,对海洋工程领域大型浮体的滑移装船作业具有极其重要的意义。

2020 年 9 月 30 日,该技术成功应用于陵水 17-2 气田开发项目中超大重量(33 500 t)、超大尺寸(91.5 m×91.5 m×59 m)的半潜式生产平台"深海一号"下船体的滑移装船作业。这一应用实现了液压滑靴系统在国内海洋工程领域的首次大规模应用,更创造了结构物横向滑移装船的世界第二大吨位纪录,如图 6-13、图 6-14 所示。

(a)   (b)

图 6-13 "深海一号"船体滑移装船

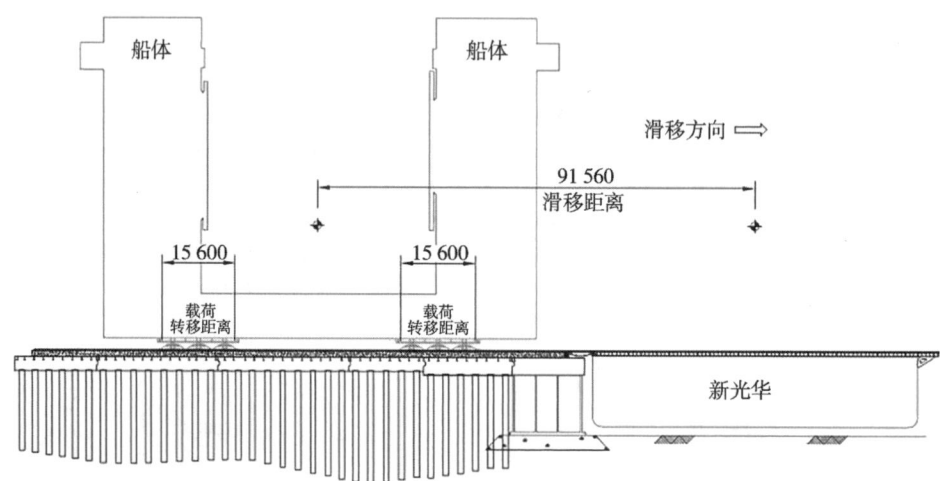

图 6-14 "深海一号"船体滑移装船示意图

第四节 浮装浮卸

浮装方式主要适用于大型水上漂浮货物的装卸。浮装作业一般使用半潜船(自身具备动力)或半潜驳(需借助拖船牵引)来完成,这类船舶必须具备半潜和升降功能。作业时,半潜船需下沉至特定水位以下,漂浮货物由拖船或半潜船上配备的牵引设施牵引至船舶上方的指定位置;随后,半潜船通过排出压舱水的方式上浮,直至甲板面与货物接触,接着对货物进行绑扎系固操作。卸货过程则与之相反。图6-15展示的是某半潜船在拖船的协助下,进行浮装自升式钻井平台的作业场景。

(a) (b)

图6-15 某半潜船浮装自升式钻井平台

浮装工艺依赖于专业的运输船舶,如半潜船和拖船,其操作相对复杂。该工艺要求在自然条件较为良好的水域开展,并且对水深条件有着特定的要求。一方面,水域不可过浅,因为水太浅容易致使半潜船底部与海底接触,进而使船舶受到损伤;另一方面,水域也不能过深,因为在水深较大的区域,海况条件通常较为恶劣,会增加装卸过程中船舶操纵的难度。在半潜驳上浮过程中,必须留意与待载货物保持安全距离。此外,这种装卸方式具有一定的货种针对性,主要适用于海上钻井平台、大型船体船壳或分段等货物的装卸。

一、作业流程

半潜船的装船流程涉及多个精细和协调的步骤,旨在安全、高效地将超大型、超重或无法分割吊运的货物装载到船上。以下是半潜船装船流程的详细概述。

1.前期准备

(1)制订运输计划。制订总体运输计划,大致可分为航行计划和装卸计划等两部分。表6-3为半潜船运输作业计划的主要内容。

表 6-3　半潜船运输作业计划的主要内容

任务	天数	作业说明
前期准备	——	平台桩靴清泥,湿拖至浮装点,平台清关离港手续;半潜船清关手续,主甲板垫墩布置,MWS 检验
浮装	根据不同海况、平台类型及作业区域地质条件确定	选择合适作业天气窗口;提前压载至作业吃水,港口船长确认平台到达既定浮装位置,半潜船排水至甲板露出水面
海固、检验	——	港口船长需与 MWS 检验人员及平台方代表检查平台座墩位置;对平台进行绑扎固定;对焊缝进行无损探伤,获得COA;办理出口手续
海上航行	——	从浮装点到中间补给点,再到浮卸点间运输
浮卸	——	确认浮卸点作业水深满足浮卸作业要求,解绑作业、半潜船下潜、平台缓慢拖离半潜船甲板

注:MWS(Marine Warranty Surveyor)——海运保险检验员,第三方检验机构;COA——保险检验批准证书。

（2）准备被拖物资料。在设计装卸方案时,需要详细了解被拖物的资料,以便制定出合理且安全的装卸方案。这些资料主要包括被拖物的基本技术参数(例如长、宽、高、型深、净空高度、稳性、荷载等)和主要区域的结构图(例如主结构、垫墩布置、浮箱等)。

（3）选择浮装位置。应综合考虑气象及海况条件(主要涵盖风速及风向、波浪、潮汐、海流等因素)、被拖物及半潜船的强度与稳性、水深条件、海上交通状况、海上生产作业水域分布以及地理环境海况、港口设施、设备和人员安全等多方面因素,来详细设计装卸载方案并制订作业操作计划,从而确定浮装位置。

（4）浮装前的技术工作。浮装活动涉及复杂的操作环节和工作转换。因此,在浮装工作开始前,需要召开由委托方代表、船东代表、港作拖船船长、引航员和海事机构相关人员等共同参加的联席会议。会议重点讨论装船计划和步骤、各方职责和联系方式、装船技术流程以及各个作业环节的安全注意事项等。平台方和半潜船负责的技术工作分别见表 6-4、表 6-5。

表 6-4　平台方负责的技术工作

序号	平台方负责的技术工作
1	办理好平台海上保险,并确定好保险公司委托的 MWS
2	对平台本身、与其相连接的、内部的部件进行有效的绑扎,并通过保险公司 MWS 和半潜船方的联合检查和批准
3	精确计算并确保平台及其结构的整体性能够承受住根据半潜船方所制定的装载安全手册(CSM)中表述的加速度
4	将半潜船方设计的 CSM 提交给 MWS 审核并批准
5	通知和安排 MWS 按时到达装卸现场,和半潜船方船长一起检查和批准半潜船的垫舱、浮装、绑扎,并签发 COA
6	按照 CSM 中的图纸指示,在平台船体指定部位安装好经事先预制的定位卡 Catcher
7	将平台拖至半潜船附近水域,位于已下潜的半潜船主甲板外大约 50 m 处,或协商同意的距离处

表 6-5　半潜船负责的技术工作

序号	半潜船负责的技术工作
1	备妥装卸平台所用的拖船,一般为 3 艘全回转港作拖船,功率应该在 4 000 hp 或以上
2	在装载平台操作前,半潜船根据所装平台重量分布进行垫木、绑扎件和定位桩的布放准备和安装,这些设计必须通过其公司的审核和同意,并取得 MWS 的检验核实
3	垫木的安装必须按照 CSM 进行布置和焊接,由 MWS 检验;绑扎设计也须由半潜船公司审核同意,并取得 MWS 的检验核实
4	半潜船方须从船体总纵强度和灌舱操作的复杂性考虑制定一个周密的装船压载方案
5	根据半潜船方船长和现场总监的判断,考虑天气、海况、潮汐、船舶避碰、环保等因素,确定装船时机
6	半潜船港口船长指挥整个平台浮装操作,负责自平台抵主甲板外大约 50 m 或协商同意的距离处开始直到平台完全坐墩结束的整个操作
7	平台坐墩成功后,进行起浮半潜船和绑扎工作,经 MWS 检验批准后,进行一关三检清关工作
8	整个航程需要有专业的气象导航公司提供气象服务开航,进行干拖海上运输
9	开航,进行干拖海上运输

2.浮装过程

使用半潜船进行浮装主要划分为 5 个步骤,具体步骤如图 6-16 所示。

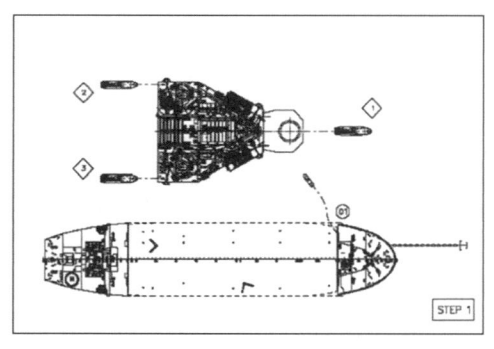

（a）

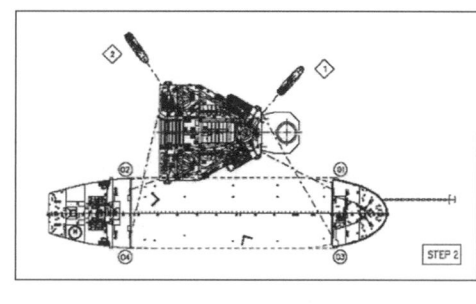

（b）

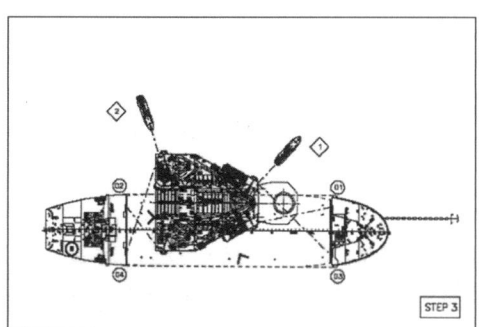

（c）

（d）

图 6-16　半潜船浮装步骤示意图

(1)将重大件拖航至距离半潜船主甲板外大约 50 m 处，或船货双方协商一致且半潜船船长完全认可的距离处。半潜船按照装船方案，有序地加注压载水，下潜至预定吃水深度（可采用艉倾下潜方式，以避免半潜船稳性发生突变而降低），如图 6-16(a)所示。

(2)半潜船的缆绳由带缆艇(由半潜船提供)送至重大件货物处，并系牢，如图 6-16(b)所示。

(3)船缆连接好特大件货物后，辅助作业拖船可解缆撤离。以半潜船主甲板上的定位立标为参照物，将货物移动至准确位置，如图 6-16(c)所示。

(4)半潜船排出压载水，船舶开始上浮，钻井平台准确地坐落在预先铺设的衬垫上，直至半潜船甲板露出水面，船舶达到计划的航行吃水深度，如图 6-16(d)所示。

(5)当重大件货物就位后，即刻开始排出压载水。待半潜船吃水达到航行吃水深度时，随即开始进行焊接绑扎加固工作。

3.港作拖船

港作拖船在浮装浮卸过程中发挥着极为重要的作用，主要体现在以下方面：

(1)协助定位功能。港作拖船能够为被拖物提供更为精准且稳定的操纵性，助力实现被拖物在半潜船上方的精确定位。拖船通过牵引和调整钻井平台，确保钻井平台能够准确靠近半潜船的甲板；同时，能够有效控制平台的运动，防止其出现不必要的倾斜或摆动，保障平台平稳地浮装到半潜船的甲板上。

(2)应对不利气象及海况。当面临恶劣海况和强风时，拖船可提供额外的操控能力，稳定钻井平台的位置，抵消海浪和风力对浮装工作产生的不利影响，切实确保操作的安全性与有效性。

4.应急预案

在实际操作中，半潜船的浮装/浮卸过程常因突发事件陷入紧急状况。这些紧急状况通常由突发的不利气象及海况条件引发，如突发的阵风或大浪等。为此，通常会专门针对装卸过程制定应急预案，以提升装卸作业的成功率，保障人员生命及财产安全。具体内容如下：

(1)风险辨识与评估。开展全面的风险辨识和评估工作，涵盖分析可能出现的灾害类型、事故情景以及潜在危险因素。针对每种风险，明确其发生的可能性、影响程度和紧急程度，并制定相应的应对策略。

(2)应急组织与指挥。明确钻井平台方和半潜船方的应急组织结构，指定具备应急管理和决策能力的应急指挥人员及责任人员。制定应急通信程序以及联系人清单，确保在紧急情况下能够及时进行沟通与协调。

(3)应急设备与资源。确定所需的应急设备、器材及资源，并保证其可靠性和可用性。这些设备包括救生设备、灭火设备、应急照明、应急通信设备、医疗设备等。对设备进行定期检查、维护和更新，使其始终处于良好的工作状态。

(4)紧急撤离与救援。制订详细的紧急撤离计划和程序，包括撤离路线、集结点、撤离顺序等。指定负责安全撤离的人员，并组织撤离演练，确保所有人员熟悉撤离流程。同时，与附近的救援机构建立联系，签订合作协议，以便在必要时能够迅速获得紧急救援支持。

(5)天气状况监测与警报。建立天气状况监测系统，与相关气象机构保持密切联系，及时获取天气预报和警报信息。依据天气情况，制定相应的应对措施，如船舶安全操纵、暂停作业等,以保障在恶劣天气条件下的安全作业。

(6)事故应对与灾害管理。与当地应急管理机构建立紧密的合作关系,确保在发生灾害或事故时能够及时协调资源并获得救援支持。制订灾害管理计划,包括针对油污染、火灾、泄漏等紧急情况的控制措施,最大限度地减少损失并保护环境。

(7)培训与意识提升。定期组织培训和演练,增强船员的应急意识和应对能力。培训内容包括紧急情况下的行为准则、设备操作技能、火灾灭火技能、急救知识等。通过模拟演练和案例分析,提升船员在紧急情况下的应变能力和团队协作能力。

在钻井平台浮装/浮卸期间发生应急情况时,平台方和干拖作业半潜船船方需按照各自的应急处置方案执行,并接受港口船长的统一指挥协调。但这并不免除干拖作业半潜船船长和平台高级队长(OIM)依据法规所应履行的职责,以及他们采取应急决策、保护本船财产和人身安全的权利。

二、优势与局限

1.优势

(1)整体性强:利用水的浮力进行装卸,半潜船能够一次性装卸超大、超重、超高的货物,而不对其进行拆分。这种整体装卸模式不仅能提高装卸效率,减少因分体安装带来的风险,还能提升装备制造能力与效率,进而显著提高海洋工程结构物的生产作业能力和安全水平。

(2)稳定性高:由于半潜船在装载时大部分船体会浸入水中,这种设计使得被拖物和半潜船在大部分装卸情况下更容易保持良好的稳定性,不易受海面波浪影响。特别是在恶劣海况下,其稳定性优势更加明显,通常不易因船舶横倾或纵倾而倾覆。

(3)灵活性好:半潜船不仅可以利用独特的沉浮方式装运货物,还能借助码头设施或浮吊,与上述滚装、滑装、吊装等多种方式相结合来装卸货物。这种多样化的装卸方式大大增加了其灵活性和方便性。

2.局限

(1)成本高昂:半潜船的建造和运营成本都相对较高。建造一艘半潜船需要投入大量资金和先进技术,而在维护和运营过程中,也需要持续投入资金用于设备保养、人员培训等方面。这导致半潜船的租赁成本居高不下,在运输成本预算有限的情况下,需谨慎选择。

(2)操作复杂:与吊装吊卸、滑装滑卸等方式相比,浮装浮卸作业需要高超的技术操作和精密控制。操作过程中,不仅需要调整压载水以控制甲板的沉浮,还需要考虑半潜船操纵与港作拖船之间的协同配合。一旦操作不当,可能会导致甲板失衡或货物损坏。

(3)环境依赖:半潜船的浮装作业对环境条件有着较高的要求,尤其是作业区域的地理环境与交通环境。与之不同的是,吊装吊卸和滑装滑卸在码头前沿完成,货物的装卸操作均处于水面以上,因此一般只需满足船舶的满载吃水条件就行。但对于浮装浮卸,半潜船需要下潜至一定的深度,因此一般要求作业水深为 20~40 m(通常位于港口锚地附近);此外,被拖物通常由港作拖船短途湿拖至港口锚地,因此还需要考虑当地交通环境,以确保装卸过程不会影响船舶的正常进出港。

第七章 海洋工程物流信息

第一节 概述

一、物流信息技术的定义

根据我国国家标准《物流术语》（GB/T 18354—2021），物流信息技术是以计算机和现代通信技术为主要手段，实现对物流各环节信息的获取、处理、传递和利用等功能的技术总称。在海洋工程领域，各类物流活动的顺利开展离不开现代信息技术的有力支撑。事实上，物流信息技术贯穿于海洋工程物流活动的全过程，是物流活动不可或缺的重要组成部分。精确地获取和利用信息，是实现海洋工程物流科学化、自动化、系统化和智能化管理的基础与前提。

二、海洋工程物流信息的分类

海洋工程物流所需的信息，大致可分为以下三类：

（1）货物信息，例如海工结构物的功能及用途、建造地点、运输目的地、类型、形状、重量、体积、结构、材料、拖带操作手册等。这类信息通常在海工结构物建造过程中就已确定，可由货主或其代理直接提供。

（2）设施与物流设备信息，例如码头泊位、回转水域、半潜船、拖船、起重船、拖曳设备与索具等。其中，设施信息（如码头、回旋水域等）由海工结构物的建设地点决定，可由制造厂商或码头运营商提供；物流设备信息则通常由物流承包商提供。

（3）物流所处的环境信息（以下简称环境信息），例如风、浪、流、雾、潮汐、海冰、水深、地理、地质、航道、交通流等。由于这类信息具有规模庞大、构成复杂、实时动态变化等特点，直接参与物流活动的企业往往难以自行搜集整理，需借助各类第三方公共服务平台。本章将重点介绍与环境信息相关的物流信息技术。

在海洋工程的物流活动中，环境信息服务通常由货主（或其代理）和物流服务商以外的第三方提供，主要包括海洋水文气象信息、海洋地理信息、船舶航行信息等服务。这些信息不仅是有效管理海洋工程任务的关键要素，也是确保物流操作安全与效率的重要基础。

其中，海洋水文气象信息提供了海浪、风速、潮汐等关键数据，有助于在实施运输、装卸等物流活动时避开可能遇到的恶劣海况或天气条件。海洋地理信息涵盖了水深、航道、潜在碍航物等数据,可帮助避免船舶出现搁浅、碰撞、坐底等安全事故。船舶航行信息借助现代导航技术(如 GPS、雷达、AIS 和气象导航等),监测船只的实时位置以及周边的船舶运输环境,以确保安全导航并避免碰撞事故的发生。本章旨在对海洋工程物流活动中的环境信息内容进行分类介绍,并阐述获取这些信息的方式,从而保障海洋工程物流活动的顺利开展。

第二节　海洋水文气象信息

海洋水文气象信息涵盖了海水温度、海水盐度、海水密度、波浪、海流、海冰、风暴潮和海啸、潮汐、海岸泥沙、风、雾、能见度、气温、气压、湿度等多种要素。在海洋工程物流中,包含以上信息的资料大体可分为气候资料和天气资料两类。气候资料是将气象资料经过统计分析和系统化处理后,针对特定海区形成的各种水文气象资料,通常以气候表册、指南、图表或数据库的形式呈现。天气资料是指航区的海洋气象实况资料和预报资料等。

实践中,及时可靠的水文、气象情报和准确无误的海洋环境预报是确保海洋工程物流活动顺利进行的重要环节,在海洋工程物流活动中发挥着不可替代的作用。它不仅是保障航行安全、提高运输效率、优化装卸作业和保障货物安全的关键因素,还是支持应急响应的重要基础。海洋水文气象信息在海洋工程物流中具有多方面的重要作用,具体如下:

(1)保障拖航安全。不利海况或气象环境可能对拖航造成巨大威胁。例如,在冬季,海水温度的骤降可能促使海冰形成,对拖航作业构成威胁;而在夏季,台风和季风往往会带来巨浪和强风,显著增加船舶的航行风险。海洋水文气象信息为结构物的拖航提供了关键的安全保障。通过预测和实时监测海浪、风速、风向、海流等气象条件,拖航船长(或拖船船长)可以提前规划更为安全的航线,并在航行过程中及时调整航线、航速等参数,以避开恶劣天气和危险海域。掌握准确的海洋水文气象信息,有助于避开上述潜在危险,减少事故发生的可能性。

(2)提高运输效率。合理的航线规划和航速调整是提高海洋运输效率的关键。海洋水文气象信息为这一过程提供了科学依据。通过深入分析不同海域的水文和气象条件,拖航船长(或拖船船长)能够为海洋工程结构物的拖航规划出一条最为经济的航线,从而有效减少航行时间和能耗。例如,根据气象预测,船舶可以在风力较小时加速行驶,在风力较大时减速或改变航向,以节约燃油并降低运营成本。

(3)优化装卸作业。装卸作业作为海洋工程物流中重要的运输方式转换环节,其作业效率对整个海洋工程物流的整体效率有着直接影响。海洋水文气象信息对于装卸作业的优化同样具有重要意义。例如,通过实时监测和精准预测港口附近海域的水文气象条件,管理部门能够及时且合理地调整作业计划,确保海洋工程结构物在最为适宜的天气条件下进行装卸和妥善储存。此外,海洋水文气象信息还有助于预测潮汐变化,为拖船的进出港提供准确的时间窗口,减少等待时间和延误。

(4)保障货物安全。海洋工程结构物的装卸及拖航过程存在多种自然环境风险。海洋水文气象信息有助于拖航管理人员提前预知这些风险并采取相应的保护措施,确保货物安全运输。例如,当遭遇台风时,为避免出现断缆、漂移等危及被拖物安全的情况,可提前规划合适的航线以避开风暴影响区域;或者暂停拖航或装卸活动,将海洋工程结构物转移至预设的避风地点妥善安置。

(5)支持应急响应。在遭遇突发海洋气象灾害时,如台风、风暴潮等,海洋水文气象信息为应急响应提供了重要支持。通过实时监测和预测灾害发展趋势,可以迅速启动应急预案,采取必要的措施来保护船舶和被拖物的安全。同时,一旦出现触礁、搁浅、走锚等安全事故,这些信息还有助于协调各方资源,进行紧急救援和恢复工作。

一、气候资料

(一)概述

海上拖航活动,尤其是横跨大洋的拖航活动,有时需要航行数十天甚至上百天。因此,在航线规划和设计时,需要有效的水文气象信息来保障安全和提高效率。理论上,只要能准确预测航行过程中可能发生的所有水文气象事件,就能规划出一条最佳航线。然而,尽管随着科技的进步,气象预报的准确性和时效性有了显著提升,但仍存在一些固有的问题,例如大气系统的复杂性与不确定性、影响因素的多样性、观测数据的有限性和不均衡性、预报模型的局限性等。这些问题导致预报结果与实际情况存在误差。从目前全球范围内预报技术的发展情况来看,短期(72 h 以内)预报的误差相对较小,而中、长期(超过 72 h)预报的误差较大。由于受目前天气预报时效的限制,对于这种航时长、航程远的拖航活动,在拟定最佳天气航线时,往往需要借助气候资料。最为常见的解决方法是:首先,根据对气候资料的整理,考虑拖航的起止时间段,分析和判断各个海区不利水文及气象事件发生的可能性大小(概率),从而优选出一条初始航线;然后,在航行途中根据所获得的最新实况及预报信息对初始航线进行必要的修正或更改,力求达到最佳导航效果。所以说,气候资料是海上拖航(尤其是跨海区或跨大洋的长距离拖航)过程中不可缺少的主要参考资料之一。常见的气候资料可分为咨询资料和计算资料。

(1)咨询资料记录了有关海洋气象参数的一般情况(例如某种要素值出现的频率和概率),主要包括领航的水文气象记录、水文气象图集和图表、自然地理图集、水文气象参数专集(海流、风暴和波浪等)、船用水文气象图集、专用参考材料及水文气象评论等。咨询资料可用于评估航线上的一般水文气象条件,并借以选择船舶的最佳航行时段。

(2)计算资料则用于展示具体位置或特定时段的具体海洋气象参数值,主要包括潮汐表、潮流表、海浪表、距平表等。计算资料可用于更精确地考虑各种水文气象要素对航行安全、航速、进出港口、通过狭窄航道和避开浅滩的影响。

对于选择最佳航线和评价航线上的海洋气象条件来说,水文气象图集是较好的气候资料,它列出了气压、风浪、涌浪、海流、海温、雾、海冰、气旋等的统计特征和变化规律等。

在利用气候资料时必须注意:了解构成该资料的观测序列的长度;了解在已知时段内所研究参数的数值变化幅度;了解该参数的出现频率,特别是对拖航有威胁的危险事件,如各类风暴、巨浪、冰山、大雾等。观测序列的长度(即观测持续时间)很重要,它决定了所用资料的可靠程度。如果序列偏短,通常需要对该资料进行进一步处理,比较常见的方法是在原有资料的基础上乘以安全保障系数。作为稳定特征,研究参数的变化幅度及频率也很重要。如果振幅不大,而出现的频率却很高,这就促使我们更有把握地采用平均值。在另一些情况下,利用平均值也可能导致大错,因为在短序列内,它们会与一些极值相加,从而使平均值偏高或偏低。

(二)获取途径

气候资料可以从一些专用的图书或表册中查得。船舶也必须备有多种航海水文气候资料,常用的有:《世界气候图》(World Climatic Chart)、《世界大洋航路》(Ocean Passages for the World)、《航路设计图》(Routeing Charts)、《航路指南》(Sailing Direction)、《天气手册》(Weather Handbook)、《海员手册》(The Mariner's Handbook)、《气候图和表层海流图》(Climatological and Sea-Surface Current Chart)等。在这些图书中列入了大量海洋水文气象统计分析的结果信息,例如各大洋的风、浪、流、涌、气温、气压、海温、海雾、海冰等月平均状况;另外,还列入了冰山的分布和冰界线、风暴出现频率和热带气旋路径等平均资料。

以《世界大洋航路》为例,该书由英国海道测量局出版,是介绍世界主要大洋航线的书籍,分 2 卷发行,包括大西洋的航线 NP136(1)和印度洋与太平洋的航线 NP136(2)。《世界大洋航路》支持大多数主要航线的深海航行规划,涵盖天气、洋流、冰灾和主要港口之间的距离等内容。相关的主要信息包括:第一,世界各个海洋的单独章节,详细介绍天气、气候、风、洋流、涌浪、季节因素和冰灾;第二,大量路线图和图表,用于展示气候、波高和载荷的影响线区;第三,海军部二维码,可快速访问影响出版物的所有航海通告(notice to mariners,NM)列表。此外,该书还提供了一些水文气象信息图表,例如世界气候图、波高图、世界主要表层洋流分布图、蒲福风级表、西太平洋和印度洋季风表、热带风暴表等。

除以上统计分析数据之外,全球各个气象观测组织还在其官网提供海洋水文气象历史数据的查询及下载功能。这些数据主要是利用遍布全球各海区的自动气象站(自动气象站是由电子设备或计算机控制的,自动进行气象观测和资料收集传输的气象观测平台)搜集并自动生成的。其中,比较著名的机构包括欧洲中期天气预报中心(European Centre for Medium-Range Weather Forecasts,ECMWF)、美国国家海洋和大气管理局(National Oceanic and Atmospheric Administration,NOAA)、中国国家气象信息中心(National Meteorological Information Center,NMIC)等。这些机构搜集、整理并分析了不同海区多年的水文气象数据,并制定了大量统计资料。

二、天气资料

(一)概述

天气资料主要是指海洋水文气象实况资料和预报图。在海洋工程物流中,这些资料是装卸搬运和拖航气象导航等具体活动实施的基础和科学依据。常用的天气资料有不同层次的天气图,各种要素的实况分析和预报图,卫星云图资料,海冰、雾的报告,风暴警报,海流分析和预报,波浪频谱资料以及航海危险通告等。这些资料主要来源于各国建立的气象观测机构,例如世界气象组织、国家气象中心、商船协作报告网、海军舰队数值中心、美国联邦航空局、斯克里普海洋研究所、日本海上保安厅海洋信息部、加拿大冰情预报中心等。

为获取海洋水文气象资料,需建立全球海洋监测网、通信网。从 20 世纪 70 年代开始,有关世界组织和各主要海洋国家都在致力于建设这样的系统。全球海洋监测系统是一个庞大的立体观测系统,它包括海洋和岛屿站、船舶站、浮标站、定高气球、火箭、飞机和气象卫星等,其中以浮标观测、船舶测报和卫星观测作用最大。

浮标观测是一种重要的海洋、河流或湖泊监测手段,它通过在水域中布放浮标来收集并传输各种环境参数数据,如水温、盐度、流速、风向风速、水质参数以及海洋气象信息等。

浮标观测对于气象预报、海洋资源开发、环境保护、灾害预警等领域具有重要意义。海洋浮标能长期、连续、自动遥测各种水文气象要素。海洋浮标有两种:一种是锚泊浮标,相当于一个海上自动水文气象站,它可以定时观测和发报;另一种是漂流浮标,与通信卫星结合,不但可以实时传输海洋观测资料,而且可以推测表层海流。这些浮标提供的资料是水温、波浪、风场和流场分析、预报的重要依据。

船舶海洋水文气象辅助测报(简称船舶测报)是目前全球海洋水文气象监测系统的重要组成部分。其主要内容是通过船舶在航行过程中对海洋水文和气象要素的观测、记录以及后续的资料处理,为实时天气和海况预报提供重要数据支持。测报的主要内容包括水文和气象等两部分要素。其中,海洋水文观测主要包括海水温度、盐度、流速、流向、波浪高度、潮汐等;气象要素观测主要包括气压、风向、风速、气温、湿度、能见度以及特殊天气现象(如雾、霾、沙尘暴等)。这些气象数据是天气预报和海况预报的基础,不仅有助于提升预报的准确率,更在防灾减灾方面发挥着至关重要的作用。船舶测报是世界气象组织规定各海洋国家应尽的一项国际义务;根据政府协议,将其纳入世界气象通信网络,可以及时、大量提供广阔洋区的天气和海况信息,是船舶气象导航的基础性信息之一。

卫星观测主要是利用气象卫星,采用遥感器感测海面的电磁辐射,以监视、分析和研究海洋环境。气象卫星有两种,一种是极轨卫星,它以近地轨道绕地球运转,极轨卫星距地面和高度约 800~1 000 km,每日可获得两次全球表面和大气层的近实时情报资料,对天气和海况分析预报很有价值;另一种是静止气象卫星,距地面约 35 800 km,它每隔 30 min 对固定区域进行一次观测,视野为南、北纬 60°之间,东西跨经距 140°左右,是监测海上热带气旋、风暴、台风、温带气旋、涡旋、海温、暴雨、海冰、冰雹等灾害性天气的有效手段。卫星资料能显示出天气系统的实时分布状况,为预报人员进行天气和海洋预报提供了极有价值的资料。过去,对于观测资料稀少的地区,特别是大洋地区资料缺乏连续性,使得天气预报带有很大的局限性和猜测性,而气象卫星的出现使海洋资料大大改观,对于天气预报能力的提高是个很大的促进。另外,通信卫星可进行岸–船直接通信,及时传递情报资料,这些都为船舶的航行安全提供了有的保障。

(二)获取途径

现代通信技术的飞速发展,使船舶驾驶员获取天气资料的途径越来越多。在航海活动中,驾驶员可以通过航行警告[电传]系统(Navigational Telex,NAVTEX)、全球海上遇险与安全系统(Global Maritime Distress and Safety System,GMDSS)的增强群呼(EGC)、气象传真、海岸电台发送的高频电传、电话以及登录全球互联网等多种途径,接收气象台站以声音、文字或图像等多种形式发布的海洋气象信息。

目前,船舶通常利用 NAVTEX 或 EGC 接收作业海区邻近台站发布的天气报告或恶劣天气警报,通过船载气象传真机实时接收航区邻近国家气象传真广播台发布的高质量的各种气象传真图,以便获取航区的天气和海况信息。船舶在近岸或港口附近作业时,可以收听、收看当地广播电视播发的气象信息。随着全球互联网在航海过程中的普及使用,船舶驾驶员登录全球互联网,可以查阅、下载所需海域更详细的、动态的、彩色的和高分辨率的气象和海况图像、文字信息。下面介绍航海活动中获取海洋气象信息的几种主要途径。

1.彩色海洋气象图像信息

彩色天气图和海况图是在特制的地图上填有各地同一时刻的气象和海洋观测记录,能够反映一定区域内的天气和海况的图。它是用来观察、监视和研究天气系统发生、发展演变和移动等情况的重要工具。由于它具有直观性较强、简单明了、图像覆盖范围大、资料连续性强、便于综合分析应用和长期保存等特点,优于海上其他海洋气象资料,因而得到广泛应用。

船舶驾驶员要想获取彩色天气图和海况图,可以登录全球互联网查阅下载,也可以由船公司相关技术人员上网查阅并下载后制作成压缩文件包,以电子邮件方式发送给驾驶员。在全球互联网上发布气象信息的网站特别多,几乎每个气象台站都有自己的网站。每个气象网站发布的海洋气象信息均包括实况和预报两种信息,信息内容有文字描述的,也有图表形式的。互联网上的天气和海况图具有快速、彩色、高画质和动态等许多优点,发展前景十分广阔。常用海洋气象信息发布网站列举如下:

世界气象组织:http://public.wmo.int/en

中国中央气象台:http://www.nmc.cn/

中国天气:http://www.weather.com.cn/

中国国家海洋环境预报中心:http://www.nmefc.gov.cn

中国香港天文台:https://www.hko.gov.hk

日本气象厅:http://www.jma.go.jp/jma/index.html

韩国气象局:http://www.kma.go.kr

美国国家海洋大气管理局海洋预报中心:http://www.opc.ncep.noaa.gov/

加拿大冰况、气象服务站:http://www.ec.gc.ca/glaces-ice

澳大利亚国家气象局:http://www.bom.gov.au/

通过以上网站还可以链接到许多其他气象网站。

2.气象传真图的获取

船舶在海上航行时,除了接收气象导航机构发布的气象导航信息外,还可利用气象接收设备获取气象传真台发布的气象传真图。气象传真图是去掉色彩并经过简化处理后的天气海况等传真图像资料。气象台站经常绘制的气象传真图有地面天气图、高空天气图、波浪图、台风警报图及各种辅助图,大多属于半数值半经验预报产品,可信度较高。

气象传真图中包含较多的实况图和预报图,在西北太平洋海区,日本气象传真广播一台发布的气象传真图应用较为广泛,预报精度高,能为海上船舶提供丰富的气象传真图资料。通过气象传真图,驾驶员可以了解大范围的天气演变过程,掌握航行海区已经发生和将要发生的海洋气象情况,这对保证船舶航行安全、合理选择航线等都有重要的意义。

世界气象组织将全球各地的气象传真广播台分为六个区域,即亚洲、非洲、南美洲、北美洲、西南太平洋和欧洲。船舶可以根据需要,利用船上的气象传真接收机有选择地接收各国气象部门发布的气象传真图,有关气象传真台的具体信息可查阅英版《无线电信号表》第三卷。在查阅时,首先按照分区查阅相应分册,根据索引图确定船舶附近的气象传真台站所在页码,再翻阅相应页码确定所用台站的详细信息,如发布台站的呼号、使用频率、发射时间、发射内容及节目表等。然后,按照所查到的信息调整气象传真接收机的频率,在相应时间接收所需要的气象传真图。

3.海上天气报告和警报

海上天气报告和警报是各国的海岸电台用无线电通信方式向船舶发布的天气情报。

船舶不论在航行中还是在锚泊中，每天都应按时接收和阅读使用海上天气报告和警报。现在，世界各国都按国际海事组织和世界气象组织所划定的海区范围，由指定的海岸无线电台播发海上天气报告和警报。例如，我国的天津、上海、广州、香港、基隆、花莲和高雄等岸台，每天定时用中、英文明码电报向国内外商船转发海上天气报告和警报。海岸电台的负责区域、广播时间、使用频率等可查阅英版《无线电信号表》第三卷。

海上作业的船舶驾驶员通常利用 NAVTEX 或 EGC 接收临近海岸电台发布的相应海区的天气报告或警报，也可以登录世界航行警告系统网站 http://weather.gmdss.org，点击相应气象警告区查询相关信息。

4.ECDIS 中海洋气象信息

根据国际海事组织《SOLAS 公约》的要求，从事国际航行的船舶需按要求逐步配备电子海图显示与信息系统(Electronic Chart Display and Information System, 简称 ECDIS)。ECDIS 是一种新型的船舶导航系统和辅助决策系统，能够与定位仪、罗经、计程仪、雷达、测深仪、AIS 和风向风速仪等各种助航设备连接；以电子航海图(Electronic Navigational Chart, 简称 ENC)为基础，融合《航路指南》、《进港指南》和《潮汐表》等航海资料，为船舶驾驶人员提供各种信息查询。

海洋水文气象信息可以以图形、图像、数据等方式叠加显示在 ECDIS 界面上，如洋流、潮汐、风场和气压场等信息可以直接在 ECDIS 中获取，从而使船舶驾驶人员对海洋气象信息的参考和利用更加方便和准确。

第三节　海洋地理信息

一、海底地形

(一)地形划分

随着科学技术的进步与发展，人类对海底地形的认识不断深入，目前已经能够采用相应仪器仪表对海底地形进行面状连续扫描并记录下来。与大陆地形一样，海底地形的形状多种多样，变化复杂。海底既有山峦峡谷，又有平原盆地，规模比陆地宏大。按照海洋的深浅程度和海底地势起伏的形态，海底形态一般可分为大陆边缘和大洋底两大部分地形单元，其中大陆边缘是大陆与大洋底之间的过渡地带，大洋底则是大洋的主体。

从海岸往深海方向构成稳定大陆边缘的主要形态有大陆架、大陆坡和大陆隆，它们的坡度和深度有很大的不同。大陆架是被海水淹没的大陆部分，深度一般在 200 m 以内，是目前钻探与开采海底石油活动最活跃的区域。大陆坡从大陆架外缘开始，至深度在 1 800~2 000 m 的区域，坡度较陡；大陆隆又称大陆裙或大陆基，其坡度平缓，深度约为 2 000~4 000 m。

大陆架的具体范围由联合国讨论确定，并不断变化。它涉及沿海国为勘探开发大陆架的自然资源而对大陆架行使主权的权利。大陆架常受台风(飓风)和寒潮大风入侵，伴随巨浪，其破坏力巨大。强风还会形成风暴潮，引起增水或减水。如恰遇天文高低潮和台风浪，海面将出现危险的高、低水位。寒冷地区大陆架还有海冰问题。此外，深海海域离陆地远，水深较深，水下压力高、温度低、能见度差，还常伴有地震、海啸，对海洋工程的设计、施工和营运都是很大的威胁和考验。我国的大陆架十分宽阔，东南濒临渤海、黄海、东海、南海，为太平洋西北部的边缘海，渤海和黄海完全位于陆架上。东海大陆架向东南方向延伸至冲绳海槽。长江口外大陆架最宽处达 560 km，陆架坡折处水深约 150 m。南海海域宽广，大陆架范围更大，大陆架宽度约 200 km。珠江口外最宽处达 330 km，陆架坡折处水深约 150 m。

大洋底主要由大洋中脊和大洋盆地组成。大洋中脊又称中央海脊或中央海岭，是全球规模的海底山脉或隆起。它纵贯太平洋、印度洋、大西洋和北冰洋，绵延不断，总长约 75 000 km，面积约占海底面积的 33%，平均宽度达 1 500 km，平均高出附近海底 1~3 km，脊顶处水深一般为 2~3 km，亦有的高出海面，形成岛屿。大西洋中脊约呈 S 形，在大西洋中部与两岸大致平行延伸。印度洋中脊在大洋中央如同"人"字分布。太平洋中脊的走向偏东侧，一般又称东太平洋海隆。各大洋中脊在南端互相连接，在北端则分别延伸伸入大陆。沿大洋中脊的轴部往往存在沿纵向延伸的中央裂谷。大洋中脊被认为是大洋板块增生与分离的策源地，其上常伴有地震和火山活动。大洋盆地介于大陆边缘和大洋中脊之间，面积约占海洋总面积的 45%，其上分布着许多次一级的海底形态，如海盆、海山、海岭等。大洋深海盆地底部的深海平原广阔而平坦，倾斜度很小。

(二)我国海域的海底地形

我国近海的海底地形，尤其是渤海、黄海、东海的海底地形，与我国大陆的地形具有相似性，呈现出西浅东深的特点，总趋势是从西北向东南倾斜。渤海和黄海全部属于大陆架区，没有大陆坡和深海盆。东海约有 2/3 的海区属于大陆架，只有东部一小条狭窄地带为大陆坡区。南海沿大陆、半岛及岛屿的边缘部分属于大陆架，且其坡度较陡。大陆坡主要分布在南海，其主要特征是在阶梯状的地形上分布着无数的珊瑚礁。东海东南侧也有一块与深海海沟相连的大陆坡。深海盆地只有南海才有，它被称为"南海中央盆地"。

渤海深度最浅，四周深度在 20 m 以内，中央部分的深度为 20~30 m，最深的地方在老铁山水道，约 86 m。黄海是一个深 100 m 以内的浅海，东侧较深(50~80 m)，西侧较浅(20~50 m)，北黄海较浅(50~60 m)，南黄海较深。长江口以北的江苏海面，近岸处沙滩很多，水深大部分不到 20 m，有的沙滩退潮时露出海面成为航行障碍，而长江口外的沙滩，深度不到 30 m。东海深度较大，约一半是水深 100 m 以内的浅海。东部水深很大，最大深度可达 2 700 m 左右。南海深度最大，台湾、海南岛以及靠近大陆附近的深度在 200 m 以内，加里曼丹岛、马来半岛一侧具有宽广的大陆架，深度在 60~80 m，其余海区均超过 200 m。中部是南海盆地的中央，平均深度约 4 000 m，最大深度可达 5 500 m。

总体来说，我国四海的地形特征是：

(1)渤海、黄海、东海是紧靠我国大陆而连成一片的广阔浅海，南海除部分区域外也有广阔的大陆架等相对较浅的区域。海底平坦、坡度徐缓，各海区都微向东南倾斜，形成了广阔的大陆架区域。

(2)大陆上有很多河流，经常不断地注入大量淡水和悬浮物。河流的沉积作用，逐渐改变海底地形(如长江口外，海的等深线分布有明显的曲折)。

(3)海岸线曲折迂回，形成许多港湾，沿岸有很多岛屿，使水文状况复杂化。

(三)海底地形的测绘方法

海底地形的测绘主要通过以下几种方法：

（1）侧扫声呐

侧扫声呐是一种利用声波探测海底的设备,通过发射和接收海底回波信号获取海底地形信息。硬的、粗糙的和凸起的海底回波信号强,而软的、平滑的和凹陷的海底回波信号弱。通过分析这些回波信号,能够获取海底的起伏形态以及质地软硬等信息,进而绘制出海底地形地貌图。侧扫声呐具有较高的横向分辨率,能够提供分辨率较高的二维海底地貌图,并且对特殊外形的水下目标识别能力强,因此被广泛应用于水下探测。

（2）水下地形测量

水下地形测量是工程测量的一种,主要测量江河、湖泊、水库、港湾和近海水底点的平面位置与高程,以绘制水下地形图。其主要内容是在陆地建立控制网和进行水下地形测绘。水下地形测绘包括测深点定位、水深测量、水位观测和绘图。测深点定位的方法有多种,如断面索法,是在测量断面上设置绳索,通过绳索上的标记确定测深点位置;经纬仪或平板仪前方交会法,利用经纬仪或平板仪在不同控制点上对测深点进行观测,通过交会计算确定测深点的平面位置;六分仪后方交会法,使用六分仪观测已知目标的夹角,通过计算确定测深点的位置等。水深测量采用测深杆、测深锤和回声测深仪等器具,通过计算水底高程和绘制等深线来表示水底的地形情况。

回声测深仪是用来测量水深以保证船舶航行安全的设备。早期的测深工具有测深杆和测深锤。测深杆是一根在不同深度处涂有不同颜色油漆的杆子,俗称花杆。测深锤（又称水砣）是用系有铅锤的绳子替代竹竿,绳索上同样以不同颜色标识深度。测深杆和测深锤至今仍在一些浅水区域作为船舶的测深工具。目前,在航海中广泛使用的测深仪是回声测深仪。回声测深仪是利用声波在水中的传播速度恒定的特性而研制的。它由发射系统、接收系统、换能器、深度显示器和电源设备五部分组成,如图7-1所示,发射系统产生一定能量的电脉冲信号,经发射换能器将电能转换为声能;安装在船底或舷侧的发射换能器按一定的时间间隔向海底发射超声波。声波抵达海底后,一部分反射回来由接收换能器接收,并将声能转换为电能。经接收系统放大处理后,再由深度指示器显示出水深。

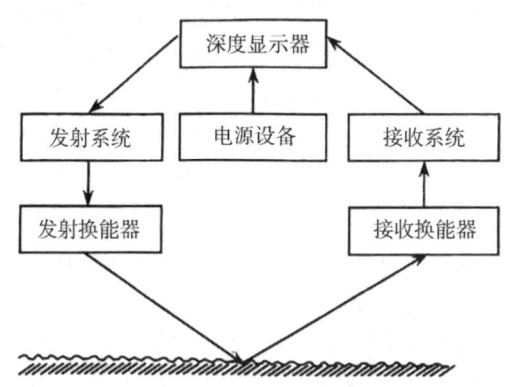

图7-1　回声测深仪的组成

（3）海洋地质调查

利用回声测深仪、旁侧声呐和多波束测深仪等设备,通过发射声波并接收回波信号来调查和绘制海底地形地貌图。此外,还使用拖网、抓斗以及柱状取样器和海洋钻探等方法获取沉积物和岩石样品,以了解海底地质构造及矿产资源。

（4）海洋声学遥感

这是一种利用声学原理探测海洋的有效手段，可以探测海底地形、进行海洋动力现象的观测、海底地层剖面探测，以及为潜水器提供导航、避碰、海底轮廓跟踪的信息。比如在海洋科研中，通过海洋声学遥感技术可以探测深海海沟的地形变化；在潜水器作业时，为其提供准确的导航信息，使其能够避开障碍物，沿着预定的海底轮廓行进。

这些方法各有特点，但共同目的是获取准确的海底地形地貌信息，为航海、军事和海底工程等领域提供重要参考数据。

二、作用与分类

（一）作用

海底地形对海洋工程物流具有多方面的影响，具体包括运输路线的选择、航行安全、装卸作业选址和时机等方面。

首先，海底地形地貌的复杂性和多样性直接决定了运输路线的选择。在规划运输路线时，必须充分考虑海底山脉、海沟、浅滩、暗礁等地形特征。对于大型海洋工程结构物的运输来说，避开陡峭的海山、深邃的海沟以及可能存在的暗礁区域，选择相对平坦且水深适宜的航道是至关重要的。同时，海峡、岛屿等地理特征也可能成为运输路线规划中的关键节点，需要仔细考虑其通航条件和安全性。

其次，海底地形地貌还会影响运输船舶的航行安全。浅滩和暗礁可能导致船舶触礁或搁浅，而强烈的海流和潮汐则可能增加船舶操控的难度，因此，必须对这些地形地貌特征进行细致的分析和评估，以确保船舶能够安全航行。

此外，作业水域的水深、进出港航道、掩护条件等会直接影响装卸作业位置和时机的选择，在某些情形下，装卸作业区域的港区地形条件可能直接影响装备制造商的选择。

最后，海底地形地貌还会影响运输活动的效率和成本；例如，在某些地形复杂的水域，船舶可能需要绕行或采取其他措施来避开障碍物，这将增加运输时间和运输成本。

（二）分类

早期的海洋地理信息（例如海图）主要用于描述陆地与海洋之间的地理关系。然而，随着科学技术的不断进步，海洋地理信息已从单纯的地理学范畴逐渐向环境、资源、生态等多个领域拓展。截至目前，海洋地理信息已成为涵盖海底地形、海洋环境、海洋生物分布、海洋资源、海洋气候、海洋污染以及人类海洋活动等多方面信息的集合，它结合了诸多领域的知识，运用遥感技术、地理信息系统（GIS）、全球定位系统（GPS）等现代信息技术手段进行数据采集、处理、分析、存储、管理和可视化表达。这些信息主要包括：

1.海底地形信息

（1）水深数据：通过声呐测量和多波束测深系统获取的海底深度信息，进而构建海底地形模型（如数字高程模型 DEM），揭示海底山脉、海沟、洋中脊等地貌特征。

（2）海底地质结构：利用地震波反射、重力测量等手段研究海底岩石类型、地层结构、板块边界等，对理解海洋板块运动、海底火山活动至关重要，有助于预测海底地震、火山喷发等地质灾害，为海洋工程建设提供地质基础资料。

2.海洋资源信息

（1）矿产资源：包括多金属结核、富钴结壳、热液硫化物、可燃冰等海底矿产资源的分布与储量评估。

（2）生物资源：通过基于渔业调查、生态监测数据，分析鱼类、贝类、海藻等海洋生物的种类、数量、分布及季节变化，支持可持续渔业管理。

（3）海水资源：评估海水盐度、温度、化学成分等数据，为海水淡化、海洋能（如潮汐能、波浪能）开发提供依据。目前，海洋能开发技术仍在不断发展和完善中，面临着成本较高、能量转换效率有待提高等挑战。

3.海洋气候与环境信息

（1）海洋温度与盐度：通过浮标、卫星遥感和船只观测，监测全球海洋的温度和盐度变化，对理解海洋环流、气候变化有重要意义。

（2）海洋灾害预警：利用 GIS 技术，集成海啸、风暴潮、赤潮等海洋灾害的预警模型，提高灾害预防与应急响应能力。

（3）海洋污染监测：通过追踪油污、塑料垃圾、化学污染物等海洋污染物的来源、扩散路径及影响范围，以促进海洋环境保护。

4.人类海洋活动信息

（1）航运与港口：通过记录航线、港口位置、船舶动态等数据，优化航运路线，提升港口运营效率。

（2）海洋工程：包括海上风电场、海底管道、人工岛礁等建设项目的规划、设计与实施情况。

（3）科研探索：记录海洋科学考察、深海探测、资源勘探等活动的路线、发现与成果，推动海洋科学的发展。

三、航海图

航海图（以下简称海图）是当前全球范围内记录海洋地理信息的官方资料。目前，主流的海洋地理信息系统都是以海图的形式发布的。古代海图的发展经历了从原始描绘到专业绘制的漫长过程，逐步形成了系统的航海图集。古代的海图不仅用于航海，还反映了当时人们对世界的认知。例如，英国赫里福德大教堂的世界地图简单描绘了世界的轮廓和主要城市，而古希腊人则尝试客观描绘世界，反映了他们对地理的认识和贸易的需求。欧洲早期最著名的航海图集是托勒密的《地理学》，它使用了经、纬线描绘大陆与海洋之间的地理关系。

我国唐代中期，贾耽绘制了《海内华夷图》，这是有记载的第一幅海图。该图采用了"一寸折百里"的比例尺，广收博采，内容丰富，对后世的地图绘制产生了深远影响。宋代，徐兢随同中书舍人傅墨卿出使高丽，归后撰写了《宣和奉使高丽图经》，详细记录了航道和沿途地点。明代是航海图发展的一个新高峰。《郑和航海图》是最著名的航海图集之一，详细描绘了郑和下西洋的航线及所经区域的地理概貌。此外，《海道指南图》和《琉球过海图》等也反映了当时航海技术的进步。

早期的海图标注了海洋与大陆之间的地理关系，但缺乏对海底地形的专门表述。为了进一步满足航海探险事业的需要，西班牙、葡萄牙等国在 16 世纪初成立了监督海图制作的官方机构。1504 年葡萄牙开始在航海图上记载浅海区域的水深，这是现代海图表示海底地形基本方法的开始。

海图中海底地形的表示方法主要包括符号法、深度注记法、等深线法、分层设色法、晕渲法和写景法。这些方法用于在海图上准确表示海底地形的特征和细节。符号法是一种简单直观的方式,借助不同的符号来呈现不同的海底地形特征。深度注记法直接在图上标注深度数值,让航海者能够清晰知晓水深状况。等深线法通过将深度相同的点相连,从而形成等深线,以此来展现海底的起伏变化与形态特点。分层设色法依据水深的差异,运用不同的颜色进行区分,便于识别各类海底地形。晕渲法和写景法则是通过特定的绘图技巧,巧妙地模拟海底地形的立体感和细节,使海底地形图更加生动和准确。除了上述方法,还有一些补充的表示方法,如明暗等深线法和晕线法,这些方法进一步丰富了海底地形图的表达方式,提供了更多的地形细节和视觉效果。这些方法共同保证了海图能够准确、详细地反映海底地形的复杂性和多样性。

海图中的海底地形的数值通常是采用水深来表达的。由于月球引力的作用,全球绝大部分海域的水深会因潮汐作用而发生变化。因此,同一地点不同的时间段的水深通常是不同的。这就需要在海图中设置水深的起算面(即水深为 0 的平面)。在海图中,水深的起算面是海图水深基准面,也称为深度基准面,是指海图上标注水深的起算面。这个基准面的设定是为了保证航行安全。也就是说,从安全角度考虑理论上船舶到达海图上的某一位置时,该点的水深不能小于海图上标注的水深。

具体来说,海图水深基准面可以是理论深度基准面,这是通过潮汐调和分析推算出的最大低潮面,也可以是低于多年观测到的最低低潮面的水平面。例如,海军司令部航海保证部发布的海图是以理论最低潮面作为基准面,英国海军海道测量局出版的海图则是以天文最低潮面作为基准面,尽管这两类基准面在统计和计算方法上略有差别,但其原理基本相同。这样的设定使得船舶驾驶人员可以根据图注水深加上当地按该基准面测得的水位,来判断航道中的实际水深,从而确保航行的安全性。

(一)纸质海图

纸质海图是海图的传统形式,是一类静态且详细描绘与航海相关资料(如岸形、岛屿、礁石、浅滩、水深、地质、水流资料、助航设施等)的海上地图。国际标准海图纸的尺寸为1 189 mm × 841 mm,即所谓"A0"尺寸。其长宽比接近黄金分割规则,特点是每次对折后,长宽比不变。以下,将依据国家市场监督管理总局和国家标准化管理委员会联合发布的《中国航海图编绘规范》(GB 12320—2022),简要介绍纸质海图。

海图主要展示某一特定区域内与航海有关的各种要素的特点及相互之间的关系,主要包括如下内容:自然要素,包括海岸性质和形状、干出滩性质及起伏形态、海底地貌的特征、岛屿、礁石、底质、海流潮流特点、沿海陆地地貌的基本形态等;人文要素,包括居民地的分布特点、水陆交通情况等;航行要素,包括港口分布情况,港口的类型和规模,港口设施的完备程度以及航道、锚地、航行目标航行障碍物的分布情况等。其图面配置包括但不限于标题、资料采用略图、图幅索引图、信表、潮流表、无线电导航设施表、对景图、航路参考图及有关航行的文字说明等。

海图所使用的制图资料主要包括:控制测量资料,包括各类控制点的成果,这些成果为海图的精确绘制提供了基础地理坐标信息;测量成果资料,包括军队测绘部门和其他具有专业资质的测量单位测得的水深、海岸地形地貌成果及障碍物探测资料等,是反映海底及海岸实际情况的关键数据来源;成图资料,包括各种地形图、海图、专题图、图集等;遥感影像资料,包括航空摄影测量资料和卫星遥感资料;其他资料,包括各种文档、数字资料和图片资料等。

海图以能满足航行安全需要、便于使用为基本原则。首先,海图内容应以海域要素为主,详细表示航行障碍物、助航标志、港口设施及潮流、海流等要素;陆地着重表示沿海的航行目标和主要地貌、地物。其次,要保持良好的现势性,制图资料应采用最新成果,航海图出版后,当海区发生变化时,应及时更新。最后,应与同地区的《航路指南》《港口指南》《航标表》《潮汐表》等基本航海资料的有关内容统一协调。

根据用途,海图可分为以下三种:

(1)总图:包括世界海洋总图、大洋总图和海区总图。主要供研究海洋形势、拟订航行计划等使用。总图的比例尺为 1∶3 000 000 或更小,以完整呈现特定海区的范围、地理与航行特点为原则。海区范围较小时,比例尺可适当放大,以突出显示要表示的海区。

(2)航行图:包括远洋航行图、近海航行图和沿岸航行图,主要供航行使用。航行图的比例尺为 1∶100 000~1∶3 000 000(不含);其中:远洋航行图的比例尺为 1∶1 000 000~1∶3 000 000(不含);近海航行图的比例尺为 1∶200 000~1∶1 000 000(不含);沿岸航行图的比例尺为 1∶100 000~1∶200 000(不含)。

(3)港湾图:包括港口图、港区图、港池图、航道图、狭水道图等,主要供进出港口、锚地、通过狭窄水道,进行港口管理等使用。港湾图的比例尺大于 1∶100 000,视港湾、狭水道的具体情况确定。

世界海洋总图与大洋总图应采用两位数字编号,海区总图应采用三位数字编号,航行图和港湾图应采用五位数字编号,编号方法应符合附录 A。

(二)电子海图

通常,电子海图分为光栅海图(Raster Navigational Chart,RNC)和电子导航图(Electronic Navigational Chart,ENC,有些资料中亦称之为矢量电子海图)两大类。

根据国际海事组织(International Maritime Organization,IMO)下属海事安全委员会(Maritime Safety Committee,MSC)发布的 Resolution MSC.530(106)(2022 年 11 月 7 日通过),RNC 是指由政府授权的水文办公室发起或授权分发的纸质海图的副本。RNC 是由纸质海图经扫描形成的数字信息,可视作纸质海图的复制品,在本质上与纸质海图相同。根据相关标准,RNC 用于表示单个图表或一组图表,在展示方式上与 ENC 有所差别,现代的 RNC 主要以静态数据的形式在电子显示屏上展示。

光栅海图显示系统(Raster Chart Display System,简称 RCDS)是一种导航信息系统,可显示导航传感器的位置信息,并以导航中心为参考,协助水手进行路线规划和监测,还可根据需要显示额外的导航相关信息。20 世纪 70 年代末至 80 年代中期,人们主要是想减少体积和减轻海图作业的劳动强度,因此仅仅把纸质海图经过数字化处理后存入计算机。1979 年,加拿大 OSL 公司推出了第一代的商用电子海图系统 PINS,拉开了电子海图系统技术发展的序幕。目前,RNC 主要用于 ENC 的备份产品,即当 ENC 无法发挥其作用时(例如设备或数据损毁),海员可以利用 RNC 进行导航。

根据 MSC.530(106),ENC 是由政府、授权水文办公室或其他相关政府机构授权,与 ECDIS 配合使用的数据库。其内容、结构和格式标准化,并符合 IHO 标准。ECDIS 是一种具备足够备份安排的系统,能接受符合《国际海上生命安全公约》(SOLAS 公约)法规 V/19 和 V/27 要求的最新海图和航海出版物。它通过显示系统数据库中的选定信息以及导航传感器的位置信息,协助海员进行路线规划与监测,必要时还能显示额外的导航相关信息。

ENC 是数字化海图信息的分类存储,可查询任意图标的细节。在功能和智能化方面,ENC 矢量海图明显优于纸质海图。

ECDIS 是随着航海技术、测绘技术、计算机技术等发展而产生的一种以数字形式表示的实时导航信息系统。与其他舰船导航系统能够通过观测、测量等手段获得舰船位置、速度和姿态信息不同,ECDIS 以计算机为核心,综合定位、测深、计程仪、雷达等各类设备,以 ENC 为基础,能综合反映舰船行驶状态,并完成航线设计、航线检查、航行计算、航行标记和信息处理等诸多航海功能。ECDIS 是航海领域出现的又一项伟大的技术革命,具有纸质海图无法比拟的优势,能够综合水域地理信息,连续给出船舶位置和相关的水域信息,辅助船舶航行,预防各种险情,保障航行的安全性。

自 20 世纪 80 年代中期开始,由于 ENC 在保障船舶航行安全方面发挥着重要作用,它得到了国际海事组织、国际海道测量组织、国际电工委员会等众多权威机构的关注。1986 年,国际海事组织和国际海道测量组织同意成立一个由各国有关部门组成的协调小组(HE),共同参与电子海图技术讨论,1987 年和 1989 年两次起草了 ECDIS 规范。同时,ENC 的各种潜能也开始挖掘,如在 ENC 上显示船位,航线设计,显示船速、航向等船舶参数,报警等。截至目前,ENC 作为航行信息核心,构建了与包括雷达、定位仪、计程仪、测深仪、GPS、VTS、AIS 等各种设备和系统的接口和组合,对保证船舶航行安全起着重要作用。

而随着 ECDIS 各类标准和规范不断建立和完善,各种性能优良的 ENC 产品也不断推陈出新。尽管 ENC 技术的发展只有几十年的历史,但现今国际上从事 ENC 研发和生产的大公司有上百家。我国从 20 世纪 80 年代后期就开展 ENC 技术的研究,并取得了可喜的成果。海军海图出版社不仅完成了数字海图的建库工作,而且紧跟国际标准发展,能够批量生产发行国际标准数据和军用海图数据。2011 年 8 月 25 日,我国在北京举行中国官方电子海图发布会,正式对外推出国际标准版的中国海区电子海图。这是我国首次对外正式发布中国海区国际标准电子海图。与此同时,包括海军海洋测绘研究所、海军大连舰艇学院、哈尔滨工程大学、船舶系统工程研究院等多家单位成功研制多种系列电子海图应用系统,并推广应用到军民船舶领域。

第四节　船舶航行信息

海洋工程物流活动除受水文气象信息和海洋地理信息的影响之外,还可能受到船舶航行信息的影响,例如:

(1)船舶实时位置与计划航向。实时了解船舶当前位置和计划航向,以确保按照预定路线航行。

(2)船舶航行速度与状态监控。监控船舶的航行速度和航行状态,包括是否按预期速度航行,以及是否出现异常或需调整的状况。

(3)航行规划与路线遵循情况确认。确认是否严格遵循预定的航行路线和计划,确保按照规定的航线安全航行。

(4)通航要求与交通管制信息了解。了解目的地或途中可能涉及的通航要求和交通管制,从而确保船舶能够合法、安全地进入和离开目的地港口或水域。

（5）紧急情况的预警与准备。保持对潜在紧急情况的预警，并做好相关准备工作，包括确保船员紧急响应计划的有效性和通信设备的正常可用。

下面将简要介绍部分信息的获取方式。

（一）航海雷达

航海雷达（Marine Radar）是安装在船上用于航行避让、船舶定位、狭水道引航的雷达，亦称船用导航雷达。雷达能够及早地探测到远距离的目标，准确地测定目标的方位、距离以及计算出目标船的航向、航速和其他有用参数。在夜间，尤其是在能见度不良时，雷达为驾驶员提供了必需的观测手段，是航海技术发展史上的重要里程碑。现代船用雷达多与自动雷达标绘仪（ARPA）合为一体，作为组合导航设备中的一个重要传感器，在船舶避碰和导航领域里占有不可取代的地位。

（二）卫星导航系统

卫星导航系统采用导航卫星（人造地球卫星）、地球站和船舶卫星导航接收机组成导航系统，可精确测定船位。地球站是一组（如分设四处的）地面跟踪站，当卫星通过跟踪站上空时，地球站即自动跟踪、测量和记录卫星的运行轨道数据，并由计算机计算出精密的轨道形状，推算出卫星在随后一段时间内的具体位置。跟踪站将这些时间和位置数据发送给导航卫星。导航卫星虽然没有固定的位置坐标，但却有其确定的运行轨道，当它接收到地球站发来的信息后，即储存新的轨道参数，清除旧的轨道参数，并定时周期性地向用户发布。当船舶卫星导航接收机（用户）接收到一个或几个卫星播发的信号（时间与卫星天体位置信息），就可确定船舶与卫星的相对位置，并由计算机解算出船舶的地理坐标，最后由显示设备输出船舶的具体位置。卫星导航系统具有的一些功能：

（1）定位：船舶航行卫星导航系统通过卫星信号确定船舶的位置。船舶在海上航行时，无法依赖传统导航标志物，卫星导航系统可将确定的船舶位置显示在导航设备上，提供航行所需的位置信息。

（2）航线规划：它能综合考虑海流、风速、海况等多种因素，助力船舶选择更安全、经济的航线。这有助于提高船舶的航行效率，并节约时间和燃料成本。

（3）预警：它可对海上的障碍物、危险区域以及导航标志物等进行监测，及时提醒船舶规避。

目前，全球应用较为广泛的卫星导航系统有：

（1）全球定位系统：全球定位系统（Global Positioning System，简称GPS），是美国研制发射的一种以人造地球卫星为基础的高精度无线电导航定位系统。GPS由导航卫星、地面控制站和接收设备组成，是一种利用卫星定位技术确定地理位置的系统，可提供全球范围内的精确定位和导航服务。

（2）北斗卫星导航系统：北斗卫星导航系统（Beidou Navigation Satellite System，简称BDS），是中国自主研发的全球卫星导航系统。其主要功能是为航空、海洋、陆地等领域提供位置、速度和时间信息。在船舶海上航行领域，北斗导航系统的应用研究意义重大，对提升航行安全性与效率起到了关键的推动作用。

（三）AIS

AIS是海上的助航系统和设备。通过建立AIS岸站，可以对安装了该系统的船舶进行跟踪和监测。由于其信号基本不受恶劣天气和海况的影响，AIS可以确保在一望无际的大海中航行的船舶与陆地之间保持通信,从而有效促进海上与陆上的信息沟通,加强海上航行船舶之间的实时监测能力,为船舶保驾护航。

AIS 在船舶监测方面起到了至关重要的作用。该系统可以利用类似于 ID Number 的船舶唯一编码——MMSI 码,高精度定位海上航行或停靠的船舶。通过 AIS 反馈的信息可以为船舶操作人员提供精确详细的航行状态信息,时刻监测船舶在海上航行过程中的动态安全状况。当有船舶遇险时,AIS 能及时为遇险船舶进行报备,并提供搜救服务,还可对船舶进行监视和控制,提高辖区海事管理部门的沟通与协调能力,加强海上航行安全,为航运企业和海洋运输提供保障。

AIS 是由国际海事组织、国际电工委员会、国际电信联盟及其他相关组织共同研究并开发,以信息和电子技术为核心的船舶导航技术。它通过在甚高频频率上周期性地广播本船静态、动态、航次及安全状态等信息,实现船舶与船舶之间、船舶和岸站间的信息交互,达到船舶避碰、领航调度和航运管理等航行辅助决策的目的。基于附近船舶的 AIS 报文,船员可结合电子海图的具体信息,设计合理的航行线路,避免事故发生。尽管雷达也能实现与 AIS 类似的导航功能,但 AIS 的准确性远远高于后者。AIS 可以较好地避免天气等因素的影响,并且能有效防止障碍物信息获取的干扰。

(四) VTS

VTS 是一种用于管理特定水域内船舶交通的系统(见图 7-2)。船舶交通管理系统主要设置于港口的进出航道,以及具有交通密度高、载运有毒或危险货物、航行条件复杂、处于狭水道或环境敏感区等特征的水域。通过收集和处理船舶相关数据,提供实时的船舶位置和交通流动信息,以帮助船舶和港口管理者做出更准确的决策。该系统的主要目标是促进船舶交通安全、提高交通效率以及保护水域环境。

与 AIS 被动接收船舶发送的位置信息数据(若船方关闭 AIS,便无法实现定位)的方式不同,VTS 是一种主动探测系统。通常由多个子系统组成,包括监测子系统、数据处理子系统、信息传输子系统及通信子系统等。这些子系统共同协作,实现对船舶的实时监控、交通管理、信息服务等功能。

(1)监测子系统:主要通过雷达、CCTV 系统等设备对靠近海岸的船舶进行实时监控,获取船舶的位置、速度、航向等信息。

(2)数据处理子系统:对监测子系统收集到的数据进行处理和分析,生成船舶交通状况报告、船舶动态信息等。

(3)信息传输子系统:将处理后的信息传输给船舶和港口管理者,以便他们做出决策。

(4)通信子系统:提供船舶与港口管理者之间的通信服务,包括甚高频无线电话、传真、广播等。

VTS 主管机关是由政府设立的,全部或部分负责船舶交通安全、效率和环境保护的机关。主管机关通过设立 VTS 机构,专门负责 VTS 的管理、运行和协调,并与参加 VTS 的船舶相互作用,提供交通安全和效率方面的服务。VTS 机构内设 VTS 中心,并配备适当资格的 VTS 操作员,具体负责一项或多项 VTS 的任务,他们通过视觉或利用雷达、雷达数据处理装置(RDP)、甚高频无线电话(VHF)、AIS、闭路电视(CCTV)、甚高频无线电测向仪(VHF DF)、环境监测传感器等设备对船舶进行识别、跟踪和记录,对环境进行监测和记录,利用无线电通信设备并遵循船舶报告制的程序与船舶进行联系,形成双向的信息流。VTS 机构审核和批准船舶的航行计划,向船舶提供信息服务、助航服务和交通组织服务,支持海上防污

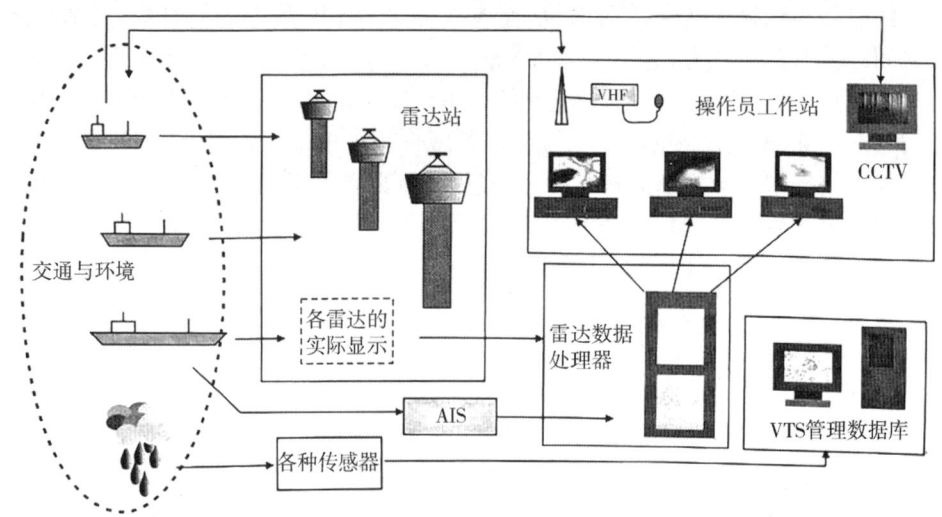

图 7-2　VTS 示意图

染和海上搜救等联合行动。VTS 的有效性取决于通信的可靠性和连续性,以及提供良好和明确信息的能力。任何 VTS 的具体目的应根据所要解决的具体交通问题而定。

VTS 区域是指由主管机关划定并公布的、可供 VTS 有效管理的区域。一个 VTS 区域可细分为若干分区,各 VTS 区域或分区内的 VTS 中心均有独立名称,其服务区界限会在相关规则和航海出版物中予以明确。VTS 分为港口 VTS 和沿海 VTS。港口 VTS 通常是向进出港口的船舶提供助航服务和/或交通组织服务,沿海 VTS 通常是向经过 VTS 辖区的船舶提供信息服务。有的 VTS 包含这两种,而且它们提供服务的种类和等级可能不同。

船舶在 VTS 服务区中航行时应利用 VTS 服务。参加 VTS 可以是强制的或自愿的,这取决于管理规则的具体规定。如果不是强制的,船舶也可以利用 VTS。有关船舶实际航行和操纵的决定权属于船长。VTS 航行计划和修改该计划的要求或协议都不能取代船长关于船舶实际航行和操纵的决定。与 VTS 中心或其他船舶的通信应在指定的频道上进行,并符合 ITU 和《SOLAS 公约》第 Ⅳ 章规定的程序,特别是关于进行操纵的通信。VTS 程序应规定通信的种类和守听的频道。在进入 VTS 区域之前,船舶应完成包括缺陷报告在内的所有应该发送的报告。在通过 VTS 区域期间,船舶应遵守管理规则和规定,在指定的频道上连续守听。如果与 VTS 机构共同达成了航行计划,还应报告背离该航行计划的情况。船长应向 VTS 中心报告其观察到的航行危险物或污染。

在船上的通信设备完全失效的情况下,船长应尽力用任何其他可用的通信手段通知 VTS 中心和附近的其他船舶有关其在指定的频道上不能进行通信的情况。如果这个技术故障使船舶不能参加或继续参加一个 VTS 服务,船长应将不参加或再参加的事实和理由记入航海日志。船舶应备有涉及识别、报告和/或拟进入的 VTS 区域的管理规则的出版物。

VTS 可具有信息搜集、信息评估、信息服务、助航服务、交通组织和支持联合行动的功能。通常,一些大型港口的 VTS 具备上述 6 种功能,而部分沿海 VTS 及中小型港口的 VTS 可能仅拥有其中部分功能。但无论如何,信息收集、信息评估和信息服务是所有 VTS 均应具备的基本功能。

(1)信息收集和信息评估:为了实现 VTS 信息服务、助航服务和交通组织服务,VTS 操作员须形成 VTS 的交通图像,掌握交通的发展状况。为此,他们必须进行信息收集和信息评估工作。所收集的信息主要包括:VTS 区域的水文和气象数据、航道状况、航标状况、设备运行状态、船舶航行状态,特别是船舶装载的危险货物、船体结构和机器设备的运行状态,拖船、引航员和泊位资源的使用情况等。水文、气象数据来自有关的传感器,联合服务、邻近的 VTS 和岸上相关机构的数据可通过电话、电报传真、局域网、互联网等途径传送,船舶动态数据可通过目视、VTS 雷达、AIS、ECDIS、CCTV(含红外功能)设备和船舶报告等方式获得。

数据评估中最重要的内容是 VTS 区域内的船舶动态,以确定 VTS 机构是否需要采取行动以及如何行动。评估一艘船舶的动态时,需要综合考虑附近其他船舶的动态、所在区域的地理特点、水文气象状况、航路分布、可航水域、船舶定线制以及交通规则等因素。建立 VTS 图像最简单的方法是手工制作,不过,这只适用于船舶交通密度低、水域宽敞、碍航物少、船舶机动水域较大的 VTS 区域。对于船舶交通较复杂的 VTS 区域,利用计算机生成 VTS 交通图像可以大大提高 VTS 操作员的工作效率。利用专门的计算机软件处理由雷达和各种传感器输入的数据、电子海图数据、当地交通规则相关数据等,VTS 操作员可以在短时间内对整个 VTS 区域中的交通形势做出总体的评估,迅速识别出违规船舶和潜在的危险。通过设定报警区或报警线等方法,计算机可在船舶进入报警区或穿越报警线时发出报警,提醒 VTS 操作员注意。VTS 操作员应始终综合考虑所有影响交通的因素,掌握其服务区中船舶交通的总体情况,形成一个交通图像,并据此对船舶交通形势的变化做出反应。这种交通图像使 VTS 操作员能够评估交通状况并做出相应的决定。形成这种图像所需要的数据包括航道及其水文、气象的数据,交通状况的数据,船舶报告所要求的数据等。获得的数据应被处理和评估,并将评估后的结论通知参加 VTS 的船舶。转发 VTS 传感器的信息及交通图像的信息不同于包含了个人见解的航行建议。

(2)VTS 的服务:VTS 应至少包括信息服务,还应包括其他服务,如助航服务或交通组织服务或两者兼有。信息服务是指保证驾引人员在船上进行航行决策时能及时获得必需信息的一种服务。信息服务在固定的时间或 VTS 机构认为必要时或应船舶请求通过信息广播提供。内容包括可能影响船舶航行安全的因素,如:船位报告、他船的识别和意图、水道条件、天气、危险物等。VTS 操作员基于 VTS 交通图像,向 VTS 用户发布经过评估的数据,一般用 VHF 或其他无线电设备进行。发布与船舶直接相关的任何 VTS 信息需要指明它属于信息、建议或指令。由 AIS 岸台向船舶发布 VTS 信息可使信息发布更快捷,信息传输所受的干扰最小,不占用 VHF 语音通信频道,可以确保配备并正常使用 AIS 设备的船舶收到信息。除无线电系统和 AIS 系统外,在适当的情况下也可通过显示视觉信号、信号灯或用扬声器等进行信息服务。

助航服务是指帮助驾引人员在船上进行航行决策并监视其效果的一种服务。助航服务在困难的航行或气象条件下或船舶出现故障时非常需要,一般应船舶请求或 VTS 机构认为必要时提供。

交通组织服务是指在 VTS 区域内,为防止形成危险的海上交通局面和维持安全而有效率的船舶交通运行所提供的一种服务。涉及船舶交通的操作管理和提前安排船舶动态以防止出现拥挤和危险局面,尤其是交通密度高的时候或某些特殊船舶的动态影响到其他船舶的通行时。常见的交通组织服务形式还有:与优先级别有关的通行许可制度或航行计划或两者的结合,空间分配,VTS 区域内的强制报告,指定航路,速度限制等。

由 VTS 机构发给一艘船舶或多艘船舶的信文应清楚地指明其是否包含信息、建议、警告或指令。当 VTS 机构被授权向船舶发布指令时,这些指令应只是导向性的,具体的执行,如应驶的航向或机器操纵,要留给船上的船长或引航员来决定。VTS 的运行不应侵占船长对船舶航行的指挥权,除制定法规和规则以加强对船舶交通的限制外,还有三种主要的方法。同时,VTS 的运行也不应扰乱船长与引航员之间的传统关系。

我国各地 VTS 运行过程中为船舶提供的服务主要是接受船舶报告、监视和跟踪船舶、提供信息服务和交通组织服务,有的还提供助航服务。上海港 VTS 包括吴淞口海事处 VTS 和洋山海事处 VTS。吴淞 VTS 于 1994 年建成并对外运行,是我国建成最早的 VTS 之一,2004 年完成 VTS 升级改造,2010 年 10 月实现监控中心扩台和甚高频增频建设,扩建为拥有 12 个监控台和 7 个甚高频频道的先进的 VTS。吴淞 VTS 包括“6 站 1 中心”,即吴淞口、横沙岛、长兴岛、崇明岛、鸡骨礁、吴淞 6 个雷达站和吴淞控制中心,是集雷达、通信、导航、计算机数据处理和显示、AIS、黄浦江视频监控系统(CCTV)、GPS、远程图像传输系统、水监信息系统、船舶动态管理系统、监督艇现场管理于一体的先进 VTS。开通 31 年来,吴淞 VTS 24 h 全天候、不间断地为船舶提供安全航行信息、实施交通组织、提供助航服务、组织搜寻救助、处置水上突发事件。上海港洋山海事处以 VTS、AIS、CCTV、GPS 为主要技术手段,采用网格化管理,通过跟踪与监控、指挥与协调、信息数据收集与处理、应急处置、组织、指挥等运行管理,形成了现代化的水上安全指挥系统。洋山 VTS 由荷兰 HITT 集成,设芦潮港、大戢山、大洋山、小洋山、小衢山和下三星 6 个雷达站,小洋山 VTS 中心,4 个 VHF 岸台,3 个 AIS 基站,2 个气象站和 8 个 CCTV 摄像头。该系统自 2002 年 12 月投入使用以来,为洋山深水港的安全高效营运、洋山水域的船舶航行安全和东海大桥保护提供了强有力的信息支持和监控保障。

据中国海事局 2011 年 5 月 11 日报道,受冷暖气流交替影响,宁波、舟山沿海雾情多发,特别是虾峙门口外水域,自 5 月 7 日 21:15 开始实施雾航管制,管制时间超过 60 h。虾峙门口外锚地附近滞港船舶已达 200 余艘。面对史上最严重的大雾天气,宁波 VTS 中心为支持港口经济发展,减少大雾对港口生产的影响,齐心协力、多措并举,抓住一切有利时机,积极安排船舶有序进出港口,保障船舶航行和锚泊安全。一是增加值班力量,增设锚地监控专台,及时通知抵港船舶择地抛锚,保持足够的锚泊间距,加强值守,勤测锚位,确保锚泊安全。二是主动服务,确保信息畅通。针对辖区团雾影响,操作员通过雷达站、能见度仪及现场锚泊船等多途径及时了解航道、锚地能见度情况,通过 VHF 点对点告知相关锚泊船,并在搜狐网上及时开通 VTS 微博,为相关船舶及港航单位提供准确的气象、锚泊船信息。三是通过 VHF 通播,及时播报大雾信息,提醒船舶注意航行和锚泊安全。四是根据掌握的现场能见度情况及时通知港口调度、引航站,在落实现场拖船等保障措施的前提下,安排船舶有序起锚、进出港,尽力减少雾情对港口生产的影响。

随着全球贸易的不断增长和航海安全意识的提高,船舶交通管理系统的市场需求持续增长。因此,预计到 2025 年底,全球船舶交通管理系统市场规模将达到 50 亿美元以上。市场上存在着众多供应商,竞争主要集中在技术创新能力、售后服务和价格等方面。未来,随着人工智能、云计算和大数据等新技术的应用,船舶交通管理系统将迎来更多的机遇和挑战。随着技术的不断进步和市场需求的增长,该系统将继续得到广泛应用和发展。

参考文献

[1] 张兆德,梁旭,李磊. 海洋工程结构[M]. 北京:海洋出版社,2019.

[2] 吴家鸣. 船舶与海洋工程导论[M]. 广州:华南理工大学出版社,2013.

[3] 王诺,白景涛. 世界老港城市化改造发展研究[M]. 北京:人民交通出版社,2004.

[4] 胡乔木,姜椿芳. 中国大百科全书[M]. 北京:中国大百科全书出版社,1993.

[5] 德国 GL Noble Denton 集团,上海熔圣船舶海洋工程有限公司. 海洋工程技术指南[M].
管新潮,金毅,周长江,译. 上海:上海交通大学出版社,2014.

[6] 中国船级社. 海洋工程结构设计和评估环境条件应用指南[M]. 北京:中国船级
社,2021.

[7] 中国船级社. 海上拖航指南[M]. 北京:中国船级社,2011.

[8] 中国船级社. 海上固定平台入级与建造规范[M]. 北京:中国船级社,1992.

[9] 中国船级社. 浅海固定平台建造与检验规范[M]. 北京:人民交通出版社,2004.

[10] 中国船级社. 海上浮式装置入级规范[M]. 北京:中国船级社,2014.

[11] 中国船级社. 海上移动平台入级规范[M]. 北京:中国船级社,2016.

[12] 中国石油天然气总公司. 浅海钢质固定平台结构设计与建造技术规范[M]. 北京:中
国石油工业出版社,1997.

[13] 中国船级社. 大型海工结构物运输和浮托安装分析指南[M]. 北京:中国船级社,2020.

[14] 中国人民解放军海军司令部航海保证部. 中国海图符号识别指南[M]. 北京:中国航
海图书出版社,2006.

[15] 中国船级社. 船舶网络系要求及安全评估指南[M]. 北京:人民交通出版社,2020.

[16] 《海洋大辞典》编辑委员会. 海洋大辞典[M]. 沈阳:辽宁人民出版社,1998.

[17] 曾一非. 海洋工程环境[M]. 上海:上海交通大学出版社,2007.

[18] 陈建民,朱红钧,纪大伟. 海洋工程环境[M]. 北京:石油工业出版社,2016.

[19] 方学智. 船舶与海洋工程概论[M]. 北京:清华大学出版社,2019.

[20] 董胜,孔令双. 海洋工程环境概论[M]. 青岛:中国海洋大学出版社,2005.

[21] 雷林,孙鹏. 船舶与海洋工程环境概论[M]. 北京:人民交通出版社股份有限公
司,2018.

[22] 刘志杰,连峰,林成新. 海洋工程技术基础[M]. 大连:大连海事大学出版社,2012.

[23] 任杰. 海洋观测技术[M]. 广州:中山大学出版社,2019.

[24] 张永宁. 航海气象学与海洋学[M]. 大连:大连海事大学出版社,2014.

[25] 中国海事服务中心. 航海气象学与海洋学[M]. 北京:人民交通出版社;大连:大连海

事大学出版社,2008.

[26] 中国船舶信息中心,中国海洋工程网. 中国海洋工程年鉴:2016 版[M]. 上海:上海交通大学出版社,2016.

[27] 马延德. 海洋工程装备[M]. 北京:清华大学出版社,2013.

[28] 李志华,王辉. 海洋船舶气象导航[M]. 大连:大连海事大学出版社,2005.

[29] 盛振邦. 船舶原理:上[M]. 2 版.上海:上海交通大学出版社,2017.

[30] 王诺. 工程物流学导论[M]. 北京:化学工业出版社,2007.

[31] 盛振邦,杨尚荣,陈雪深. 船舶静力学[M]. 北京:国防工业出版社,1984.

[32] 第一航务工程局. 港口工程施工手册[M]. 北京:人民交通出版社,2014.

[33] 哈尔滨工业大学理论力学教研室. 理论力学[M]. 6 版. 北京:高等教育出版社,2002.

[34] 徐东华,刘彤,唐信源. 海上无线电通信[M]. 大连:大连海事大学出版社,1999.

[35] 赵琳,杨晓东,程建华. 现代舰船导航系统[M]. 北京:国防工业出版社,2015.

[36] 朱军. 船舶交通管理基础[M]. 大连:大连海事大学出版社,2012.

[37] 刘人杰,柳晓鸣. 船舶交通管理电子信息系统[M]. 大连:大连海事大学出版社,2006.

[38] 国家市场监督管理总局. 中国航海图编绘规范:GB 12320-2022 [S]. 北京:中国标准出版社,2022.

[39] 国家市场监督管理总局. 物流术语:GB/T 18354-2021 [S]. 北京:中国标准出版社,2021.

[40] 国家市场监督管理总局. 海洋学综合术语:GB/T 15918-2010 [S]. 北京:中国标准出版社,2010.

[41] 国家市场监督管理总局. 带缆桩:GB/T 554-2008 [S]. 北京:中国标准出版社,2008.

[42] 国家市场监督管理总局. 中国气象产品地理分区:GB/T 36109-2018 [S]. 北京:中国标准出版社,2018.

[43] 国家市场监督管理总局. 海洋预报和警报发布 第 1 部分:风暴潮警报发布:GB/T 19721.1-2017 [S]. 北京:中国标准出版社,2017.

[44] 国家市场监督管理总局. 海洋预报和警报发布 第 2 部分:海浪预报和警报发布:GB/T 19721.2-2017 [S]. 北京:中国标准出版社,2017.

[45] 国家市场监督管理总局. 海洋预报和警报发布 第 3 部分:海冰预报和警报发布:GB/T 19721.3-2017 [S]. 北京:中国标准出版社,2017.

[46] 国家市场监督管理总局. 海洋预报和警报发布 第 6 部分:海流预报发布:GB/T 19721.6-2023 [S]. 北京:中国标准出版社,2023.

[47] 中华人民共和国海事局. 1972 年国际海上避碰规则 [S]. 北京:中国标准出版社,1993.

[48] 中华人民共和国海事局. 海上移动式平台技术规则 [S]. 北京:中国标准出版社,2023.

[49] 中华人民共和国船舶检验局. 海上拖航法定检验技术规则 [S]. 北京:中国标准出版社,1999.

[50] 于常宝,朱为全,申辉,等. 大型 FPSO 干拖和湿拖方案对比 [J]. 中国海洋平台,2021,36(1):64-69.

[51] 李军,王阳刚,胡方,等. 超大型结构物干拖运输特性数值模拟 [J]. 舰船科学技术,2021,43(15):47-52.

[52] 曹坤泉. 探讨海上大型拖带作业应注意事项 [J]. 现代工业经济和信息化,2014,4 (24):36-38.

[53] 杨洪所,刘雪宜,李兰杰,等. 巴西 FPSO P67 干拖运输方案设计及流程分析 [J]. 石油和化工设备,2020,23(5):20-24.

[54] 王振亚. 大型船舶和海上钻井平台拖带及风险防控 [J]. 船舶物资与市场,2019(8):87-88.

[55] 童波,金强. 基于南海环境条件的半潜式钻井平台设计环境参数分析 [J]. 船舶,2011,22(2):8-14.

[56] 和鹏飞,赵业新. 全回转拖轮辅助自升式平台就位技术在复杂海底条件下的应用 [J]. 探矿工程(岩土钻掘工程),2014,41(9):49-51+57.

[57] 周执伟. 海洋工程结构物装船设备现状分析与展望 [J]. 石油和化工设备,2020,23(7):24-27.

[58] 尤学刚,周守为,张秀林,等. "深海一号"能源站建设实践与创新 [J]. 中国工程科学,2022,24(3):66-79.

[59] 宋青武. 不同装船模式下海洋平台结构物装船工期研究 [J]. 天然气与石油,2018,36(4):24-30.

[60] 吴少龙. 浅谈海上大型拖带 [J]. 中国水运,2019(7):90-92.

[61] 王磊,佘玥霞,宋柏辰,等. 大型结构物滚装装船关键技术研究 [J]. 化工管理,2023(7):75-77.

[62] 王福山,朱熙耕,董津宁,等. 拖拉滑移装船液压设备 [J]. 液压与气动,2008(5):42-45.

[63] 王东锋,杨风艳,谢媛媛,等. 结构物陆地装船技术 [J]. 山东化工,2021,50(12):127-129.

[64] 付绍洪,刘志恒,袁梦. 半潜船装卸大型结构物的横向滑移装船操作及风险防控 [J]. 航海技术,2023(4):12-16.

[65] 郭浩,刘志恒,王衍鑫,等. 五万吨级半潜平台整体滑移装船与高位浮卸的运输船改造研究 [J]. 海洋工程装备与技术,2023,10(1):78-87.

[66] 钱莉. 半潜船浮装浮卸项目风险识别与控制 [J]. 船舶物资与市场,2024,32(2):102-104.

[67] 张玉喜,徐海军,邢永恒. 半潜船潜装平台影响因素研究 [J]. 中国水运(下半月),2016,16(5):16-17.

[68] 郭浩,王继强,于常宝,等. 基于液压滑靴系统的结构物滑移装船技术研究及应用 [J]. 海洋工程装备与技术,2022,9(4):49-58.

[69] 蔡元浪,杨亮,杨小龙,等. "深海一号"半潜式生产储油平台大敞口船体滑移横向装船技术 [J]. 船海工程,2022,51(3):80-84.

[70] 张文耀,张少雄. 托管架前部运输机整体吊装方法 [J]. 船海工程,2016,45(3):99-103.

[71] 曹丽云,宋建峰. 滚装运输在海洋工程的应用及前景分析 [J]. 科技风,2013(13):132-133.

[72] 赵乃东,魏佳广. 海洋结构物组块吊装和模拟系统功能需求研究 [J]. 山西建筑,2018,

44(31):257-258.

[73] 马天亮,阎堃. 浅谈自行式平板动力车组在海洋工程大型结构物装船运输中的应用 [J]. 工程机械文摘,2012(4):46-48.

[74] 富伟其. 海洋石油钻井平台干拖技术方案浅谈 [J]. 内蒙古石油化工,2019,45(7):61-64.

[75] 安涛,林增勇,柏健. 自升式海洋平台拖航阻力计算分析 [J]. 上海交通大学学报,2023,57(S1):108-113.

[76] 陈秋月,王超. 半潜驳船组拖航阻力计算 [J]. 中国水运(下半月),2017,17(8):17-18.

[77] 文海. 自升式钻井平台浮装浮卸操作分析 [J]. 石油工业技术监督,2023,39(12):49-54.

[78] 林勋全. 远洋拖航作业实例与分析 [J]. 广州航海高等专科学校学报,2004(2):65-66.

[79] 王文毅,徐力,柴田. 水域和潮汐受限下半潜船一次性托起 3 艘 PSV 浮装作业工程实例 [J]. 航海技术,2023(6):26-29.

[80] 钟汉明. 浅谈大型海上结构物拖航安全保障措施 [J]. 交通企业管理,2015,30(4):57-58.

[81] 白青壮. 半潜船滚装作业压载水系统建模与视景仿真研究 [D]. 集美大学,2013.

[82] 韩露. 重大件码头装卸作业的风险识别及安全评价 [D]. 上海交通大学,2020.

[83] 苏晨. 半潜船运输特重大件货物安全控制研究 [D]. 大连海事大学,2012.

[84] 姜运星. 海上丝绸之路航线航行气象信息分析与应用 [D]. 大连海事大学,2016.

[85] 陈霄. 基于 AIS 数据的"21 世纪海上丝绸之路"航行安全风险评估 [D]. 大连海事大学,2021.

[86] 魏雄标,王凯峰,姜先钢,等. 浅谈海洋石油工程大型结构物的装船方式 [C]// 中国钢结构协会,国家钢结构工程技术研究中心. 2009 全国钢结构学术年会论文集. 北京:海洋石油工程股份有限公司,2009:4.

[87] NOUBAN F, FRENCH R, SADEGHI K. General guidance for planning, design and construction of offshore platforms [J]. Academic Research International, 2016, 7(5): 37-44.

[88] KIM H S, KIM B W, JUNG D, et al. Numerical study for topside effect on behavior of deck transportation vessel and seafastening structure [C]//OCEANS 2017 - Aberdeen. IEEE, 2017: 1-5.

[89] SZLAPCZYNSKA J. Multiobjective approach to weather routing [J]. TransNav, International Journal on Marine Navigation and Safety of Sea Transportation, 2007, 1(3): 273-278.

[90] HAMEDANI S J, KHEDMATI M R. Optimal weather window for transportation of large-scale offshore structures [J]. Marine Structures, 2023, 92: 103483.

[91] ISO. Marine technology—Guidelines for the assessment of speed and power performance by analysis of speed trial data [J]. Geneva: ISO, 2015.

[92] WANG H C, WU C H, CHANG H Y. Safe towing operation and navigation for towed barge improved by active AIS with solar energy [J]. Journal of Marine Science and Technology, 2023, 28(4): 746-757.

[93] STEFAN K, KEVIN T. A genetic algorithm for finding realistic sea routes considering the

weather [J]. Journal of Heuristics, 2020, 26(5): 801-825.

[94] ZHANG G C, QU H J, ZHANG F L, et al. Major new discoveries of oil and gas in global deep waters and enlightenment [J]. Acta Petrolei Sinica, 2019, 40(1): 1-34, 55.

[95] JIANG W R, ZHOU W W, JIA H C. Potential of global offshore petroleum resource exploration and utilization prospect [J]. Natural Gas Geoscience, 2010, 21(6): 989-995.

[96] WU Z H, NI X L, WANG Y. A profound study of tension leg platform topside engineering [J]. Ocean Engineering Equipment and Technology, 2019, 6(S1): 428-432.

[97] International Association of Classification Societies. Shipbuilding and repair quality standard: IACS Rec.1996/Rev.8 2017 [S]. London: International Association of Classification Societies, 1996.

[98] FAN M, LI D, MA W W, et al. The overall solution design and key technology for float over installation of ultra-large topside in South China Sea [J]. China Offshore Oil and Gas, 2011, 23(4): 267-270, 274.

[99] FOO Y P, GAN K, GIUDICE D, et al. Analysis of windows of opportunity for weather-sensitive operations [J]. Oil and Gas Facilities, 2014, 3(4): 63-71.

[100] MARTINS D, MURALEEDHARAN G, GUEDES SOARES C. Analysis on weather windows defined by significant wave height and wind speed [J]. Renewable Energies Offshore, 2015(91): 1-10.

[101] WALKER R T, VAN NIEUWKOOP-MCCALL J, JOHANNING L, et al. Calculating weather windows: Application to transit, installation and the implications on deployment success [J]. Ocean Engineering, 2013, 68: 88-101.

[102] GINTAUTAS T, SØRENSEN J D. Improved methodology of weather window prediction for offshore operations based on probabilities of operation failure [J]. Journal of Marine Science and Engineering, 2017, 5(2): 20.

[103] O'CONNOR M, LEWIS T, DALTON G. Weather window analysis of Irish west coast wave data with relevance to operations & maintenance of marine renewables [J]. Renewable Energy, 2013, 52: 57-66.

[104] WOLKEN-MÖHLMANN G, BENDLIN D, BUSCHMANN J, et al. Project schedule assessment with a focus on different input weather data sources [J]. Energy Procedia, 2016, 94: 517-522.

[105] DU Z, NEGENBORN R R, REPPA V. Distributed dynamic coordination control for offshore platform transportation under ocean environmental disturbances [J]. IEEE Transactions on Control Systems Technology, 2023.

[106] TAO J, DU L, DEHMER M, et al. Path following control for towing system of cylindrical drilling platform in presence of disturbances and uncertainties [J]. ISA Transactions, 2019, 95: 185-193.

[107] FAULKNER F D. Determining optimum ship routes [J]. Journal of the Operational Research Society, 1962, 10(6): 799-807.

[108] HALTINER G J, HAMILTON H D, ARNASON G. Minimal time ship routing [J]. Journal of Applied Meteorology, 1962, 1(1): 1-7.

［109］ FAULKNER F D. Numerical methods for determining optimum ship routes［J］. Journal of the Institute of Navigation, 1964, 10(4): 351-367.

［110］ BLEICK W E, FAULKNER F D. Minimum-time ship routing［J］. Journal of Climate and Applied Meteorology, 1965, 4(2): 217-221.

［111］ MARKS W, GOODMAN T R, PIERSON W J, et al. An automated system for optimum ship routing［J］. Transactions of the Society of Naval Architects and Marine Engineers, 1968.

［112］ ZOPPOLI R. Minimum-time routing as an n-stage decision process［J］. Journal of Climate and Applied Meteorology, 1972, 11(3): 429-435.

［113］ KLAPP A J. Automated ship routing［J］. Journal of Hydronautics, 1979, 13(1): 5-9.

［114］ DUBOVITSKIJ V A. The ulam problem of optimal motion of line segments［M］. New York: Springer-Verlag, 1985.

［115］ PAPADIMITRIOU C H, SILVERBERG E B. Optimal piecewise linear motion of an object among obstacles［J］. Algorithmica, 1985, 2(1): 523-539.

［116］ MITCHELL J S B, PAPADIMITRIOU C H. The weighted region problem［R］. Technical Report, Stanford University, 1986.

［117］ PERAKIS A, PAPADAKIS N. Minimal time vessel routing in a time-dependent environment［J］. Transportation Science, 1989, 23(4): 266-276.

［118］ PERAKIS A, PAPADAKIS N. Deterministic minimal time vessel routing［J］. Operations Research, 1990, 38(3): 426-438.

［119］ ALLSOPP T, MASON A J, PHILPOTT A B. Optimal sailing routes with uncertain weather［C］//Proceedings of the 35th Annual Conference of the Operations Research Society of New Zealand, 2000: 65-74.

［120］ BIJLSMA S J. A computational method for the solution of optimal control problems in ship routing［J］. Journal of Navigation, 2001, 48(3): 145-154.

［121］ BIJLSMA S J. On the application of optimal control theory and dynamic programming in ship routing［J］. Navigation, 2002, 49(2): 71-80.

［122］ BIJLSMA S J. A computational method in ship routing using the concept of limited manoeuvrability［J］. Journal of Navigation, 2004, 57(3): 357-359.

［123］ LEE H, KIM G, KIM S, et al. Optimum ship routing and its implementation on the web［C］//AISA-2002, LNCS 2402, 2002: 125-136.

［124］ AZARON A, KIANFAR F. Dynamic shortest path in stochastic dynamic networks: ship routing problem［J］. European Journal of Operational Research, 2003, 144(1): 138-156.

［125］ HINNENTHAL J. Optimum routing of ships utilizing deterministic and ensemble weather forecasts［D］. Berlin: Technical University, 2008.

［126］ LIN Y H, FANG M C, YEUNG R W. The optimization of ship weather routing algorithm based on the composite influence of multi-dynamic elements［J］. Applied Ocean Research, 2013, 43: 184-194.

［127］ SEN D, PADHY C P. An approach for development of a ship routing algorithm for application in the North Indian Ocean region［J］. Applied Ocean Research, 2015, 50:

173-191.

[128] HADJOUDJ Y, PANDIT R K. Improving O&M decision tools for offshore wind farm vessel routing by incorporating weather uncertainty [J]. IET Renewable Power Generation, 2023, 17(6): 1488-1499.

[129] PERERA L P, SOARES C G. Weather routing and safe ship handling in the future of shipping [J]. Ocean Engineering, 2017, 130: 684-695.

[130] KIM B, KIM T W. Weather routing for offshore transportation using genetic algorithm [J]. Applied Ocean Research, 2017, 63: 262-275.

[131] BERG P W S. A discussion of technical challenges and operational limits for towing operations [D]. NTNU, 2017.

[132] SUN W, ZHANG D, FAN Z. Transportation of floating structures by using newly built heavy lifting semi vessel HYSY278 [J]. China Ocean Engineering, 2013, 27(3): 299-312.

[133] AMAECHI C V, REDA A, BUTLER H O, et al. Review on fixed and floating offshore structures. Part I: Types of platforms with some applications [J]. Journal of Marine Science and Engineering, 2022, 10(8): 1074.

[134] AMAECHI C V, REDA A, BUTLER H O, et al. Review on fixed and floating offshore structures. Part II: Sustainable design approaches and project management [J]. Journal of Marine Science and Engineering, 2022, 10(7): 973.

[135] PETACCO N, GUALENI P. IMO second generation intact stability criteria: General overview and focus on operational measures [J]. Journal of Marine Science and Engineering, 2020, 8(7): 494.

[136] GERWICK B C. Construction of Marine and Offshore Structures [M]. 3rd ed. CRC Press, 2007.